時間と
テクノロジー

佐々木俊尚
Toshinao Sasaki

「因果の物語」から「共時の物語」へ

光文社

時間とテクノロジー

プロローグ

未来は希望か絶望か

最初に、奇妙な問いかけから始めたいと思います。

「未来はあなたの前にあるのでしょうか？　それとも後ろにあるのでしょうか？」

この質問そのものを不審がる人は多いでしょう。

当たり前じゃないか、未来は前にあるのに決まっている。そういうイメージは、私たち日本の社会では当たり前にあります。

中学校の教科書に出てくる高村光太郎の詩「道程」の有名な一節でも。

僕の前に道はない
僕の後ろに道は出来る

ところが驚くべきことに、この「未来は前方にあり、過去は後方にある」というのは絶対的な真理ではありません。アメリカ先住民族やニュージーランドのマオリ族などには、未来は後ろにあって過去が前のほうにあるというイメージがあるとされています。アンデス山脈の高地に住むアイマラ族の言語では、前方を意味する「ナイラ」という単語は同時に過去の意味でもあり、後方の意味の「クイパ」は同時に未来の意味ももつそうです。古代ギリシャもそうだったと言われています。

なぜ逆転するのかというと、過去はすでに終わったことだから眼に見えるけれども、未来はまだ起きていないから見えない。だから過去は私たちが顔を向けている前方にあって、未来は背中のほうにあるということなのです。言われてみれば変ではない。

作家の堀田善衛《よしえ》は、この時間の感覚を一九八〇年代のSF映画『バック・トゥ・ザ・フューチャー』に引っかけて、「われわれはすべて背中から未来へ入っていく、ということになるであろう。すなわち、Back to the Future である」と書いています。

古代ギリシャでは未来を見られるのは選ばれたごくわずかな預言者だけだった、と彼は言います。普通の人は未来など見えないから、自分の過ぎ去った過去を眺めつつ、後ろ歩きのようにして未来へと向かっていく。いや、そもそも「後ろに歩く」という発想さえなかったかもしれません。時間が未来に向かって矢のように進んでいく感覚さえも、近代に入ってからのものなのかもしれません。

古代から現代まで、さらに世界の各地を見渡してみると、時間の感覚はいろいろです。

アフリカの伝統社会には、未来というものはなかったそうです。ケニア出身の神学者ジョン・ムビティは「時間は長い過去と現在だけがあり、未来をもたない」と指摘しています。なぜか。未来のできごとはまだ起きていないのだから、時間の中には存在していないとアフリカ人は考えたのです。時間が経って未来が今になり、未来のできごとが今起きれば、それは順番に時間に繰り込まれて、今になり、過去になる。時間はあくまでも「見えているもの」で、見えていない未来はまだ時間になっていない。そういう観念では、未来のイメージはふわふわとした不定形なものなのかもしれません。

ムビティは、こういうアフリカの時間のイメージは、ヨーロッパに植民地にされる中で変化したと記しています。

アフリカ人はもともと住んでいた土地や共同体から引き剝《は》がされて、鉱山や工場、都市に移動させられ、人間性を奪われました。たいへんな困難の時代を迎えたのです。農村のような伝統共同体は壊されてしまって、よりどころもなくなってしまいます。そういうつらい生活の中では、もはや「今」を楽しむことはできず、この受難から脱出することを夢見ることしかできませんでした。そういう現実の中で、アフリカ人たちは何を考えたのか。「せいぜい未来への希望と期待、熱望を約束されるだけ」だったとムビティは言います。

現実が苦難すぎるからこそ、未来を期待するしかない。困難の中でアフリカ人たちは未来を期待するようになったというのです。過去にはもはやすがることはできず、現在はつらく、だからこそ未来に期待する。社会の劇的な変化が、時間の軸をギリギリと回し、時間感覚を変えてしまったのです。

これと同じようなことが、古代のユダヤでも起きています。

伝統的なアフリカと同じように、古代のころは多くの民族は時間を「直線」のように考えていませんでした。昼と夜や光と影という「反復」だったり、春夏秋冬という季節の「循環」だったりしたのです。

世界がいずれ終わる、という終末観もありました。古代バビロニア文明や、時代がもう少し下って南米のアステカ文明にはそういう神話があります。でもこれらは時間を「直線」と考えていたわけではなく、世界の破滅がくり返し、くり返し続いていくという「反復」でした。

しかし古代ユダヤだけは違っていた。彼らは、神によって裁かれる終末はただ一度だけやってきて、そこに向かって時間は一直線に突き進んでいると考えたのです。これが「直線」という時間の観念の始まりだったと、社会学者の見田宗介《みたむねすけ》は書いています。そしてその理由は、ユダヤ民族の受難にあったというのです。古代のユダヤ人は、出エジプトやバビロン捕囚《ほしゅう》などたいへんな苦労をしました。彼は書いています。

「この絶望のかなたになおも希望を見出そうとする意志としてこれらの『預言』は叫ばれた。パンドラの神話のようにただ希望だけが――すなわち眼前にないものへの信仰だけが――人生に耐える力を与えた」

現在がつらすぎるから、未来に希望を託すしかないとは、なんて悲しい話でしょうか。ここでもアフリカと同じように、社会の劇的な変化と苦難が、時間の軸をギリギリと回したのです。

日本の歴史でも、時間の観念が変化したことがあります。中世の終わりのことです。

本書の冒頭と同じように、もう一度質問を投げかけてみます。

「サキという日本語は、未来を指しているのでしょうか？　それとも過去でしょうか？」

頭の中で用法を考えてみてください。気づくのは、サキが過去も未来も両方とも意味しているということです。

「先に行く」「先だつ」「先払い」などは、過去や以前という意味。

「先が思いやられる」「先に伸ばす」「先物買い」は、未来や以降という意味。

ごく日常的な言葉なのに、過去と未来の両方の意味をもつというのはとても不思議です。

歴史学者の勝俣鎮夫《しずお》は、実は戦国時代よりも前にはサキは過去だけを意味していたということを膨大な文献資料から発見しました。つまり中世までは、サキに未来の意味はなかったのです。このころまでは未来を示す言葉はサキではなく、アトだったと言います。

サキは漢字では「先」「崎」で、尖《とが》ったものや空間的にいちばん前のほうというのが本来の意味です。そこから転じて、時間的な前後も指すようになりました。ということは中世までは、先のほうが過去だったということ。つまり日本人も過去は前方にあるというイメージをもっていたということなのです。

ではサキは、いつから未来をも意味するようになったのでしょうか。

勝俣は、一六〇〇年ごろに境があるとしています。関ヶ原の戦いのころです。戦国末期に日本に来たキリスト教の宣教師が刊行した一六〇三年の日葡《にっぽ》辞書には、サキは「空間的な前方」と「時間的な過去」の意味だけが記されているそうです。でもほぼ同じ時期の

『ロドリゲス日本大文典』という辞典には、「マエはただ過ぎ去ったことだけを意味し、サキは過ぎ去ったことと来るべきことを意味する」とあり、未来の意味がここで登場してきているといいます。未来としてのサキはこのころから徐々に広がり、十七世紀後半、つまり江戸時代の元禄のころになると一般的に使われるようになったというのが勝俣の推定です。

それにしても、なぜ関ヶ原のころが境目だったのでしょうか？　彼は「戦国時代という大きな社会変動の時代の中からその新しい語意が生み出されたことが予想された」と書いています。

「新しい社会の新しい価値観を表現するのにふさわしい語として、人々から共感され、支持されて、その後、次第に伝統的に旧い語意をもつ語を圧倒して優位に立ち、現代にいたっているのである」

戦国の混乱は、一四六七年の応仁の乱から始まり、百年あまり続きました。織田信長が上洛《じょうらく》して天下人《てんかびと》となり、豊臣の時代を経て徳川へと移り、関ヶ原のころにようやく落ち着いてきたのです。

戦国時代に、室町時代までの中世の社会はいったん破壊されています。昔の日本というと私たちは江戸時代のようなムラ社会をすぐにイメージしますが、中世の姿はもう少し異なっていたようです。権力は集中しておらず、朝廷・貴族と武士、お寺という三つの力が互いにバランスをとってからみあっていました。ルールや法律ははっきりせず、この三権のパワーバランスでものごとが決められていました。人間関係もムラ社会のようなピラミッドではなく、個人と個人がつながって縁故やコネを形づくり、コネを活用して人々は政治や商売や仕事をしていたのです。こういう寄り合い的な文化の中で、利益も細かく配分されていたと言います。

たとえば誰かが誰かに損をさせられる。今だったら「これは裁判に訴えるしかない」となるところですが、正規の裁判だと遅々として進まない。そこで貴族やお寺は、裁判を執《と》り行なう幕府の奉行人とコネをしっかりつくっておき、一大事のときはコネをフルに活用して対処しました。

このネットワークには貴族と武士とお寺だけではなく、普通の平民も加わっていました。地下人《じげにん》と呼ばれていた普通の人たちは、仕事は貴族にもらい、住まいはお寺に借り、主従関係では武士に従っていたのです。さまざまなレイヤーが複合して大きなネットワークがからみあう社会だったと言えるでしょう。

ところが応仁の乱のころから、繰り返される戦《いくさ》によってネットワークは破壊されていきます。主従関係でつながっている武士が敵に敗れると、自分もそれに巻き込まれてしまう。巻き込まれないためには、コネを断ち切って独立するしかない。そういう場面が無数に起きて、三権にぶら下がるという構図を維持できなくなっていくのです。

三権のネットワークがうまく機能しなくなって、普通の人たちが頼ったのは、近所で生活していて日常的に接している地域のつながりでした。「近所」という小さなネットワークをつくり、その中で生計を立てて、お互いの身の安全を保証するようになったのです。

中世が戦国時代に破壊されて、再び中央集権的な社会が戻ってきます。その先頭に立っていた織田信長は、町人たちの「近所」ネットワークをうまく活用し、その上にかぶせるようなかたちで新しい権力構造を打ち立てて、京都の支配を強化したと言われています。

こういう強烈な時代の変化が、当時の日本人の意識に大きな影響を与えたことは想像にかたくありません。それが時間の軸をギリギリと回し、サキのような言葉の意味さえも変えていったのではないでしょうか。

私たちは今、自分自身の人生やこの社会を、時間の流れに乗った一直線のものとして見つめています。つねに始まりがあり、今があり、終わりがある。母親のお腹から誕生し、甘酸っぱい思春期を経て成人し、社会人として仕事をし、いずれは老いて人生を終えていく。

日本という社会も同じ。縄文時代があり、農耕が始まり、大陸からの帰化人とまじわって弥生の文明が勃興《ぼっこう》し、やがて強力な朝廷ができて律令制が始まり、しかしそれも武家権力に侵略され、そして戦国時代が起きた。過去から現在に至る長い一直線の歴史があり、それは令和の時代より先にも、日本人が滅びない限りどこまでも未来へと続いていく。つねに未来は私たちの前に開け、過去は郷愁とともに背後に置いていく。

しかし時間の感覚は、時代とともに変わるのです。中世まで未来が背後にあり、あるいは存在さえしないものとして捉えられていたのが、突然のように前方の視界へと移動したのであれば、同じようなことがまた起きないと誰が断言できるでしょうか。

第二章

過去は「物語」をつくってきた

第三章

「因果の物語」から「機械の物語」へ

第五章

摩擦・空間・遍在のテクノロジー

第六章 新しい人間哲学の時代に

エピローグ

ひっそりと、ともに歩く

ブックデザイン／三森健太（JUNGLE）
本文図版／近代美術

第一章

鮮明な過去はつねに改変され、郷愁は消える

クラウドの登場

過去のもつ意味が変化しようとしています。本章の最初に、何が変化しているのかを宣言しておきましょう。以下の四点です。

過去が、色あせなくなった。
しかし過去は、つねに改変される可能性がある。
そして私たちは、そんな過去に郷愁を感じなくなっていく。
それどころか、過去は押し付けがましくなり、忘れることさえできなくなっている。

一つずつ説明していきましょう。
たとえば書物は写本から印刷に移り、そして二十一世紀にはクラウド化された電子本に移ろうとしています。写本と紙、電子本の三つを比べ、記録の堅牢《けんろう》さを競わせたら、どれが勝つでしょうか?

モノとしての堅牢さで言えば、獣皮を使った写本が最強です。強靱《きょうじん》かつ柔軟で、火に強く、濡れても破れません。紙の本は、写本に比べればとても弱い。火にも水にも弱く、容易に手で破ることができます。

しかしここでは単体の堅牢さだけではなく、「可用性」も考慮しなければなりません。可用性というのはコンピュータ用語で、災害や事故などが起きてもシステム全体を停止させずに動かせ続けることを言います。

たとえば一台のコンピュータが壊れてしまっても、すぐに予備のバックアップ機に切り替えることができる態勢が整っていれば、システム全体は止まらない。こういうバックアップを用意しておくことを「冗長化」といい、これによって「高い可用性」が実現していると表現します。

可用性の観点から言うと、写本は一冊を書き写すだけでもたいへんな手間がかかり、バックアップはわずかしかつくれません。修道院が火事になったりすれば、本の内容そのものが失われてしまう危険があります。

紙の本は数百部から数万部、時には数十万部も数百万部も刷られるので、一冊の本が焼失してしまっても、その本のすべてがなくなってしまうことはありません。

電子本はどうでしょうか。タブレットやスマートフォンで読むことができますが、タブレットは単なる表示手段で、本そのものではありません。

では、実体は何かと言えば、単なるデジタルデータです。デジタルデータは紙の本よりもずっと容易にコピーしやすく、記録しておくコストも超絶安い。

紙の本の場合には版下や在庫が廃棄され、絶版になってしまうと長い年月の後には入手困難になっていきます。おまけに古い紙は劣化していくので、日本の国立国会図書館がやっているように、ページを撮影してマイクロフィルムやデジタル画像で保管するというような作業も必要になってきます。しかしデジタルデータはどこかに保存されている限りは劣化せず、つねに完璧な状態で維持することが可能です。

紙の本であっても磁気ディスクであっても、記録されたものを手元に保管するのは、つねに消滅する心配があります。災害で焼失したり、水没することもあるでしょう。しかしインターネットを介して堅固なデータセンターに保管し、バックアップをとっておけば、消滅の危険性はとても小さくなります。

この可用性をさらに高めたのが、二〇〇〇年代はじめに登場したクラウドという技術です。

これは当初は社内サーバーの外部化ぐらいにイメージされていました。米国のジャーナリスト、ニコラス・G・カーは二〇〇八年、これを電力網になぞらえて説明しています。発電機が発明されたのは十九世紀なかばで、当初は電灯に使われるだけでしたが、徐々に用途は広がっていきました。やがてさまざまな工場が、自前で発電機を用意し、工場の敷地内に電力線を引いて自家発電して工場設備を動かすようになります。しかし発明王トーマス・エジソンは、発電は一か所に集約したほうが効率が良いのではないかと考え、中央発電所からネットワークを通じて電力を供給するというアイデアを考えます。

実用化を推進したのは、エジソン率いるゼネラル・エレクトリック（GE）社の幹部だったサミュエル・インサルという若者でした。

発電網のアイデアを現実化するためには、新たな技術が必要でした。それまでのピストン駆動の蒸気エンジンよりもずっと効率的で大型にできる蒸気タービン。直流ではなく、遠くまで送電可能な交流電流システム。さまざまな波形の電流の規格に対応できる変圧器。顧客の潜在的な最大電力需要を測る需要メーター。これらの技術によってインサルは巨大な発電所建設を推進します。全米各地へと電力網を使って配電するしくみをつくりあげ、電力コストを思い切って下げることに成功しました。この結果、工場ごとにあった私設発電所は姿を消し、外部の電力を使うという今のしくみになっていったのです。

カーによると、米国の全電力生産に占める中央発電所の割合は一九〇七年には四〇パーセントしかなかったのが、一九三〇年代には九〇パーセントにまで達し、自前で自社発電を行なうのは遠隔地で巨大工場を運営する一部の製造業だけになっていたそうです。

クラウドもこれと同じで、一九九〇年代までは会社が個別にサーバーを設置し、それぞれで管理していたのが、今では多くのサーバー機能がアマゾンなどのクラウドに集約されるようになっています。

水をすくうように音楽や映像を楽しむ

電力網の比喩は非常に巧みでしたが、この記述から十年あまりが経ち、クラウドのもつ意味はさらに深化しています。

一九七〇年代ぐらいの古いSF映画を観ていると、ときに音楽を聴く未来の情景が描かれます。なにかの作品で、指の先程度の大きさの音楽チップのようなものを据え置き型の音楽プレーヤーに挿入するシーンがあったのを覚えています。クラウド以前の世界、つまりCDやカセットテープ、MDなどに音楽を記録するという概念の時代には、未来は記録媒体が超コンパクトになっていくだろうとしか想像できなかったのでしょう。だから数百年も未来の世界なのに、USBメモリのようなものに音楽を収納するという「古風な未来」の描写になってしまっている。

しかし、クラウドが普及して音楽はクラウド上に置かれるようになり、それに合わせてスポティファイやアップルミュージック、ネットフリックスなど月額課金のストリーミングが音楽や映像の分野で普及し、外部の記録媒体に保存するという感覚はほぼ消滅しました。音楽も映像もつねに流れているものであり、その流れにコップをもった手を差し入れて、水をすくい上げて飲むように私たちは楽しんでいます。

このクラウドの世界では、過去も現在も未来もすべて同じ品質で眼の前に存在し、そもそも摩耗《まもう》という現象そのものが存在しないのです。

英国の著名なミュージシャン、ブライアン・イーノは二〇〇九年のインタビューでこう語っています。

「もはや音楽に歴史というものはないと思う。つまり、すべてが現在に属している。これはデジタル化がもたらした結果の一つで、すべての人がすべてを所有できるようになった」

二十世紀のころは、音楽のレコードを所有するということには特別な意味がありました。レコードという黒い円盤は高価で、アルバムだと日本円でも三千円近くしたのです。加えてよほど人気のある名盤でなければ、古いレコードは中古レコード店を歩き回って探し出すしかなく、ひどく手間のかかる行為でした。

歴史的なジャズレーベルとして知られるブルーノート・レコードは膨大な数のアルバムを発売していて、一人の個人がすべてを聴くのはほとんど無理。だから「ブルーノートのアルバムをたくさんもっている」ということだけでも価値があり、ジャズ評論を仕事にしている人にとってはたくさん所有していることだけでも優位性をもてたほどだったのです。

しかし大量に収集するという行ないは、音楽のネット配信によって葬り去られました。それでも最初のころは、アルバム一枚に九百円ぐらいの価格がついていたため、収集者には「大人買い」による優位性があったのですが、それもスポティファイやアップルミュージックのようなストリーミングサービスが出てくるまでの命でした。今や月額千円足らずの定額料金で、無数の音楽を無限に聴き続けることができます。

イーノのインタビューは音楽ストリーミングが普及する以前のものですが、彼はこうも言っています。

「私の娘たちはそれぞれ五万枚のアルバムをもっている。ドゥーワップから始まったすべてのポップミュージック期のアルバムだ。それでも、彼女たちは何が現在のもので何が昔のものなのかよく知らないんだ。たとえば、数日前の夜、彼女たちがプログレッシブロックか何かを聞いていて、私が『おや、これが出たときは皆すごくつまらないといっていたことを思い出したよ』と言うと、彼女は『え？　じゃあこれって古いの？』と言ったんだ（笑）。彼女やあの世代の多くの人にとっては、すべてが現在に属していて、〝リバイバル〟というのは同じ意味ではないんだ」

プログレッシブロックというのは、一九六〇年代末から七〇年代にかけて流行った前衛的な音楽です。古くてなじみがなかったからこそ、イーノの娘たちには新鮮に聴こえたのかもしれません。

二十一世紀に生きる世代にとっては、もはや音楽はコレクションではありません。すべての楽曲が眼の前にあって、いつでも聴くことができる。一九六〇年代末の古いロックも、最新のポップミュージックも、すべてが同じ地平に存在しているのです。

これは長い人間の文化の歴史を振り返っても、初めての事態です。少し前までは古いものは古い、新しいものは新しいとくっきり分かれていました。その壁がなくなってしまったのですから。

アナログな時代、音楽や映画、書籍などの記録は摩耗し、色あせていくものでした。録音された音楽にはノイズが多く、映像は低画質で不鮮明であり、書籍の印刷では活字がかすれ、さらに時間とともに劣化します。レコード盤は溝が削れ、カセットテープは延びてキュルキュルと音を立て、映画のフィルムは褪色《たいしょく》し、書籍は黄ばんでいく。

古さに懐かしさを感じていた

この摩耗に抗することが人類の技術の課題だったのですが、一方で私たちは摩耗によって、文化の古さをしみじみと実感できてきたとも言えます。第二次世界大戦前に発売されたレコードの音源を聞けば、録音の悪さやプチプチいうレコード盤の雑音に古さを思い、どことなく懐かしさを感じる。

私の仕事部屋に、『伝説の歌姫　李香蘭の世界』という二枚組の音楽ＣＤがあります。

李香蘭（リー・シャンラン）は本名を山口淑子といって、戦前の中国大陸でたいへん人気のあった歌手です。生粋《きっすい》の日本人だったのですが、中国・奉天で生まれ育ったことから中国語に親しみ、天性の歌唱能力と美貌もあって、日中戦争の時代に中国人タレントとしてデビューしました。日本の傀儡《かいらい》国家だった満州国の映画会社「満映」が実は後ろ盾になっていて、反日感情を抑えて日中の橋渡しをさせようという狙いがあったとされています。

李香蘭

李香蘭は数多くの映画に出演し、「夜來香《イエライシャン》」などの楽曲が大ヒットしました。「夜來香」は現代中国でも歌い継がれていて、多くの中国人に好まれるスタンダードナンバーとなっています。

戦争が終わった直後、中国人と思われていた李香蘭は、敵国に協力した反逆者として中華民国政府の軍事裁判にかけられました。しかし間一髪で日本の戸籍謄本が法廷に届き、からくも刑は逃れました。戸籍を届けてくれたのは、奉天時代の幼なじみで亡命ロシア人一家の娘だったリューバという女性。李香蘭はその事実を帰国後に知ることになり、必死でリューバを探しましたが、彼女と一家の行方はついにわかりませんでした。

国外追放となって日本に帰国した李香蘭は本名に戻り、女優やワイドショー司会者、さらには参議院議員まで務めて二〇一四年に九十四歳で亡くなっています。

二〇一五年に発売されたベストアルバム『伝説の歌姫　李香蘭の世界』には、太平洋戦争中の一九四四年に録音され、未発表のままだった「雲のふるさと」「月のしずく」の二曲が収録されています。

「月の光に濡れて　ジャガタラの夜を往く　我や防人　胸は熱し　南十字星よ　ああ　月は遥か　雲の彼方　語らず　嘆かず　肌に降るや　月のしづく」

当時は、戦意高揚のためにつくられた楽曲だったのでしょう。でも戦争が終わって長い時間を経た今聴くと、感傷的なメロディは敗北の予感のようなものに満ちています。録音は悪く、ノイズが乗り、音はくぐもっているのですが、そこにこそ私たちは遠い先人たちの苦労を思って、切なさを感じるのです。

つまりは楽曲そのものだけでなく、摩耗した音とノイズも含めた空気感に魅了されているということなのです。

これは古い映像も同じです。八ミリフィルムで撮影されたような粗い映像を観ると、昔に撮影されたものだと感じます。

私たちは音や映像の粗さや摩耗によって、過去を過去として認識してきました。よくある映画の表現技法で、遠い過去をわざと粗い画質で表現するというのも、そういう感覚を私たちが共有しているからです。

最近、私が偶然手にした「VHS Camcorder」というスマホのアプリがあります。これはとても面白く、高精細で撮影した動画をわざと粗くし、まるで昔のVHSビデオカセットの録画のように見せてくれるのです。ただそれだけで私たちは、スマホの動画でさえも古い過去に感じてしまうのです。粗さが脳に過去のスイッチを入れるということなのでしょう。

しかしこのような摩耗への文化感覚は、過渡期のものでしかなく、いずれ消え去るでしょう。

過去は摩耗しなくなった

八ミリフィルムのカメラはもう販売されていません。昨今の手軽な撮影機材としてはスマートフォンの内蔵カメラということになりますが、超高画質なうえに、最新のＡＩによるフィルタリングを施した画像はもはや人間の眼の能力を超えています。そのようなカメラで撮影された画像や映像を数十年後に観たとき、私たちはそこに「過去」を感じるのでしょうか。

今ではごく当たり前になったＨＤ（高精細）の動画は日本ではかつてハイビジョンと呼ばれていました。ハイビジョンは一九六〇年代に研究が始められ、一九九四年に実験的な試験放送がＮＨＫによって行なわれています。この時期に撮影された映像のいくつかは、今でもユーチューブなどで観ることができるのですが、その一つに「１９９２年の東京の日常風景」と題された総計十二分あまりの動画があります。会社員の通勤や商店街の呼び込み、小学校などさまざまな日常を切り取った内容です。

一九九二年の日本はバブル経済は崩壊していましたが、まだ好景気な気分は持続していました。いったん暴落した株価も土地の価格も、すぐにでも再上昇するだろう、そして、経済は間もなく復活するのだと多くの人が信じていたころです。インターネットはまだ社会には登場しておらず、パソコンを使いこなしている人もまだ少数派でした。そう振り返れば、一九九二年というのは二十一世紀の今とはかなり異なる「昔」でしょう。

しかしハイビジョンで撮影された風景は非常に鮮明で、異質さをあまり感じさせません。よく観察すればファッションやヘアスタイル、自動車のデザインなどが今とは違っていることに気づきます。ただ、そのような細部を気にしなければ、今の日本とたいして変わりがないように見えるのです。これがもし、ざらついた粗い八ミリフィルムで撮影されていれば、まったく異なる感慨を抱いたのではないかと思います。

さらに歴史をさかのぼれば、録音・録画のテクノロジーが発明されたのは十九世紀末です。発明王トーマス・エジソンが一八七七年に蓄音機、そして一八九一年に映画の前身であるキネトスコープを発明したところからのスタートです。以降、高精細を求めて録音・録画技術は進化を続けてきました。

音源はレコードからCDへと変わり、さらにインターネット配信へと移行しました。音を圧縮するようになったため音質が劣化したと言われましたが、二十一世紀に入ってからハイレゾリューション・オーディオ（ハイレゾ）が登場して、再び高品質への道が開かれています。しかしハイレゾのような音質となると、もはや普通のリスナーには音の違いは聞き分けられません。

映像でも、ＨＤ（１２８０×７２０）を超える４Ｋ（３８４０×２１６０）が当たり前になり、二〇一八年末にはさらに超高画質な８Ｋ（７６８０×４３２０）も含めて地上波テレビの本放送も始まりました。これにＶＲなどの映像空間そのものが立体化していく進化も重ね合わせていけば、人間の眼で見ている映像そのままという時代はいずれやってくるでしょう。

高度に進化したデジタルは、人間の皮膚感覚によるアナログを凌駕《りょうが》していこうとしています。人間の身体の感覚も、テクノロジーとともにアップデートされていくことになるでしょう。私たちの視神経や聴神経には認識できる限界があり、高周波の音は聞こえませんし、赤外線や紫外線は見えません。

しかし今のテクノロジーであれば、その限界を超えた高精細な映像や音をつくることが可能になってきています。そのような時代には、もはや時間を経ても音や映像が古びることはありません。ＤＶＤやＣＤなどの記憶媒体が存在せず、音源や映像のデータがクラウドに置かれていれば、誤って消滅しない限り、永久に摩耗することもないのです。

紙の本やアナログのレコード盤は、眼の前に物理的な実体があって確固としているけれども、時間とともに劣化し、摩耗し、色あせていく。しかしクラウドに置かれたデータは眼前の実体がなく、つかみどころがないのにもかかわらず、時間が経っても摩耗せず、色あせもしない。そういう逆転が起きているのです。

記憶はつねに改変され、消滅する術《すべ》

しかしクラウドに置かれた情報には、もう一つの問題が浮上します。色あせず、摩耗しないけれども、それは改変や消滅の危機をつねに抱えているという矛盾です。

そもそも過去を記憶し、後々まで人々が触れるようにするという技術の進化は、人類の文明の証《あかし》でもありました。私たちは「記憶する」ことにたいへんな労力を割いてきたのです。

最初は言葉による脳の記憶でした。まだ文字のなかった有史以前のころでも、組織的に狩猟し、罠を仕掛けたり、獲物をおおぜいで取り囲む巻狩《まきがり》をしようとすれば、「どのように狩猟の手順を組み立てるのか」「どのようにメンバーの態勢を組むか」といった複雑な思考が必要になり、そのためにはより複雑な記憶が求められます。そしてこの記憶を仲間と共有し、子どもや孫に伝えていくためには言葉という記録手段が必要でした。それを私たちは脳に収めて保管していたのです。

しかし脳の記憶には限界があります。狩猟の経験や知識は、仲間にその場その場で伝達したり、一子相伝《いっしそうでん》で子に伝えるだけでは、広がりがありません。その場にいない人にも伝えるようにしたいし、子が誤って記憶を相続しないように、正確な伝達ができるようにしておきたい。さらに農業という複雑なテクノロジーが発明されると、ますます正確な記録が必要になってきます。

そして文字が発明されました。

初期は文字を石版に刻んでいましたが、やがて竹簡やパピルスなど扱いやすいものに書かれるようになり、記録のテクノロジーは進化します。しかし知が途絶《とだ》えかけたこともあります。

五世紀に西ローマ帝国が北方のゲルマン人によって滅ぼされると、ギリシャとローマの古典文化を継承する文明は途絶えてしまいます。その後の長い中世の時代で、古典文化は二つの経路で守られました。

一つは、古典文化の本が修道院で修道士たちによってほそぼそと保管され続けたことです。古代ローマでは葦《よし》の繊維でパピルスという軽い用紙をつくり、巻物にしていたのですが、この技術も中世には失われます。修道士たちは獣皮を紙のように加工する技術を独自に開発して、自ら製造するようになりました。植物からつくる紙が登場するまでの約千年間、ヨーロッパでは本の材料はもっぱらヒツジなどの獣皮だったのです。

もう一つの経路は、イスラムです。古代の巨大な図書館として有名だったエジプトのアレクサンドリアは、中世になっても数多くの学者がいて、古代の書物も保存されていました。七世紀になってイスラム帝国に支配され、ここがイスラム科学の発祥の地の役割を果たすようになります。イスラムの学者たちはアリストテレスの知識を学び、ギリシャの幾何学とインドの数学を統合して現代の数学につながる基礎をつくり、すぐれた医学を打ち立てました。しかしイスラムでは科学は実証的なものにまでは達せず、思索のための道具でしかなく、近代科学にはつながらなかったと言われています。

この間、ヨーロッパでは何度も古代ギリシャとローマの文化を復興しようという運動がありました。イスラムからプラトンやアリストテレスが逆輸入されたこともあったのです。

しかし最終的に中世を終わらせ、古代の文化を完全に復活させることができたのは、十四世紀になってからのことでした。つまりイタリアのルネッサンス（文芸復興）です。それはひとことで言えば、古代ギリシャやローマの文化の再発見であり、それらの文化を取り戻そうという運動です。

なぜルネッサンスは成功したのでしょうか？　大きな要因は、印刷という新しいテクノロジーがあったからです。印刷が発明される以前の本は写本でした。中世に修道院に保管されていた古代の本は大きくて重く、図書室に丁重に保管され、盗まれないように鉄の鎖がとりつけられていました。

写本を書き写すのはたいへんな作業でした。加えて工芸品としては美しいけれど、部数がわずかだったから、焼失や水没などで失われてしまう危険も大きかったのです。おまけに誰もが読めるわけではなく、読むためには修道院の許可を得て、修道院のある土地まで長い旅をする必要がありました。

印刷テクノロジーは、このようにしまい込まれていた知を解放しました。大量に製造し、安価に販売することが可能になったからです。たくさんの学者にたくさんの本が知識として共有されるようになって、本は整理されて体系化され、分析の対象となりました。つまり印刷によって、知の全体を俯瞰《ふかん》的に見通し、知を一望する理性的な眼をもつことができるようになったのです。

人間と記録の間で起きる混乱

加えて本という媒体には、見過ごされがちな大きな利点があります。素材が石版でもパピルスでも羊皮紙でも、そして紙であっても、私たちがそれを読むのに他の道具を必要としないということです。私たちの身体の一部である「眼」と「本」の間には、何も必要ない。ただ視覚があって見ることさえできれば、あるいは点字のように触れる文字の場合には視覚がなくとも触覚があれば、それだけで本は読めてしまうのです。

当たり前のことですが、他の記録媒体でこれができるのは、紙などにプリントした写真しかありません。たとえば音楽。楽器の演奏をライブで聞く場合には他の道具は必要ありませんが、これを記録し、後で再生しようとすると、再生するための機械が必要です。動画も同じです。映像を再生するための機械が必要になるのです。

私たちは博物館や美術館に行けば、中世の巻物や古代の石版を容易に「見る」ことができます。五十年以上も前の古本や雑誌でも、紙がボロボロになって腐り落ちない限りは手にとって普通に読むことができる。

しかし音や映像はどうでしょうか。たとえば実家に置いたままになっているVHSやベータマックスのビデオカセットを再生しようとしても、再生機器がもう手元にはありません。少量生産のため高価になってしまった再生機器を購入するか、専門の業者に持ち込んでデジタルデータに移してもらう必要があります。DVDやブルーレイもいずれはこの道をたどるでしょう。インターネットでの配信が当たり前になり、DVDプレーヤーを所有する人は減っています。パソコンにもDVDドライブは搭載されなくなってきています。

音声も同じです。アナログのレコードやカセットテープ、MDくらいまでなら再生機器は今でも容易に手に入りますが、マイクロカセットやオープンリール式テープ、8トラックカートリッジテープ、エルカセットなどはどうでしょう。さらに録音テクノロジー初期に使われていた蠟管や鋼線式磁気録音機のような媒体だと、博物館にでも持ち込まない限り再生は難しそうです。

音声にしても動画にしても、このような規格や機器の変化という問題が付いてまわってきたのです。時代による変化もあれば、同じ時期に規格が乱立し互換性がなくなってしまうこともあります。一九七〇年代末に起きたビデオカセットでのＶＨＳとベータマックスの標準争いは最も有名な事例です。

このような混乱は、デジタルの時代になってもあまり変わりませんでした。たとえば一九九〇年代には、マルチメディアタイトルと呼ばれるような音声と動画、文章などが組み合わされた作品がたくさん刊行されました。媒体はＣＤ－ＲＯＭが多かったのですが、中身はアプリケーションであり、動作環境は当時の標準的なオペレーティングシステム（ＯＳ）であるＭＳ－ＤＯＳやウィンドウズ３・１でした。これを今起動させようとすると容易ではありません。アプリケーションも、つねにその時代その時代の標準的なＯＳによって左右されてしまうのです。

またこの時期には、音楽でも動画でもさまざまな規格が乱立し、それらを再生するアプリや機器も乱立し、どのアプリケーションや機器がどの規格に対応しているのかがかなり混乱してきます。利用する人がそれらをいちいち確認しなければならず、たいへん面倒なことになったのです。

人間と記録の間に機械や規格がはさまると、このような混乱が起きる。古い機械や少数派の規格に収められた記録は、いくら良好に保存されていても読みとるのが難しくなってしまう。眼で見るだけで記録されていることがダイレクトにわかる本とは、そこが大きく異なるのです。

さて、二〇〇〇年代に入ると、音声や動画、さらには本でさえもインターネットで配信する時代がやってきます。このネット配信というスタイルは、従来の規格の問題を解消する方向へと動かすようにも思えました。

それまでは音楽や動画、本、ニュースなどの情報は、垂直統合されていました。たとえば音楽なら、音楽会社が音楽家と契約し、専用のスタジオで録音し、編集し、音楽ＣＤにプレスして小売店に卸すところまでがすべて統合されていました。テレビや新聞もそうで、番組制作や取材・執筆から電波での放送や印刷までが一つのテレビ局、一つの新聞社で統合して行なわれていたのです。

インターネットのビジネスは、これを水平に分離させました。新聞社が執筆した記事やテレビ局の番組は、新聞社やテレビ局には統合されず、グーグルニュースやユーチューブなどの大きな流通基盤（プラットフォーム）にいったん集められて、ここから読者や視聴者に配信される。「つくるところ」と「配るところ」が分離され、後者が巨大化して水平に統合されたインフラになっていくというのが、インターネットが引き起こした構造変化だったのです。

垂直統合から垂直が分離されて、水平が統合されていくというこの変化は、音楽や映像、書籍などの文化のありかたを大きく変えました。統合によって文化を支配していたテレビ局や新聞社、出版社のパワーが削がれ、グーグルやアップル、アマゾンなど流通基盤をになうネット企業の側に権力が移っていったのです。これによってネット企業は収益力も高め、巨大になっていきます。

この水平に統合されるしくみを、プラットフォームとも呼びます。

プラットフォームの支配を逃れる

プラットフォームが巨大化していく中で、プラットフォームが過度に支配してしまわないようにする動きもありました。最も印象的だったのは、アップル創業者のスティーブ・ジョブズの二〇〇七年の転回でしょう。アップルは二〇〇〇年代はじめにアイチューンズ・ミュージック・ストアという音楽の流通基盤をスタートして、これが世界の音楽市場を支配しました。

楽曲には「フェアプレー」という名称の著作権管理システムががっちりとかけられていました。海賊版の横行に手を焼いていたレコード会社各社が、違法コピーが蔓延《まんえん》しないようにアップルに求めたからです。アイチューンズで購入した楽曲は、その人が認証したパソコンや音楽プレーヤーなどでしか再生できず、他の人に渡すことはできません。またアイチューンズが動かない機器でも再生できません。

しかし、とジョブズは考えました。著作権管理をいくら強力にしても、海賊版の業者にすぐに破られ、いたちごっこが続いている。そもそも著作権管理は使いづらいだけで、実効性に乏しい。おまけに著作権管理のしくみなど持たない音楽CDのほうがネット配信よりもずっと大量に販売されていて、ここからパソコンに読み込むのであれば、著作権管理などすり抜けられてしまう。

だったら使いづらい著作権管理などやめて、オープンにどんな楽曲をどんな機器でも再生できるようにすることが、人々の幸せにつながるのではないだろうか？

この背景には、すでにアイチューンズが世界市場を制している中で、今さら他の企業のプラットフォームにシェアを奪われる心配はないだろうというアップルの計算もあったでしょう。そして二〇〇七年、ジョブズはフェアプレーを完全に捨てることを提唱する文書を公開し、人々に問うのです。アイチューンズで購入した楽曲を他社の音楽プレーヤーやアプリでも再生できるようにし、また他社の音楽プラットフォームで購入した楽曲も、アップルの機器で聴けるようにすべきではないか、と。

この文書は支持されました。わずか二か月後には、四大レコード会社の一つであるEMIが、フェアプレーを解除した曲をアイチューンズに提供することを発表します。他の大手レコード会社もこれに追随し、ジョブズの目指したオープンな未来は実現に向かいました。

著作権管理をやめることには、二つの意味があります。一つは巨大化するネット企業の支配力を弱めること。二〇一〇年代になってくると大手ネット企業は総称してGAFA（ガーファ、グーグル・アマゾン・フェイスブック・アップルの頭文字）などと呼ばれるようになり、あまりの強大さが恐れられる事態になってきました。支配から逃れるためには、GAFAのプラットフォームを必ずしも経由しなくても、さまざまな文化や情報、サービスに触れられるようなオープンなしくみを実現していくしかない。著作権管理がなくなれば、これが可能になるのです。

もう一つは、プラットフォームそのものが消滅する危険を避けるということ。プラットフォームは規模の大きなビジネスですが、儲からないとなれば大手ネット企業でもすぐに撤退してしまうことがあります。たとえばＧＡＦＡと並び称されるマイクロソフトは二〇一九年、マイクロソフト・ストアでの電子書籍の販売を終了してしまいました。購入した本は全額払い戻しになったので利用者は金銭的な損はしませんでしたが、せっかく購入して揃えた本は読めなくなってしまいました。電子書籍はアマゾンが手がけている最大手キンドル・ストアを除けば、小規模な電子書籍ストアが乱立しています。これまでも弱小のプラットフォームが撤退してしまい、この結果、著作権管理のかかっていた本が読めなくなってしまうという事態は頻発しているのです。

この問題も、著作権管理をなくせば解消します。電子書籍にはＭＯＢＩやＰＤＦといった標準的な規格があるので、この規格で手元のパソコンやスマホにダウンロードしておけば、どんなアプリからでもいつでも読むことができるようになり、販売したストアが消滅しても関係ありません。

とはいえ、著作権管理を完全になくしてしまうと海賊版が広まるリスクも高まります。

そこで電子書籍では「ソーシャルDRM」と呼ばれる、ゆるい著作権管理のしくみも考えられています。これはいったんダウンロードしておけばどんなアプリからでも読むことができ、ストアが消滅しても大丈夫なのですが、ダウンロード時に購入した人の名前などが自動的に書き込まれるようになっています。これが無差別に配布することへの心理的な抑止力になるということなのです。

GAFAなどとは別の公共のプラットフォームを立ち上げて、そこに書籍の中身や購入者の情報などを一元化して保存しておこうというアイデアもあります。ストアが消滅したら、購入者はこの公共プラットフォームを使って他のストアに書籍情報を移すことができるというものです。携帯電話のキャリアを乗り換えるときに、電話番号をそのまま持っていく番号ポータビリティ（MNP）の制度に近いと言えるでしょう。

この延長線で、ブロックチェーン技術を使って書籍や購入者の情報を管理するしくみを考えている人たちもいます。

二十一世紀になって登場したブロックチェーンは、改ざんが難しく、さまざまな台帳を誰でも参照できるようにし、民主的に持続的に共有することができます。仮想通貨ビットコインの中核として使われたことで有名になりましたが、他の分野への応用も期待されています。

大量のデータをやりとりするのには向いていないので、書籍や音楽、動画などのデータはデータセンターなどに分散して置いておき、ソーシャルDRMのように書籍や購入者の情報などをブロックチェーンで世界的に管理することにすれば、この台帳は未来永劫なくなることはありません。たとえGAFAが消滅しても、ブロックチェーン上に保管されている台帳だけは生き残ることができるでしょう。

このようにプラットフォームの支配に対抗し、消滅に対応するために、さまざまな新しい試みが考えられてきました。ところが二〇一〇年代になってくると、事態は想像もしなかった方向へと進みはじめます。

それは新しい垂直統合の幕開けという事態です。

新しい垂直統合は、垂直も水平も統合する

音楽や動画では、ストリーミングという新しい形態が急速に広まりました。音楽のスポ

ティファイやアップルミュージック、動画のネットフリックスなどが代表的なサービスです。

数百円から千円前後の定額料金を月ごとに払うと、音楽や動画を無尽蔵に楽しむことができる。ストリーミングでは、もはや楽曲や映画などの作品は、単体としての意味はありません。それまでのネット配信でも、音楽ＣＤやＤＶＤという物理的なパッケージはすでに消滅していたとはいえ、まだ作品をひとかたまりの単体として扱い、作品ごとにお金を払って購入していたのです。しかしストリーミングでは「単体にお金を払う」という感覚は消滅し、まるでラジオやテレビのように、眼の前を流れていく音楽や動画を楽しむ。もはや作品をモノとして捉える意識は消滅しています。

このストリーミングという形態は、音楽や動画などの文化に限らず、あらゆる産業に展開されようとしています。

台湾で生まれたゴゴロという電動バイクがあります。バイク本体は販売されているのですが、興味深いのはバッテリーの扱いです。台湾全土に設置されている数百か所のバッテリー充電ステーションで、利用者自らがバッテリーを交換するしくみなのです。バイクからバッテリー二本を抜いて、充電ステーションの空きスペースに挿入。すると代わりのバ

台湾の電動バイク「ゴゴロ（GOGORO）」

ゴゴロの充電ステーション

ッテリーが自動的に出てくるので、これを自分のバイクに装着するのです。

　車体の小さなバイクは自動車のような大きなバッテリーを搭載できません。そのため電池切れの不安がつねにあるのですが、この交換式の充電ステーションが街にたくさんあれば、残りの電池量を気にせずにバイクを走らせることができます。

　バイク本体は約五十万円とかなり高価ですが、ここには最初の二年分のバッテリー交換料とロードサービスの費用も含まれている。つまりバイク単体ではなく、サービスと込みで利用料を払うしくみと言えるでしょう。つまり単体の製品が、利用料を込みにしたサービスへと変化する。

これは音楽や映画などの単体の作品が、ストリーミングになっていくのと同じメロディを奏でています。

自動車のテクノロジーで考えてみましょう。完全な自動運転が普及すれば、人間が運転をする必要はなくなり、そうなればクルマの個人所有というかたちも衰退していく可能性が高いでしょう。無人のクルマがつねに街なかを走り回っていて、移動の必要があるときにすぐさま眼の前に来てくれるようになるのであれば、わざわざ駐車場を借りてクルマを寝かせておくのは無駄になるからです。自分で運転しないクルマを所有し、それを楽しみにできるのは一部の富裕層だけになるかもしれません。

そうなった未来に最も必要な要素は、クルマの動力性能でなければ、クルマの台数を今よりも増やすことでもありません。重要なのは、高度な配車のネットワークです。

夜の東京でクルマを走らせると、新宿や渋谷などの歓楽街を無数の空車タクシーが埋めているのを目にします。これではお客さんを得るのは難しいでしょう。しかし都心から出て、環状八号線の外まで来ると、東京二十三区であってもタクシーの数はめっきり減ってしまいます。このような土地でタクシーを拾おうとすると難渋し、タクシーアプリや電話で呼ぼうとしても、へんぴな場所だとなかなか来てくれません。「都心にはあんなにたくさんいるのだから、少しは郊外にも来てくれたらいいのに」と愚痴をこぼしたくなります。しかしタクシー運転手から見ると、そういうわけにはいきません。都心は小さな面積ですが、郊外は広大です。その広大な地域にタクシーを走らせても、乗客はめったにいません。だったら時間がかかっても、都心の歓楽街で客待ちをしているほうが効率が良いということになる。

もし郊外のへんぴな場所で、どのぐらいのお客さんがタクシーを求めているのかを予測できたらどうでしょうか？　さらには、乗客の目的地のデータを収集し、目的地付近で待っているであろう乗客の予測と突き合わせたらどうなるでしょうか？

東京で多くの人々が、日々タクシーで移動しています。どんな人がどこでタクシーを乗り、どこで降りたか。その間の渋滞や道路状況はどうだったのか。そのようなデータをたくさん集めて解析すれば、ある程度の予測は立てられそうな気がします。その予測をもとに、タクシーを動かしていくことができれば、繁華街にタクシーを集中させなくても、よりスムーズにタクシーを運行させることができるでしょう。

こうした予測システムが完全自動運転車と合体すると、非常に高度な都市運送システムができあがります。駐車場は不要になり、路面から常時ワイヤレス充電されて自動運転電気自動車がつねに街を走り続ける。人々は移動が必要になれば、アプリなどを使ってその場で呼ぶ。数秒から数十秒で空いているクルマが到着し、目的地までそのまま運んでくれる。このようなシステムが実用化されれば、現行のバスやタクシーは不要になるでしょう。

この世界では、自動車は単体では産業として成立せず、高度な配車システムとそれを利用するためのアプリなどが統合したサービスという第三次産業に変わります。ウーバーやリフトなどのライドシェア企業が目指しているのは、このような未来です。

雑誌『ワイアード』の創刊編集長だったケヴィン・ケリーは、こう言っています。

「あなたが家に停めてある固体の車は、ウーバー、リフト、ジップ、サイドカーといったサービスのおかげで、個人向けオンデマンド運輸サービスへと姿を変えている」「われわれは今、フロー（流れ）の時代に入っているのだ」

クルマという「固体」が、サービスとしての「流体」へと変わっていくイメージです。音楽や映画のストリーミングも、流体の一つです。単体の作品というコンテンツが、ストリーミングによって流体に変わるのです。固体から流体への変化は、構造そのものも変えてしまいます。インターネットで旧来の垂直統合は水平分離に移ってきましたが、これが流体化することによって、再び垂直統合に戻ってきているのです。なぜなら固体という単体の販売が、流体という統合的なサービスに変わることで、作品と配信基盤が分離できなくなってしまうからです。

たとえば道路や都市計画というインフラは、自動車という固体と水平分離されています。どんなメーカーのどんな車種でも、好きに道路を走ることができます。しかし自動車のインフラが高度になり、単なる道路ではなく、乗客のデータなども合わせた運行システムに進化すると、この運行システムは自動車単体と分離できなくなります。

分離しようという動きも出てくるでしょうが、「運行システムプラス自動車」で成り立っている企業にとっての中核はもはや自動車単体ではなく、運行管理システムと自動車が合体している「全体」になる。それを無理やり分離させようとすると、ビジネスそのものを壊すことになり、企業の側は強く反発するでしょう。そういう状況へと変わってきているのです。

では、この「全体」を統合させる軸は何になるのでしょうか。いったん水平分離していた基盤と固体を再びしっかりとつなげるためには、強力な「接着剤」が必要になるはずです。

先に答えを言ってしまえば、それはデータと人工知能（ＡＩ）です。

ＡＩについては第三章でくわしく語りますが、それはひとことで言えば、莫大《ばくだい》なデータを処理して特徴を見つけ出したり、かなり的確な予測を行なえるテクノロジーです。未来の自動車システムでは、乗客の動向やクルマの位置、走行距離など多くのデータを処理することで、どこにどうクルマを向かわせれば無駄のない効率的な運行ができるのかを予測する。この予測の的確さが、ビジネスとしての成功の可否を握ることになります。

ＡＩは自動車のシステムだけでなく、あらゆる分野に適用されるようになり、音楽や動画、書籍などの文化にも波及してきています。アーティストがつくった作品を、どのような人々に届けるのか。その際に作品をどう紹介するのか。ＳＮＳやメディアなどのどういう動線で届いたのか。実際にどう観られ、読まれ、受け入れられたのか。作品のどのページ、どのシーンに人々は感動したのか。これらを分析することによって、作品を人々により適切に届ける方法を構築していく手法がつくられようとしています。

これこそが新しい垂直統合の形なのです。

古い時代の垂直統合は情報や商品が流れる経路を支配することでした。メディアで言えば、電波や印刷流通を支配することでテレビや出版社の垂直統合は成り立っていました。総合スーパーはたくさんの商品を大量に仕入れ、大量販売するという流通を押さえることで垂直統合していたのです。

これらの垂直統合はインターネットの普及でいったん解体され、水平分離されていきましたが、これがデータとＡＩによって再び統合されようとしています。人々と企業をつなぐ空間全体を、ＡＩによってうまく設計し、構築していくことで支配することができるようになるのです。

この世界では、水平を統合したプラットフォームが垂直に縦にも手を伸ばし、全体を統合していく。以前のように垂直だけ統合するのではなく、従来のプラットフォームのように水平だけを統合するのでもなく、プラットフォームとデータ、ＡＩが融合することで垂直にも水平にも統合していき、空間全体をコントロールし、支配する。そういう新しい構造が生まれつつあるのです。これを本書では「第二世代プラットフォーム」と仮に呼んでおきましょう。

第二世代プラットフォームは、過去を支配する

音楽のスポティファイや動画のネットフリックスなどのストリーミングは、まさに第二世代プラットフォームです。

たとえばネットフリックスは、人々がどのような番組をどう観ているのかというデータを大量に集めています。何の番組を観たかだけではなく、ある番組を「五分だけで観るのをやめてしまった」「一気に全部観た」、シリーズものであればエピソードをどこまで観たのか、一晩で一気に観たのか、毎晩少しずつ観たのか、さらには、それはテレビ受像機で観たのか、それともスマホだったのかパソコンだったのかということまで、細かく収集しているのです。このデータをもとに「今人々ははどんな番組を観たがっているのか」を解析し、それに基づいて作品をつくる。

このデータをもとに「アメリカの視聴者は、デヴィッド・フィンチャーが監督してケヴィン・スペイシーが演じる政治のドラマを観たがっている」という結論をはじき出し、『ハウス・オブ・カード　野望の階段』をシーズン１だけでも百億円もの制作費を投下して

配信。大ヒットさせた話は伝説にまでなっています。

このような新しい垂直統合では、もはやオープンなプラットフォームという考え方は存在しません。人々に適切な作品を送り届けるためには、人々のデータとプラットフォームと作品ががっちりと手を握り合っている必要があり、切り離すことが不可能だからです。実際、スポティファイやアップルミュージックのようなストリーミングの音楽サービスでは、スティーブ・ジョブズが実現したはずの自由な理念は忘れ去られていて、がっちりと著作権が管理されてしまっています。

第二世代プラットフォームがつくる空間は、ある意味で気楽な世界です。自分が好きになれそうな音楽や映画や書籍をかなり的確におすすめをしてもらえる。自分がCD店や書店を探し回るだけでは見つけられなかったような素晴らしい作品も、どこからともなく眼の前に現れてくれるのです。新しい垂直統合には、そういう安逸があると言えるでしょう。

しかし一方で、第二世代プラットフォームは、徹底的に支配され、管理された世界です。プラットフォームが私に提供しない作品は、私にとって存在しないのと同じです。プラットフォームを経由しないで新しい作品を見つけることは、逆に難しくなります。

そして、もう一つ大きな問題があります。この新しい世界では、作品や情報や商品がプラットフォームによって自在に改変されたり、消滅させられてしまう可能性があるということです。それはプラットフォームが邪悪な意志をもっているかどうかに限らず、構造として必然的に起きてしまうのです。

第二世代プラットフォームでは、先に紹介したケヴィン・ケリーの言葉のように、作品や商品などは固体のパッケージとして販売されるのではなく、サービスの流体として提供されるようになります。プラットフォームが提供しているのは、人々を包み込む空間全体であり、作品や商品はその空間をつくるための一つの素材にすぎません。だから素材としての作品や商品は、単体としてそこから切り出すことができません。

たとえば、スマートフォンという第二世代プラットフォームでは、通信ができるスマホという製品とモバイルアプリ、さらにそのアプリ上で再生される音楽や動画が一体となっています。ここから音楽だけを取り出すことはできませんし、またアプリが動作しないスマホというハードだけを取り出しても、それはただの「箱」でしかなく、何の価値もないのです。スマートフォンの世界では、人々が気持ちよく快適に過ごせるような空間が希求され、そのために情報や作品が空間の一部として提供されているにすぎません。

そもそも第二世代プラットフォームでは、有料であっても、そこで提供される作品や情報や商品が販売されているわけではありません。全体の空間を使用できる権利の一環として、使用権を提供されているだけなのです。私たちは紙の本を書店で買うと、その物体としての所有権も同時に手に入れることができます。しかしキンドルで「購入した」と思っている本は、購入ではない。実際、アマゾンの規約ではキンドルの書籍について「ライセンスされるのみで、コンテンツプロヴァイダーからユーザーに販売されるものではありません」と明記されています。

書籍に誤記などが見つかった場合、紙の本では印刷の版を重ねるごとに修正されます。しかし電子書籍では修正はその都度行なわれ、細かい修正であればいちいち読者には伝えられません。

またキンドルでは過去、ジョージ・オーウェルの著書『動物農場』や『1984』が突如として削除され、「購入」していた人の手元のキンドルリーダーから消えてしまうという事件が起きたことがあります。これはオーウェルの版権をもっていなかった出版社が勝手に販売し、アマゾンが違法と認定して削除したために起きたことだったのですが、事情を知らない読者から見れば「買ったはずの本が消えてしまった……」という驚くべき事態に映り、大騒ぎとなったのです。

このときはアマゾンが謝罪し、「今後はユーザーの手元のライブラリに許諾なく関与することはしない」と明言して解決しました。

しかし、今度は音楽で同じようなことが起きました。

二〇一九年三月、テクノポップグループ「電気グルーヴ」のピエール瀧が麻薬取締法違反で逮捕されたことを受け、音楽会社ソニー・ミュージックレーベルズが、電気グルーヴの楽曲の配信や販売を停止したのです。それまでにファンが購入していたCDやレコードが聴けなくなることはありません。またアイチューンズなど楽曲を単体で購入できるサービスでも、手元に保存してあるデジタルデータは再生できます。しかしアップルミュージックやスポティファイなどのストリーミングでは、電気グルーヴの楽曲を手元のスマートフォンやPCにダウンロードしてあっても、聴けなくなってしまったのです。

これに対して電気グルーヴのファンや音楽愛好者らから猛反発が起き、ソニーミュージックに対して配信停止を撤回するよう求める署名運動も起きました。これには七万人近くが賛同し、社会的な盛り上がりにまでなったのです。

このような問題について音楽会社がこれからどのような対応をしていくのか、明確には定まっていません。しかし垂直にも水平にも統合され、市場が寡占《かせん》されている第二世代プラットフォームでは、つねにこのようなことが起きる可能性があります。

プラットフォームに寡占させないことによって、改変を防ぐという方向もあるでしょう。しかしその場合には、小規模なプラットフォームが乱立してしまい、今度はプラットフォームがいつなんどき消滅するのかわからない、という逆に不安定な状況に陥ります。

先にも書いたように、日本では電子書籍のプラットフォームが二〇一〇年代に乱立した結果、いくつものプラットフォームが消滅して本が読めなくなるという事態が何度も起きました。プラットフォームの消滅を防ぐためには、特定のプラットフォームが巨大化して市場を寡占せざるを得ない。しかしそうなるとプラットフォームは自在に過去の記録を改変し、それに人々は気づかないという独占の問題が起きてきてしまう。「あちらを立てればこちらが立たず」と言うべきか、それとも「前門の虎、後門の狼」と呼ぶべきか、どちらにしても過去が揺らいでしまうという事実には変わらないのです。

これは、古い垂直統合が終わり、水平分離を経て、垂直にも水平にも統合される第二世代プラットフォームが台頭してくると、宿命的に起きる必然的な事態だと言えるでしょう。

これからは情報を管理する主体は、一人の個人からプラットフォームへと移り、それは情報がつねに真正なままで記録されていることを保証するわけではない。それは予告なく、人々に伝えられないまま改変されるかもしれないし、改変されないかもしれない。いずれにしても、そこでは「真正であること」という保証は消滅します。紙の本や音楽のレコード、CDは物理的にそこに存在し、改変されているかどうかはたいていの場合、見ればわかる。でも第二世代プラットフォームでは、改変の事実は見えにくくなる。

この新しい世界の中で、私たちは過去の記録を「真正かもしれないし、改変されているかもしれない」という不確かな眼で向き合わざるを得なくなる。過去が決して確かなものではなくなっていくのです。

どこまでが「自分」なのか

色あせず、デジタルの世界でいつまでも鮮明に残り続ける過去。しかし生々しく鮮明であるにもかかわらず、いつ改変されるかわからない。この不思議なジレンマを私たちは抱えるようになるのです。そのような「新しい過去」に対して、私たちはどう向き合うようになるのでしょうか。

そもそも、私たちは過去をどう扱ってきたのでしょうか。

過去の記憶の集まりこそが、一人の人がその人であることを証明するものだ――そういう哲学があります。十七世紀から十八世紀のヨーロッパで広まった経験主義です。人間は生まれたときには白紙だけれど、さまざまな経験をすることで知識をたくわえるようになる。そういう経験と知識の積み重ねこそが、人間であることの本質だと、当時の哲学者たちは考えたのです。つまり記憶が一貫しているというのが、その人がその人であることの証明になるということです。

魂じゃなく、からだでもなく、記憶。

たとえば、自分はユリウス・カエサルの生まれ変わりだと主張する人がいたとしましょう。その人が本当にカエサルの生まれ変わりで、彼の魂を受け継いでいるとしても、その人がカエサルだったころの記憶をもっておらず、カエサルの思想や行動を受け継いでいないとしたら、彼はカエサルと同一人物と言えるでしょうか？　魂という曖昧《あいまい》なものが共通しているだけで、記憶も思想も行動も共有できていないのだったら、同一人物とは言えません。

別のケースを考えてみます。

中世に一人の騎士がいて、自分の記憶や意識をすべてもったまま、突然に現代のパン屋に転生したとします。その転生した先には、パン屋の魂がそのまま残っていたとしたら、騎士が転生したパン屋は騎士なのでしょうか、それともパン屋なのでしょうか？　記憶や意識がそのまま残っているのなら、そのパン屋はやっぱり騎士と言えるのではないでしょうか。

私たちが世界を認識し、自分を自分だと考えられる根拠は、自分だけのさまざまな経験の上に積み重ねてきた記憶です。その記憶があってこそ、自分なりの行動ができるようになるし、思想を構築できるようになる。ヨーロッパの経験主義は、そんなふうに考えました。そのように記憶こそが自分の拠って立つアイデンティティであるという考え方は、現代の私たちの中にも色濃くあるでしょう。

しかし記憶が改ざんされたら？

一九八二年に公開された伝説的なＳＦ映画『ブレードランナー』には、記憶にまつわるエピソードが出てきます。

『ブレードランナー』の舞台は二〇一九年の米ロサンゼルスで、人間そっくりの血も肉体も、そして知性もあるロボット「レプリカント」がたくさん製造されている未来を描いています。彼らは宇宙で過酷な労働や戦闘に従事させられていることに抵抗し、反乱を起こします。地球にひそかに舞い戻ってきた彼らを探し出す捜査官デッカードとの対決を描いた作品です。

レプリカントを開発した大企業には、レプリカントのレイチェルが社長タイレルの秘書として使われています。でも彼女は、自分がレプリカントだと知らず、人間だと思い込んでいる。デッカードのアパートを訪れたレイチェルは、彼に聞きます。「私をレプリカントだと思う?」。そして色あせた写真を彼に見せるのです。「子どものときの私と母よ」デッカードは悲しい目をして答えます。「覚えてるか? 君は六歳のとき、弟とお医者さんごっこをした。自分のを見せる番になったら逃げ出したな。誰かに話したか? 窓の外の茂みに、クモがいた。身体が黄色いやつだ。夏に巣を張ったろう。その上である日、卵が孵った」

「……そうよ。子グモが百匹も出てきた」

「それは移植情報なんだ。君には、タイレルの姪の記憶が移植されている」

彼女の頬に涙が流れるのを見て、思わずデッカードは嘘を口にします。「オーケー、冗談だ。レイチェル、君はレプリカントじゃない」

「疑似体験も夢も、すべて現実であり、そして幻なんだ」

もう一つ作品を題材にしましょう。日本のアニメの名作として名高い『攻殻機動隊』です。

もともとは一九九一年に刊行された士郎正宗の漫画で、その後何度となくアニメ化されています。最も有名なのは押井守が監督した一九九五年の『GHOST IN THE SHELL／攻殻機動隊』と、その続編である二〇〇四年の『イノセンス』でしょう。二〇一七年には、スカーレット・ヨハンセン主演で実写のハリウッド映画にもなっています。

『攻殻機動隊』は、サイボーグ技術が進んだ二〇三〇年代を舞台にしています。多くの人が、義肢や義手が進化したイメージの「義体」という機械の身体を使っています。人々の首の後ろ側にはコネクタのようなものがあり、脳に直接インターネットを接続。さらに脳そのものを機械化する技術も出てきているという設定です。脳が機械になってしまったら、人間の本質はいったいどうなるのだろうというのが作品の背景テーマになっているのです。

ニセの記憶を植え付けられた清掃局員の男が登場します。彼は自分には妻や娘がいると信じきっていますが、警察が自宅に踏み込んでみるとそこは独身男の殺風景な一室でしかありません。刑事は男に告げます。

「あんた、あの部屋でもう十年も暮らしてるんだよ。奥さんも子どももいやしない。あんたの頭の中だけに存在する家族なんだ」

これに捜査官の一人が、ひとりごとのようにつぶやきます。

「疑似体験も夢も存在する情報は、すべて現実でありそして幻なんだ。どっちにせよ、一人の人間が一生のうちに触れる情報なんて、わずかなもんさ」

本物の記憶であっても植え付けられた記憶であっても、さらには眠っている間のつかの間の夢であっても、すべては幻のようなものにすぎないという諦観《ていかん》が伝わってきます。どちらにしても、私たちは世界のすべてに触れられるわけではないし、眼の前にある過去を、それが幻であったとしてもただ盲目的に信じるしかないのです。

「人形つかい」という悪名高いハッカーが出てきます。このハッカーは実は人間ではなく、政府機関が開発したコンピュータのプログラムです。彼は義体に宿ることによって肉体を持ち、自由自在に物理空間とネットの海の中を移動することができるようになります。そしてついには、日本政府に対して政治的亡命を求めるのです。

「バカな！　おまえは単なる自己保存のプログラムにすぎん」と突っぱねる政府関係者に対して、彼は答えます。

「それを云うなら、あなたたちのＤＮＡもまた自己保存の為のプログラムに過ぎない。生命とは情報の流れの中に生まれた結節点のようなものだ。生命は遺伝子としての記憶システムを持ち、人はただ記憶によって個人たる。たとえ記憶が幻の同義語であったとしても、人は記憶によって生きるものだ」

過去の記憶こそが人間の証であるのなら、機械のプログラムが記憶をもてば、それは人間と等価じゃないか——そう言い返されれば、人間の側は答えにつまるしかありません。私たちの記憶がフラッシュメモリに記録され、鮮明なまま残り続ければ、それは一人の人間を「保存」していることになるのでしょうか？

別のシーンで、主人公の草薙素子は語ります。

「自分が自分であるためには驚くほど多くのものが必要なの。他人を隔てるための顔、それと意識しない声、目覚めのときに見つめる手、幼かったころの記憶、未来の予感。それだけじゃないわ。私の電脳がアクセスできる膨大な情報やネットの広がり、それらすべてが『わたし』の一部であり、『わたし』という意識そのものを生み出し、そして同時に

『わたし』をある限界に制約し続ける」

インターネットは視界を拡張したと言われています。私たちは望めば、世界の果ての光景でもグーグルマップで見ることができるし、遠い異国の人の日々の生活をフェイスブックで見ることができる。それはまだ視覚にすぎませんが、いずれ身体感覚にまで拡張され、五感が拡張されていくとどうなるのでしょうか。攻殻機動隊はその先をイメージしようとしています。そこでは個人だけの記憶が占める比率は下がり、集合的な五感の記憶が共有され、「どこからどこまでが自分なのか？」ということが曖昧になっていくのかもしれません。

攻殻機動隊の未来では人々が義体をまとうことが普通になり、どこからどこまでが「自分」なのかという物理的な境目が揺らいでいます。さらには過去でさえも改変されることが当たり前になり、時間を軸にした「自分」の精神の境目でさえも揺らいでしまっているのです。そこでは過去への郷愁という感情自体が消滅していくのかもしれません。

日本のシティポップが、なぜアメリカで人気なのか

「郷愁」の変容は、インターネットが普及した私たちの世界ですでに現実に起きつつあります。

二〇一九年一月に米シカゴで、日本のポップシンガーである杏里のライブコンサートが開かれました。「悲しみがとまらない」などのヒット曲で一九八〇年代に一世を風靡《ふうび》した歌手ですが、米国ではそれほど知られた存在ではありません。その彼女がなぜシカゴで歌ったのか。

ライブを企画した米国人ＤＪのヴァン・ポーガムは、一九八〇年代の日本の都会的なポップミュージックを収集し、紹介していることで以前から知られています。彼はウェブメディア「シカゴリーダー」のインタビューで「このジャンルほど多くのリスナーを惹きつけた音楽はなかった」と話し、その理由について非常に面白い分析をしています。

ポーガムによると、アメリカ人たちは自分たち自身の過去には、今やノスタルジーを感じられなくなってしまっているというのです。

なぜでしょうか。

郷愁を感じるはずの古い音楽や映画は何度となくカバーされ、リメイクされ、ユーチューブに投稿され、スポティファイやネットフリックスなどのストリーミングのサービスでいつでも触れることができる。一九八〇年代は四十年も前の過去ですが、TOTOの「アフリカ」のような当時のヒット曲は今でもそこらじゅうで配信され、流れ、ひんぱんに耳にします。

音楽や映画に触れる機会がレコードや映画館に限られていた昔と比べ、現代はあらゆる方法でそれらの文化に触れられるようになり、接触機会がものすごく多くなりました。そうすると、たまに耳にするから郷愁を感じるはずだった古い文化が、もはや飽き飽きするほどにまで現在進行形で共有されるようになってしまっているのです。

過去の文化はそうやって消費されつくし、飽和してしまっているのです。だから若い世代も上の世代も、一九七〇年代や八〇年代が本当のところどんな時代感覚だったのかというリアルでまとまった印象をもてなくなってしまっている。つまりはどこからどこまでが現在で、どこから先が過去なのかという境目が揺らいでしまっている。それは郷愁を押し流してしまう。

ところが、日本の一九八〇年代に流行った都会的なポップミュージックは異なる。なぜなら、この通称「シティポップ」と呼ばれる音楽は、アメリカではほとんど知られていなかったからです。当時のアメリカ音楽から強い影響を受けて音楽性を受け継いでいるのにもかかわらず、アメリカ人にとっては手付かずのままでした。だから彼らがシティポップを聴くと、新鮮であるのに、同時に郷愁も呼び起こされる。

「自分たち自身のものでもないのに、あの時代を思い出させ懐かしく感じるというのは、多くの人々には新鮮な感覚だ」とポーガムは語っています。この感覚はポーガムひとりのものだけではなく、サンフランシスコのフォークロックバンド「ヴェティヴァー」のアンディ・キャビックは、ローリングストーン誌の記事でこう語っています。「AORやウエストコースト・ポップ、そういうのは耳が腐るほど聴き飽きていて、もはや自動的に脳が拒否反応を示すんだ」「でもまったく違った環境で耳にすると、目から鱗《うろこ》のような体験をすることもある。異国文化というフィルターを通したその音楽に、僕は懐かしさと新鮮さを同時に覚えたんだ」

杏里に限らず、日本のシティポップのような八〇年代前後の音楽をミックスする行為は二〇一〇年ごろからアメリカで流行し、山下達郎や竹内まりや、故・松原みきなどのユーチューブの楽曲は何百万回も再生されています。総称してヴェイパーウェーブと呼ばれるムーブメントにもなりました。ヴェイパーというのは「蒸気」の意味です。古い音楽がピッチを落とされたり、半拍ずらしてミックスされたり、くどいほどに反復されたりして、まさに蒸気がもやもやと漂っているような酩酊《めいてい》感のあるミックス音源がつくられます。これらはユーチューブで配信され、映像には『うる星やつら』のような古いアニメ作品の一部が切り出されたりしていて、まるで壊れかけたブラウン管のテレビでノイズだらけのビデオカセットを観ているような気分になる。

これらの音源からは、懐かしさと同時に、空虚さも感じられます。音源にはショッピングモールなどで何気なく流れている安っぽいBGMが使われることも多く、もともと空虚だった音がミックスされてさらに空虚さが増し、でもそこに妙に懐かしさを感じるのです。「いったい自分はヴェイパーウェーブの何に懐かしさを感じているのだろう?」と疑問が浮かび、しかしその答えはどこにもありません。消費されつくした郷愁の先には、郷愁なんて存在しないはずの安っぽく空虚な場所に懐かしさを感じるしかない、というひねりすぎた感情だけが残っているように思えます。日本のシティポップを集めたコンピレーションアルバム『PACIFIC BREEZE/JAPANESE CITY POP, AOR AND BOOGIE 1976–1986』

はジャケットに永井博のイラストが使われ、彼特有の「人物の登場しないリゾート風景」がまさにこの空虚で寂しく、でも懐かしい過去のような印象を浮かび上がらせています。このアルバムを編んだマーク〝フロスティ〟マクニールはライナーノーツで、一九七〇年代から八〇年代にかけての日本のシティポップの背景には戦後の奇跡的な経済成長があり、「パンチドランカーのような日本の酩酊《めいてい》した繁栄を映し出している」と指摘しています。

　第二次世界大戦が終わってからの半世紀は、日本のみならず米国でも欧州でも工業生産が急増し、人々が豊かになった時代でした。しかしその急成長は私たちの古い何かをどこかに置き去りにしてしまった感覚も伴っていて、そのころへの「うつろな懐かしさ」というイメージは日本でもアメリカでも共有されているということなのかもしれません。

　私たち人間にとってとても大切だった「過去」。しかしその過去は今、変質しようとしています。これまで述べてきたように、過去は色あせなくなり、いつまでも鮮明なままであり、しかし改変される可能性をつねにはらんでいる。そしてインターネットによってそのような過去があふれ返るようになり、私たちはもう過去に郷愁を感じることができなくなってきているのです。

　かつて過去は、記録されにくいがゆえに貴重なものでした。私たちの脳は時間が経つごとにあらゆるものを忘却していき、過去は薄ぼんやりとした時間の暗がりの中へと退場していくのが当たり前だったのです。だから私たちは過去に郷愁を感じることができた。郷愁とは言い換えれば、「失われていくもの」への惜別の感情なのです。

忘れられない、忘れてもらえない「苦しみ」

しかし過去は今、逆に押し付けがましくなっています。

アメリカのデータ科学者、ヴィクター・マイヤー＝ショーンベルガーが過去の記録についてこんなエピソードを紹介しています。

六十代後半になるカナダの心理療法士、アンドリュー・フェルドマーは二〇〇六年のある日、住まいのあるバンクーバーからシアトルに向かっていました。友人を空港に迎えに行くためです。アメリカの国境検問所で、いつものようにパスポートを取り出して係官に見せます。これまで百回以上も通過してきたおなじみの国境検問所で、彼の動作に何も不審な点はありません。しかしこのときの係官は、ちょっと違っていました。パソコンに向かい、フェルドマーの名前を検索エンジンで調べたのです。

検索結果では、彼が二〇〇一年に書いた論文がヒットしました。その論文には、まだ若かった一九六〇年代に幻覚剤を試したことがあったということを本人が書いていました。この結果、フェルドマーは検問所に四時間も留め置かれ、指紋を採取され、四十年前に違法な薬物を摂取したことを認める書類にサインさせられ、そして挙げ句にアメリカへの以降の入国を禁止する措置がとられてしまったそうです。

フェルドマーは実際には一九七四年を最後に薬物を断ち、以降は犯罪歴もなく穏健な職業人として人生の大半を過ごしてきました。なのに検索エンジンとインターネットにアーカイブされた情報によって、忘れ去られたはずの記憶に囚われてしまったのです。

過去を記録することを私たちは重要だと思っています。しかし過去がそこに存在し続け、いつまでも閲覧できてしまうことは、必ずしも良いこととは限らないのです。

一九六五年生まれのジル・プライスというアメリカ人女性がいます。彼女は八歳ごろからの自分の日々の生活の記憶を、すべて動画に撮影して保存したかのように覚えています。彼女はこう書いています。

「あなたは子どものときからくる日もくる日も誰かに後をつけ回され、ビデオカメラで撮られ続けている。その映像が、時系列ではなく、すべてアトランダムにつなぎ合わされ、DVDプレーヤーから流れているのをじっと見ていなければならない。そんなことが私の脳の中では日々くり返されている」

ジル・プライス

これは病気や障害なのか、それとも特殊能力なのでしょうか。いずれにしても彼女がそれで苦しんでいるのには間違いありません。ジルは思い余って大学研究室の門を叩きます。応じたのは、カリフォルニア大学アーバイン校教授で記憶の専門家、ジェームズ・マゴー。

マゴー研究室でジルはテストを受けます。たとえば過去の日付を見せられ、そのときにどんなニュースがあったのかを答えるというもの。「一九七九年十一月五日」という日付を見せられて、彼女はその日が月曜日だったとわかります。でもその日に起きたニュースは思い出せません。マゴーはその日がイラン米大使館人質事件の起きた日だったと説明すると、ジルは即座に「いいえ、その事件が起きたのは前日の十一月四日です」と主張し、マゴーが調べ直すとジルの記憶のほうが正確だったそうです。

あらゆる日付のできごとをジルは考えることもなく即答します。すべてがコンピュータのメモリのように整然と記録されていて、ただ瞬時に取り出すだけという感覚なのです。彼女の頭の中では、過去は忘却の彼方に沈んでいきません。だから彼女は苦しむのです。

「困ったことには、その情景の一つひとつがあまりにも鮮明なので、楽しかったことも、つらかったことも、いいことも、悪いことも、記憶がよみがえるだけでなく、そのときの自分の感情も追体験することになる。当時の喜怒哀楽がそのまま乗り移ってくるのだ。だから、心を落ち着かせて生活することがとても難しい」

長い人生には良いこともあれば、思い出したくない悪いできごともあります。嫌な過去を私たちは忘れようとし、だから忘れていくことができる。しかしジルは、失敗したことや侮辱されたこと、耐え難い恥ずかしい思いをしたこともすべて鮮明に覚えているのです。悪い記憶はつねに甦ってきて、彼女を苦しめるのです。

たとえばこういう経験は、誰にでもあるのではないでしょうか？　就寝しようと布団にくるまり、ぼんやりしていると　ふと昔の恥ずかしいことを思い出してしまう。

そんなときは、身悶えするぐらい消え入りたい気持ちになってしまいます。これが毎日、時々刻々、つねに突きつけられているのがジル・プライスの日常だとすれば、どれほどまでに苦しいかは想像できるでしょう。

インターネットによって過去が鮮明なまま蓄積されていくということは、このジルの苦悩がそのまま私たちにも降りかかってきているということでもあります。過去はもはや霞がかかって消え去らず、つねに押し付けがましく私たちに襲いかかってくるのです。

「中二病」という、思春期のころの自己愛たっぷりの妄想を意味する日本のインターネットスラングがあります。自分が世界を救う英雄になったり、王子に助けられる姫になったりする夢を見ていて、それをこっそりとノートの隅に書き出したりするようなことです。昔なら紙のノートは時間が経てば捨てられるか、実家の押入れの奥深くの段ボール箱にしまい込まれて、誰かに読まれることはなかったのです。たまに大掃除や引越しなどで偶然にノートを見つけてしまっても、「うっ」と呻《うめ》いてすぐに箱に戻してしまえば、それですんでいました。そうすれば恥ずかしい記憶は過去に押し戻すことができたのです。

ところがSNSが普及してくると、中二病は人の目につきやすいところに放置されることになります。先に書いたようにSNSのプラットフォーム自体が終了してしまうこともあれば、改変されることもありますが、しかし同時にいつまでも保管され、人の目に触れるところに放置されている可能性だってあるのです。

ミクシィという日本独自のSNSがあります。二〇〇四年に開始し、二〇〇七年ごろに最盛期を迎えました。一時は日本のSNSの中心地だったのですが、その後アメリカのツイッターやフェイスブックが日本でも広まると、あまり使われなくなってしまいました。しかしこのSNSは消滅しておらず、二〇一九年現在もすべての投稿が保管されています。SNSとしては衰退しましたが、運営会社がその後ゲーム開発でヒットを飛ばしたことから、余力で運営を続けられているのです。

さて二〇一九年にログインしてみると、ミクシィの中には驚くべき光景が広がっていました。二〇〇八年ごろの私の生活が、まるで冷蔵庫の中で冷凍されたまま忘れ去られた古い鶏肉のように置かれているのです。最後に日記を書いたのは十年以上も前の二〇〇八年十一月十三日で、九州に仕事で出かけたときのことが書かれています。そのころに自分が考えていたことや感情がそっくりそのまま残っていることに、郷愁ではなく多少の恥ずかしさを感じたのは、それが色あせずに鮮明なまま目に入ってきたからかもしれません。

日記を閉じて見渡してみると、大半の友人たちはすでにこの地を去り、彼らの過去だけが保管されています。彼らの鮮明だけれど古い日記を読み漁っているうち、友人の一人が現在も日記を書き続けているのを見つけました。まるで荒野を放浪した果てに、囲炉裏《いろり》に火を灯した旧友の家にたどり着いたような趣きです。

SNSが世界に登場してきたのは二〇〇〇年代なかばで、歴史はとても浅く、私たちの過去はせいぜい十年分ぐらいしか保管されていません。しかし未来にはどうなるでしょうか。SNSのプラットフォームが消滅しない限り、いつまでも残り続けるのです。今中学生の子どもたちが恥ずかしい「中二病」の妄想をどこかのSNSに書きつづり、書いたことさえ忘れ去り、でもプラットフォームはそのまま存続し、長じて四十歳になったころにふと見つけ出す。そういうことが起きてくるでしょう。SNSに限らず、電子メールやメッセンジャーのアーカイブでも同じことは起きてきます。

私たちはつねに過去を抽象化し、同時にそれらを美化する。でもインターネットのアーカイブは、決して美化してくれない。先ほど紹介したデータ科学者のショーンベルガーは、メールで過去の感情が喚起されてしまう可能性を指摘しています。

たとえば一人の女性が、昔の恋人にばったり出会ったとします。

軽くカフェに誘われて、久しぶりに話してみたら、意気投合しました。「彼ってこんないい人だったんだ」と思い、「あのとき別れなきゃよかった」とも感じ、焼けぼっくいに火が付きそうです。彼女は楽しかった交際時代を思い返し、「そういえば昔、一緒によく行った店があの街にあったなあ。あの店なんだっけなあ」と追憶に浸ります。「そうだ、昔の電子メールを見れば、彼とのやりとりで店の名前を書いているはず」

そうして彼女はメッセンジャーを検索し、そして彼とのやりとりを発見し、店の名前も無事に判明し……そこまではよかったのですが、見つけたのはそれだけではありませんでした。別れる直前に、どんなにひどいやりとりがあり、彼から何を言われたのか。それらを読んでいるうちに、彼の言葉に自分がどれだけ傷ついたのかを、そのときに巻き起こった怒りや悲しみまでを含めて鮮明に思い出してしまったのです。

「そうだ、そうだった……。やっぱりよりを戻すことはできない」

過去は「デジタルコラージュの寄せ集め」

忘却は、私たちが摩擦なく生きていくためには重要な要素です。あらゆるものが鮮明にアーカイブされたことで私たちは郷愁を失いつつあるだけでなく、忘却による過去の美化さえできなくなってきているのです。

インターネットから押し寄せてくる過去のアーカイブは、私たちが忘却とともに美化し、記憶していると信じている「過去」とは異なるものです。あまりにも大きくずれると、私たちが私たち自身の記憶を信頼できなくなってしまうということも起きるでしょう。

これに加えて、先に書いたような過去の改変や消滅の可能性を考えれば、いったい何が本当だったのかをもはや確かめる術《すべ》さえなくなっていくかもしれません。

インターネットが記録しているのは、第二世代プラットフォームが保管しているＳＮＳやメール、メッセンジャー、ブログなどのアーカイブだけではありません。ウィキペディアやさまざまなニュースサイト、検索エンジンの検索結果、無名のまとめサイトに勝手に収録された発言、ＳＮＳで知らないうちに誰かにタグづけされた断片、誰かからの名指しの賞賛や非難、企業の公式サイトで紹介された従業員としての仕事ぶり、大学の卒業論文のタイトル、高校の部活動の記録……。

ある一人の個人についてのネットの情報は、さまざまな側面が無秩序に集められ、時間の前後ははっきりせず、体系だっていません。こうした断片的な情報が大量に存在する状況を、前述のショーンベルガーは「デジタルコラージュ」と呼んでいます。断片的なデジタルデータの寄せ集めということです。デジタルコラージュの確からしさはまったく保証されず、しかも寄せ集めたものをかき集めたとしても、一人の個人の統一した全体像になるわけでもない。そういう乱雑なデジタルコラージュによって過去が構成され、決して美化できないという時代に、私たちは生きているのです。

くり返します。かつて過去はとても貴重で大切なものでした。私たちは過去を記録するために文明を興し、記録のテクノロジーを進歩させてきました。しかしその過去は今、変容しようとしています。

過去は色あせなくなり、いつまでも鮮明なまま保存され続ける。

しかし過去は、いつ改変されるか誰にも予測できず、つねにデジタルコラージュの寄せ集めでしかないという不安定な状態に置かれている。

そういう過去が世界にあふれかえり、私たちは郷愁を感じることができなくなっている。それどころか、ときに強制的に押し付けがましく配信されてくる過去によって、私たちは忘れることさえできなくなっている。

過去は、そういう厄介なものへと変わりつつあるのです。

第二章

過去は「物語」をつくってきた

忘却が高度な思考をつくる

過去は変容しようとしています。

過去が色あせ、幻影のように薄れていくものではなく、鮮明なまま押し付けがましく眼前に配信される世界がやってきます。

忘却できなくなってから、私たちはようやく忘却の美徳に気づくのかもしれません。

しかし、忘却は郷愁の感情を呼び起こすだけでなく、もっと重要な役割をもっているのです。人の脳は過去に起きたことを正確に記憶するのではなく、さまざまなできごとの中から印象深いものだけを選んで記憶し、その中身も時間が経つにつれて変化していくようなメカニズムになっています。記憶を変化させ、捏造《ねつぞう》してしまうことで、過去の体験を私たちは抽象化し、生きていくためのスキルとして蓄積できるようになるのです。だから実は、過去は鮮明に記憶されないほうがよいのです。

脳科学者の池谷裕二は、次のように述べています。

「変容する環境の中で、生物が生きながらえるためには、過去の『記憶』を頼りに、さまざまな判断をくだしながら生活する必要があります。しかし、変化する環境の中で、まったく同じ状況は二度と来ないのが普通です。ですから、記憶は、ほどよく柔軟であることがどうしても必要なのです。もし、記憶が厳密なものであったら、変化を続ける環境の中では、活用することのできない無用な知識になってしまいます」

彼によると、進化論的に下等な生物ほど、厳密な記憶の割合が多いといいます。忘却し、曖昧な記憶をもつというのは、進化した生物の特権でもあるのです。

前章で、人生のあらゆるできごとを記憶し、忘れられない女性ジル・プライスを紹介しました。これと同じような特異能力をもつ青年を主人公とした小説を、アルゼンチンの作家ホルヘ・ルイス・ボルヘスが書いています。『記憶の人、フネス』という短編小説です。

私たちの脳は、物事を抽象化して記憶しています。たとえば「犬」という単語を聞くと、漠然とした犬のイメージを抱き、過去に見たたくさんの犬の姿から、犬という動物のもつイメージを抽象化して覚えているのです。過去には犬の姿を無数に見ているはずですが、ほとんどは忘却していて、頭の中には抽象化された犬しかいないのです。

しかし青年フネスの脳には、そういう抽象化された犬のイメージはありません。彼はある日の午後三時十五分に正面から見た犬の顔、その直後の午後三時十六分に横から見た犬の顔、あるいはまた別の時間と場所で見た犬の顔や姿を全部正確に覚えていて、それらの総体が犬の記憶になっているのです。抽象化して、概念を抽出するというようなことはできないのです。

ボルヘスはこう語ります。

「彼は苦もなく英語、フランス語、ポルトガル語、ラテン語などをマスターした。しかし、彼には大して思考の能力はなかったように思う。考えるということは、さまざまな相違を忘れること、一般化すること、抽象化することである。フネスのいわばすし詰めの世界には、およそ直截《ちょくせつ》的な細部しか存在しなかった」

細かい部分を忘れてしまうからこそ、抽象化できる。つまり高度な思考のためには、忘れることが必要なのです。

この小説が刊行されたのは一九四四年で、最初期のコンピュータが開発される直前のことです。偶然かもしれませんが、フネスの脳はまさにコンピュータそのものと言えます。

コンピュータはすべてをそのまま記録し、忘却することはありません。そして犬というものの抽象化されたイメージをもっている人間が、どんな写真を見ても「あ、犬だ」とわかるのと違い、コンピュータに「どの写真が犬か」を答えさせるのは簡単ではありませんでした。「足が四本ある」「耳が尖っているか、もしくは垂れている」「毛は白か黒か茶色か黄色」とさまざまな要素を人間が選んで、それぞれの写真に当てはまっているかどうかを確認させせなければならなかったのです。

しかし人工知能（ＡＩ）が進化し、深層学習という方法が実用化されたことで、コンピュータは自分自身で抽象化の思考ができるようになりました。今のＡＩは、膨大な写真を見せてやるだけで、その中から勝手に犬の写真をピックアップできるまでになっています。人間が忘却して抽象化しているのに対し、ＡＩは忘却せずに抽象化ができるようになったのです。これは人間の思考とは、まったく異なるアプローチです。この話には、第三章で再び立ち戻っていくことになるでしょう。

エピソード記憶によって、人は「世界」を理解する

話を戻します。

人間は、このような忘却と記憶のしくみをどのようにして身につけてきたのでしょうか。

なぜ私たちは記憶し、忘却し、抽象化するというような複雑な思考をするようになったのでしょう。

生物の脳の記憶はたくさんの種類があって、単細胞生命から人類のような高等生物になってきたのとともに、記憶も長い時間をかけて進化してきました。整理してみましょう。

いちばん原始的な記憶は「手続き記憶」というものです。たとえば朝起きて、服を着る。顔を洗う。箸を手にして皿のおかずをつまむ。公園でボールを投げる。自転車に乗る。このような「からだで覚える」と言われているような行動は、すべて手続き記憶です。

もう少し進化した記憶に「プライミング記憶」があります。これは記憶への刷り込みのようなもので、たとえばタヌキの写真を見せられた後で、「タ〇キ」と書かれた紙を示されると、たいていの人は丸の中に「ヌ」の文字を入れてしまう。タスキでもいいはずなのに、タヌキの写真を見た後では「ス」を思い出す人はあまりいません。これがプライミング記憶です。

さらに進んで「意味記憶」があります。私たちが受験勉強で学ぶような抽象的な知識がそうです。「アリストテレスは古代ギリシャの哲学者である」「アメリカ合衆国は、一七七六年七月四日に建国された」

そして最も高等に進化した記憶として「エピソード記憶」があります。これは「自分がどこで何をしたのか」という記憶です。「昨年の夏に、祖父が亡くなった」「トランプ大統領就任のニュースを聞いた二〇一七年一月、私はちょうどニューヨークに滞在していた」

同じトランプ大統領でも、「ドナルド・トランプは二〇一七年一月にアメリカ大統領に就任した」というのは、自分の経験が含まれていないので、意味記憶に当たります。しかし「大統領就任のニュースを聞いたときに、私はアメリカにいた」というのは自分の経験が入っているので、エピソード記憶になるのです。

エピソード記憶は、意識と関係があると考えられています。意味記憶は必死に覚えようとしても忘れてしまうことが多く、なかなか思い出せません。受験勉強の暗記に苦労するのもそうです。たとえば「コロンビアの作家ガルシア・マルケスの代表作は『百年の孤独』である」というのは意味記憶ですが、ど忘れしてしまって、マルケスの代表作を思い出せなくなるということはよくあります。これは私たちの意識と意味記憶が、直接にはつながっていないからです。

でも、連想的に記憶がよみがえることがあります。

「ガルシア・マルケスの小説って、前に先輩の鈴木さんと行った居酒屋で出された焼酎が、すごく貴重なお酒だって聞かされて、変わった名前だなあと思いながら飲んだっけ……そうだ、百年の孤独だ！」

ここでは自分が経験した時系列のエピソードをきっかけに、意味記憶が引き出されています。つまりエピソード記憶だと、意識的に思い出しやすいのです。

これを言い換えると、私たちはエピソード記憶によって世界を理解しているのだ、ということもできます。

エピソード記憶という概念を一九七二年に初めて提示したカナダの心理学者エンデル・タルヴィングは、意味記憶は「心の中の類義語」だとし、つまり百科事典のようなものだと説明しています。外界から情報が入ってきたら、頭の中の百科事典を開いて、意味を調べるのです。これに対してエピソード記憶は、過去に起きたエピソードについての情報や、エピソードどうしの空間的、時間的な関係をたくわえておくものだと言います。それは自分の経験についての autonoetic consciousness に関わるものである、とも。

autonoetic consciousness というのはわかりにくい英単語なのですが、「自分が経験したことだと自己意識で理解していること」というような意味です。日本語の書籍では「想起意識」とも訳されています。自己意識のない動物が日々を暮らし、無意識に経験を積み重ねていくのとは違い、人間は「昨日はこんなことがあった、明日はこういう予定がある」と時間の中で自分の存在をつねに確認している。これが、autonoetic consciousness なのです。

つまり自分が体験し、知覚したできごとだから、エピソードは「自分ごと」として記憶できるということです。「自分ごと」ではない意味記憶とは、その点が違っているのです。

また意味記憶とエピソード記憶では、時間軸が異なっています。たとえば「織田信長は上洛した後に、本能寺の変で亡くなった」という意味記憶には、「上洛した」と「亡くなった」という間に時間が経っていて、客観的な時間軸があります。でもエピソード記憶の時間軸は、客観ではなく主観です。

「高校のころに本能寺の変を日本史の授業で勉強したときは、まだ戦国時代のことはよくわかっていなかった。大学に入ってから戦国史の本をたくさん読むようになって理解が深まった」

エピソード記憶の時間軸はあくまでも自分自身の時間なのです。自分の過去という時系列の中にピンを刺すようにして記憶されているのです。それは自分自身の人生の物語が進むのと同じ時間軸の中で、記憶されています。

はるか昔の狩猟採集時代に、私たちの先祖は森を歩いてキノコを探し食べていたことでしょう。そのときに「たいていのキノコはうまい」「食べられない毒キノコがある」というような意味記憶だけでも、野生動物のように暮らすことはできたでしょう。でも意味記憶だけでなく、

「隣の村に住んでいる男がこの前、森の端に生えているキノコを食べて死んだのを私は目撃した。だから今眼の前にあのキノコがあるけれど、採集して食べてはいけない」

とエピソード記憶として覚えたほうが、きっと思い出しやすかったはずです。そして「キノコで死んだ男を見た」「そのキノコが眼の前にある」という自分の中の時系列に沿った因果関係に、その記憶は重なっている。そしてこのような因果関係は、過去と現在だけでなく、未来の予定や目標も立てやすくなります。

「昨日、あの岬の向こうの海で獲った魚はうまかった。また同じ場所に獲りに行こう」

「昨日まであの谷でたくさん採れていたうまい野草が、最近は減ってきた。だから明日は別の谷に探しに行ってみよう」

エピソード記憶では、自分の時間の中で過去と現在、未来がつながり、一連の「物語」として描かれている。このような「自分の物語」をつくることによって、私たち人間はよりしっかりと世界を理解するようになりました。エピソード記憶が果たした役割はとても

大きかったのです。意味記憶にはない自分自身の時間をもつことができたことで未来を予測し、将来の計画を立てられるようになったからです。

エピソード記憶が生まれたからこそ、私たちは世界を時間に沿ったひとまとまりとして、過去から現在、未来へと続く物語として理解できるようになったと言えるでしょう。物語のない意味記憶だけでは、世界はデジタルコラージュと同じようにバラバラの知識に分解されたままで、まとめられません。膨大な情報の断片であふれかえっている世界から、必要な要素だけを拾い集めてエピソード記憶に記録し、それをひとまとまりの物語にすることによって、私たちは世界を理解するようになったのです。

加えて、しっかりしたエピソード記憶があれば、自分のもっている知識や能力を他人に間違いなく、しかもわかりやすく伝えることができるようにもなります。うまい魚を獲ってきた近所の人の話を聞くことで、まるで物語を聞かせてもらうように知識を増やすことができる。エピソード記憶がつくる物語が、人々に共有されていくことによって、共同生活を大きくし、複雑な狩猟をできるようになり、さらには農耕という大規模で時間のかかる営みを、みんなで力を合わせて続けていけるようになったのです。

私たちが物語を編むようになったから、共同体は栄えるようになり、それが延いては文明を勃興させていく原動力になりました。しかし、それ以前の古い時代には、過去から現在、未来へと続く物語は不要だったのかもしれません。本書のプロローグで、アフリカの伝統社会に「未来」という概念が存在しなかったという話を紹介しました。今この瞬間の現在にすっかり満足していれば、未来を語る必要もなかったことでしょう。

過去も現在も未来もない少数民族アモンダワ

人間社会のこのような古い時間感覚を、今も色濃く残している民族があります。アマゾンの奥地に住む少数民族ピダハンは、過去も未来も考えないと言います。彼らの思考には、今この瞬間しか存在していないのです。

一九七〇年代にキリスト教の宣教師としてピダハンと暮らした言語学者ダニエル・エヴェレットは、彼らのことをこう表現しています。「人々は経験していないできごとについては語らない――遠い過去のことも、未来のことも、あるいは空想の物語も」

ピダハンは先の計画を立てないし、食料を保存することもないそうです。未来のことを考えないだけであれば、プロローグで紹介した古代ギリシャや伝統的なアフリカ、中世以前の日本と同じですが、ピダハンは未来だけでなく過去も考えないのです。それどころか、自分が直接見聞きしていないものさえ信じないという徹底的な「現在主義者」です。

エヴェレットはピダハンの人たちと接触しているうちに、彼らの言葉や文化が、自分の直接的な体験ではないことを話してはならない、という制約をもっていることに気づきます。過去のできごとはもう終わってしまったことなので、自分がリアルタイムで体験していることからはすでに切り離されている。だから語らないのです。

だからピダハンには神話がありません。昔話やおとぎ話もありません。つまり、彼らは世界を物語でまとめないのです。でも超越的な存在を信じていないわけではありません。彼らは、森の精霊については語ります。それは精霊が、まさに森の中のそこにいるリアルな存在だと信じているからなのです。

だから「今そこにいる」存在としての精霊については語るけれども、過去の預言者や奇跡の話には興味がありません。今そこにあるわけではないからです。エヴェレットがキリスト教を布教しようとイエスについて語ると、ピダハンの一人が聞いてきます。

「イエスはどんな容貌だ？　おれたちのように肌が黒いのか。おまえたちのように白いのか」

「いや、実際に見たことはないんだ。ずっと昔に生きていた人なんだ。でも彼の言葉はもっている」

「その男を見たことも聞いたこともないのなら、どうしてそいつの言葉をもっているんだ？」

身も蓋もない問い直しと言えるでしょう。

さらに、時間の概念さえない民族もいます。

ピダハンと同じアマゾンの少数民族アモンダワは、一九八六年になって初めて外部の文明と接触しました。イギリスのポーツマス大学とブラジルのロンドニア連邦大学が共同で、彼らの言語の調査研究に入り、そして驚くべき事実を発見します。彼らの言語には「時間」「年」「月」などの単語がないのです。それどころか、時間を空間的に認識することさえないのです。

私たちは普通、時間というものを直線のように捉えています。何もない真っ白な紙に、一本の直線を引く。今いるところから直線をさかのぼると、ずっと後ろに私たち自身が誕生した瞬間がある。でも直線はそれで終わりではなく、その後ろにも私たちが生まれる前の時間があり、明治時代や江戸時代や平安時代があり、さらにその後ろには人類がまだ生まれていなかった地球や、地球さえ存在していなかった昔の宇宙がある。直線の最後はたぶんビッグバンに行きついて終わります。

同じように直線は、未来へも続いていています。若い人にとってはかなり遠く、年老いた人にはすぐ近くに、死ぬ瞬間が待ち受けている。でもその先にも、乳白色の霧の中に直線は続いていて、未来へと直線は突き刺さっています。

こんなふうに私たちは、時間を空間と同じように認識しています。地図を見るように、時間を見ているのです。でもアモンダワの時間の捉え方はまったく違う。たとえば人は年を重ねると成長し老いますが、それを時間による変化と見るのではなく、何らかの節目があって、変化が起きると捉えるのです。アモンダワの人々は何かの節目が起きると名前を変え、改名によってステージが変わ

アモンダワの子ども

ったかのように表現するのです。

研究チームは、彼らが時間感覚をもたないのはカレンダーや時計などの時間テクノロジーがなかったからではないかと仮説を立てました。実際、彼らがブラジルの公用語であるポルトガル語を学ぶと、普通に時制を使うようになるそうです。

しかし英国BBCの報道によると、フランスの理論言語学者ピエール・ピカがこれに異論を唱えています。

ピカによると、アモンダワはわずか百五十人ほどの小さな共同体で、この中だけですべてが完結している。そうすると「川」や「川岸」というような一般的な用語を使う必要がありません。共同体の住まいのそばを川が流れ、立ち寄ったり舟をつけることのできる河岸が三か所ぐらいあるとすれば、それぞれの場所に固有名詞をつけておけば、その固有名詞を呼ぶだけで用は足りる。「川岸」という一般名詞をつくる必要がないのです。

それと同じように時間も、「昔は」「後で」「いつかは」といった一般的な用語を使う必要はない。「去年の春にあった姪っ子の結婚式で」と言わなくても、姪っ子の結婚式のことはみんなが知っているので、「姪っ子の結婚式で」と言えば説明できてしまう。だから、「去年」は不要なのです。

ゴンドワナ神話とローラシア神話

ピダハンやアモンダワの感覚からは、狩猟採集時代の人々の感覚がどのようなものだったのかを垣間《かいま》見ることができます。少数のグループで獣を狩り、樹の実を拾い、人口もまだ少なく食料が豊富だったころは、時間の感覚など必要なかったのでしょう。

しかし人間の数が増え、アフリカから出て移動し、さらには農耕を始めるようになってくると、人間が世界を認識する方法は大きく変わっていったのでしょう。時間を空間のように認識し、時間軸に沿ったエピソード記憶によって物語を紡ぎ、それによって知識や技術を共有し、人間の集団を生き延びさせていくようになったのでしょう。

このような変化はどのように起きてきたのでしょうか。

世界各地に残る神話の分析から、その時代を特定する興味深い比較神話学という学問があります。この分野の第一人者であるハーバード大学のマイケル・ヴィッツェルは、世界の神話を「ゴンドワナ神話」と「ローラシア神話」の二つに分類しています。これらは古い大陸の科学的な名称で、ゴンドワナは今のアフリカやインド、オセアニア、南アメリカ。

ローラシアはユーラシア大陸と北アメリカです。

ヒトが世界にどう広がっていったのかは諸説あるようです。ミトコンドリアDNAやY染色体など遺伝子を解析する近年の分子人類学などの成果によれば、アフリカを出た人類はアラビア半島を伝い、そこからインドや東南アジア、オセアニアに向かう南ルートと、中央アジアから東アジアへと向かう北ルート、それに中東やヨーロッパに拡散した西ルートのおおむね三つの道筋があったようです。ヴィッツェルが注目したのはこの南ルートと北ルートで、各地に遺されている神話のストーリーが南と北で見事に分かれることを発見したのです。そこで彼は南ルートの神話をゴンドワナ神話と名付け、北ルートのそれはローラシア神話と命名しました。

ゴンドワナとローラシアの経路は重なっていないので、両方の神話が重なっている部分があるとすれば、それはアフリカを出る以前から存在している神話の名残であると言えます。ヴィッツェルはそう考えて、共通する要素を抜き出して「パンガイア神話」と名づけました。それは次のようなものです。

「天の神が人をつくる。人は神を冒瀆《ぼうとく》し、洪水によって罰せられる。一部の人はそこから逃れ、トーテムが文化をもたらした」

トーテムというのは、家族や部族を象徴する動植物のことです。このとてもシンプルな神話を、ヴィツェルは「最初の話（ファーストテール）」と呼んでいます。

さて、ゴンドワナの神話には共通する特徴があります。それはエピソードとエピソードの連続がはっきりせず、世界がどのようにして始まったのかという時系列の説明も乏しいこと。ゴンドワナ神話は今もアフリカやインドのアンダマン諸島、南太平洋などに語り継がれていますが、ヴィツェルが紹介しているタスマニアの神話を引用しましょう。

「モイヘレニーとドゥオレメルデーヌという二つの精霊が天で戦い、敗れたモイヘレニーは地面に叩きつけられた。彼は石でできていたが、見た目はアボリジニそっくりだった」「彼は多くの悪い霊と戦った」「彼を追いかけようとした妻が海に入ると、空から雨が落ちてきて、彼女を妊娠させた。二人はたくさんの子どもをもうけた」

いろいろなエピソードがありますが、それらがつながって大きな物語に発展していくというような構成ではありません。起承転結はなく、始めと終わりも存在しないのです。

一方、ゴンドワナから遅れてアフリカを出たとされるローラシアの神話は、打って変わってはっきりとした時系列の物語をもっています。無や混沌から世界が始まり、天の父と大地の母が現れ、光や地面、人間を生み出す。神々の戦いがあり、やがて台頭してきた人間は神を冒瀆し、それがために世界は洪水でいったん破滅させられる。一部の人間は洪水を生き延び、そこから支配者たる王族が生まれ、英雄が誕生し、この世は戦いと秩序をくり返す。しかしこの世界もいずれは終わり、また新しい天と大地が創造されるときがやってくる。

ローラシア神話はどれも、おおむねこのような内容です。これはメソポタミアのギルガメッシュや日本の古事記、エジプトのヒエログリフ、ギリシャ神話など、現代の私たちがイメージする神話そのものと言えるでしょう。

ゴンドワナとローラシアの間に長い年月があったとすると、旧石器時代であるこの間に何があったのでしょうか。ヴィツェルは、宗教がこの間に生まれたのではないかという仮説を立てています。

宗教といっても、キリスト教やイスラム教のような一神教ではありません。それらが生まれるのはずっと後のことです。この時代の宗教は呪術で、シャーマンがトランス状態で超自然的な精霊と交信し、まじないを唱えるものでした。

原始的な呪術であっても、体系があり、手続きがあります。これらをシャーマンが効率よく後継者に伝えていくために、ローラシア神話が生まれたのではないかというのがヴィツェルの仮説です。呪術の体系を神話の物語にしておくことで、呪術の順序を定めて網羅することができ、効率よく記憶し、伝えていくことができたというのです。

これはまさに、エピソード記憶の役割と同じです。断片的になってしまいがちな記憶を、ひとつらなりの物語として覚えやすくするというのが、エピソード記憶でした。シャーマンは同じようにして、断片的な呪術をひとまとまりの物語にし、それを神話のかたちで覚えやすくし、伝えていったのです。断片的な世界理解しかなかったゴンドワナが、ローラシアになってはじめてひとまとまりの物語としての世界理解へと進んだのです。

だからヴィッツェルは、ローラシア神話を「最初の小説（ファーストノベル）」と呼びました。いにしえのパンガイア神話やゴンドワナ神話は単なる一つひとつのエピソード（テール）にすぎなかったのが、時系列に沿った連続ものの物語（ノベル）へと進化したのです。

ローラシア神話で紡がれた物語は、現代の映画や文学にもそのまま引き継がれています。ハリウッドの大ヒットシリーズ『スターウォーズ』が昔の神話と同じ物語構造をもっているというのはよく指摘されています。

アメリカの神話学者ジョセフ・キャンベルは、今に続く神話の構造を「旅立ち」「試練」「帰還」という三つの要素に分解しています。たとえば、ギリシャ神話のペルセウスの物語。少年ペルセウスは領主によって母親と引き離され、母を取り戻すために怪物メドゥーサと戦う旅に出ます。ペルセウスは苦労しながら、メドゥーサを倒すことのできる武器を見つけ出し、最終的にメドゥーサを見つけて退治します。帰路、海神ポセイドンの怒りを買って生贄《いけにえ》にされかけていたアンドロメダを救い出し、彼女と結婚。そして帰還したペルセウスは、領主にメドゥーサの首を差し出して石に変え、母を救います。

この物語には、旅立ちから試練、帰還という要素がきれいに並んでいます。これは『スター・ウォーズ』や『ロード・オブ・ザ・リング』など、現代の映画やドラマの多くに採用されている構造と同じです。

そして興味深いことに、神話の物語は神や英雄の叙事詩であるのと同時に、一人の人間が成長し、通過儀礼を経て少年が大人になるまでの時間軸をそのままなぞっています。神話はつねに大きな物語であるのと同時に、読む者が「自分ごと」にできるよう、一人の個人が自分の経験になぞらえることのできる装置にもなっているのです。

それによって人々は自分の人生を神話に寄り添わせることができ、世界の中に自分がつなぎとめられているという感覚を得ることができたのでしょう。

神から自己意識へ

自分を物語に添わせていくためには、もう一つ大切な要素があります。それは「自己意識」です。

自己意識は、たとえば「頭を殴られて意識を失う」というようなときの「意識」とは異なります。自己意識は、自分が存在しているということを意識できる能力です。チンパンジーなどの霊長類は自己意識をもつとも言われていますが、イヌやネコには自己意識は存在しないとされているようです。

自己意識は別の言い方をすると、自分自身の頭の中で、抽象的な事柄や記憶から取り出したイメージなどとともに、「自分そのもの」も置いて眺めることができるということ。「自分そのものを置く」というのはどういうことでしょうか。たとえば私が、日本海に沿った海辺の道を歩いているとする。海風を受けながら、満ち足りた気分で颯爽《さっそう》と歩いているときには、自分が歩いているという意識はない。無意識のうちにただ足を運んでいるだけです。でも次の瞬間に、「自分は海辺を歩いているのだ」ということを私が意識すると、そのとたんに私は無意識から覚めて、自分が海のそばを歩いている情景を頭の中にイメージするでしょう。まるで頭上を飛んでいるドローンのカメラから自分を見下ろしているように。

米プリンストン大学教授だった心理学者ジュリアン・ジェインズは書いています。

「意識の中で私たちはつねに、自分の人生の物語に出てくる主要な登場人物として代理の自分自身を見ている」

自分が主人公の情景を思い浮かべ、それを物語として理解しているということです。私が今海辺を歩いているのはこの瞬間のことですが、物語として受け止めれば、海辺を歩いている私の後ろには長い前半生があり、そしてこの先にもまだ長い後半生が待っている。その長い時間の中心に、今の私がいて、海辺を歩いている。そうやって時間軸に沿った全体像を頭にイメージし、今現在に自分を置く。自己意識というのは、そういうことをやっているというのです。

ジェインズは一九七六年に『神々の沈黙　意識の誕生と文明の興亡』というセンセーショナルな本を刊行しました。非常に刺激的でスリリングな内容なのですが、検証はほとんど不可能で、今もその真偽はわかりません。このような内容です。

——人類が言葉を獲得した当初は、私たちは意識をもっていなかった。そのころの人類は、頭の中につねに神の声が響いており、この声とつねに会話することで思考を成り立たせていた。しかし紀元前二〇〇〇年ごろになると神の声はだんだんと聞こえなくなり、その代替として意識を生み出した。神の声は人間の頭脳から消滅したが、現代では統合失調症にその痕跡《こんせき》を留めている。

つまり、数千年前までは人は自己意識をもっていなかったという大胆な仮説なのです。念のためにつけ加えておくと、ジェインズは神の実在を主張したのではありません。人間の精神の動きとして、頭脳の中に二つの心があり、対話していたのではないかと考えたのです。彼はこれを「二分心《にぶんしん》」と名づけました。二分心の一方が神と考えられていた思考で、もう一方が人間の思考です。そして神が命令することで、人々は行動していたというのです。

私たちに自己意識がなければ、自分の身を時間と空間の中に置くことができません。そうすると、ひとまとまりの物語の中にいる自分もイメージできない。

いにしえの狩猟採集時代に、ある男が生きていたとします。部族のリーダーに、居住地を流れる川のはるか上流に魚を獲る梁《やな》を仕掛けるように命じられました。しかし彼に自己意識がなければ、その状況を自分自身の物語として覚えることができません。現在から未来への時系列と川の物理的空間の中に自分自身を置いて、「自分は川をさかのぼり、梁を仕掛け、そこに魚がかかるのだ」というイメージをひとまとまりの物語として理解することはできないのです。

でも男は、意識はないけれども言葉はもっています。脳の中の神の声が「川をさかのぼるのだ」「梁を仕掛けるのだ」「魚が獲れたかを見に行くのだ」と命じ続ければ、意識がなく物語が理解できなくても、指令を遂行することができるはずです。

ジェインズは、これこそが二分心を発生させたメカニズムだったのではないかと推測しました。二分心の「神の声」に命じられることによって、人は複雑な仕事を成し遂げられるようになったというのです。

ジェインズはこれを証明する材料として、古代ギリシャの叙事詩「イーリアス」の文章を提示しました。「イーリアス」は紀元前八〇〇年ごろにホメーロスが書いた作品ですが、元になったのは口伝えで語られたさらに遠く古い時代の物語だったとされています。

彼はこの叙事詩の文章をつぶさに分析し、精神的なものを指す単語がほとんど出てこないと指摘しました。後の時代に精神的な意味をもつようになった単語は出てきますが、

「イーリアス」ではモノを指す言葉として使われている。たとえば、psyche という単語は後の時代には「魂」「意識ある心」を指すようになりますが、「イーリアス」では「血」や「息」など生命に関わるモノの意味で使われているそうです。

ジェインズはこのことから、「イーリアス」の時代の人たちは自己意識で心の中を見つめ、精神的に内省するようなことはなかったと推定しているのです。その代わりにこの叙事詩では、神々が人に行動だけでなく感情や意志でさえも命じていることから、神々の命令によってのみ人々の精神活動が行なわれていたと結論づけているのです。

ではなぜ、神々は私たちの脳からいなくなり、私たちは自己意識をもつようになったのでしょうか。

それをジェインズは、社会が複雑になったからだと説明しています。農業が発明され、より大きな集団で畑を耕し収穫するようになると、共同生活はずっと複雑になり、貧富の差や社会階層も生まれてきます。そうなると単純な神の声だけでは、対応できなくなってくる。ややこしい社会生活をつつがなく送るためには、そこらじゅうが二分心の幻聴でごった返すというようなことも起きていたかもしれません。

ジェインズは、紀元前一八〇〇年ごろにメソポタミアで書かれたという叙事詩「アトラハシス」の一節を引用しています。

「人々はおびただしい数に増え……神はその喧騒に気を滅入らせた　エンリルは人々のやかましい音を聞き　偉大な神々に訴えた　人間どもの立てる騒音が煩わしくなった」

有用ではなくなっていく神の声。そこで人々が神々の代替物として生み出したのが法律と宗教、そして「物語」だったとジェインズは説明しています。神の命令の代わりに法律を整備し、薄れていく神の声がまだ聞こえていた人は尊重され預言者になっていく。そして神々の絶対的な声への懐かしさから、人々は詩をつくり、物語を編んで、神の代替にしていったのだと言います。ジェインズは書いています。

「ゆっくりと潮が退くように、しだいに神々の声が静まり、姿が薄れ、不確かな主観の岸辺に取り残される人の数が増えていくのに伴い、絶対的な権威という失われた大海原と、なんとかしてつながろうとするさまざまな手立てが編み出されていった。預言者、詩人、神託者、占い師、偶像崇拝、霊媒、占星術師、霊感を受けた聖人、悪霊の憑依、タロットカード、ウィジャ盤、ローマ教皇、幻覚剤は、いずれも〈二分心〉の名残であり、〈二分心〉が消えていくにつれていや増す不安の中から生まれてきたものだ」

物語をつくるためには、時間軸を進んでいく物語の世界の中に自分自身の身を置くことが必要になる。だから自己意識が生み出されたのだ、とジェインズは考えました。この論考は、タルヴィングが論じたエピソード記憶と同じメロディを奏でています。

人は複雑な作業を記憶するために、ひとつらなりのできごとをまとめて覚えておいて物語にするという方法を身につけることで、「自分ごと」にすることができました。

「物語」は、神の声への郷愁

どちらも一九七〇年代に活躍した同時代の研究者であるタルヴィングとジェインズの論を仮にまとめてしまえば、人はまず神の声に命じられることで仕事をこなすようになり、しかし社会が複雑になると神の声が聞こえなくなり、その代わりに意識が生まれてエピソード記憶の機能が急速に発達し、神の声がなくても複雑な仕事をこなすことができるようになった。そういう流れで説明できるでしょう。神の声が聞こえなくなったことで、意識と物語が連携しながら急速に発達していったのかもしれません。

ジェインズの二分心理論が正しいのかどうかは、有史以前の人類の脳の働きが神経細胞レベルで解明されない限り、今でも検証しようがありません。しかしジェインズの論考に改めて考えさせられるのは、記憶と物語、自己意識という三つの要素が巧みにからみあうことによって、私たちの精神世界が成り立っているのだということです。この三位一体によって、私たちは世界を理解してきたと言えるのではないでしょうか。

エピソード記憶によって私たちは物語を生み出すことが可能になり、そして物語を編むためには私たちには自己意識が必要で、自己意識があるからこそ、記憶はさらに強化されていくのです。三者がぐるぐると回っていく流れの中で、私たちは世界を獲得しているのです。

ジェインズは自説の補強材料の一つとして、「枢軸時代」の突然の出現も挙げています。これはドイツの哲学者カール・ヤスパースが命名したもので、紀元前八〇〇年ごろから五〇〇年ごろにかけ、地球上のあらゆる場所で新しい思想家たちが大量に現れた時代のことです。中国の孔子、老子、孟子、墨子《ぼくし》。インドのウパニシャッド哲学とブッダ、ギリシャのホメーロス、ソクラテス、プラトン、アリストテレス。イランのゾロアスター、ツァラトゥストラ。ユダヤ教の成立。当時は地中海世界と中国やインドはつながっていないから互いの連絡はないはずなのに、同時多発で強力な思想家たちが現れたのです。

紀元前二〇〇〇年ごろに神々の声は聞こえなくなり、その代わりに自己意識が生まれ、それが人々の思考を強化し、枢軸時代を生み出したのではないかというのがジェインズの指摘です。

さらにその先には、キリスト教の登場があります。同じ一神教でも、それまでのユダヤ教がモーゼの十戒に見られるように外から行動を規定されていたのに対し、キリスト教は精神の内側から行ないを改めることを求め、これをジェインズは「自己意識がある人間のための新しい宗教」だったと捉えています。

さらに時代が進み、中世が終わり、ルネッサンスと宗教改革でカトリック教会の権威は堕ち、そしてついに「近代」という科学の時代が始まり、科学の物語が私たちの拠りどころとなっていきます。ジェインズは書いています。

「科学革命によって、人々は昔からの言い伝えに背を向け、失った神の権威を自然の中に見出した。この四千年の間に私たちは、ゆっくり、容赦なく、人類を俗化してきたのだ。そして二千年期の最後に来て、その過程は完了しつつあるようだ」

結局のところ私たちが神の代わりに求めるようになった「物語」は、失われた神の声への郷愁であり、神の声を「物語」という形で復興させようとする人々の切なく悲しい努力だった――ジェインズはそう断言しています。確かな物語など本当はどこにもないのに、「神なき時代」に、私たちはこの世界とこの人生に確かさという幻想を永遠に追い求め続けているのです。

だから私たちは物語を編む。しかしそれは「根深いノスタルジア」なのだと。

第三章

「因果の物語」から「機械の物語」へ

複数の原因が重なり合って、複数の結果を招く

記憶と自己意識、物語の三つが巧みに連携することによって、私たちは世界を「自分ごと」にして理解してきました。エピソード記憶が物語を編むために自己意識を育て、自己意識が確立していくことでさらに記憶と物語は強化されていく。そういう循環が私たちの世界認識を深めてきたのです。

「隣の村の男が、キノコを食べて死んだ」「そのキノコが今、私の眼の前に生えている」「このキノコを食べたら死ぬに違いない」

このような時間に沿った原因と結果の関係、すなわち「因果関係」の物語によって私たちは世界を理解しているのです。

しかし。

本書はここで、一つの問題を提起します。

本当にそれは現代においても確実な世界認識なのでしょうか？　時系列の因果関係に沿った物語で、この複雑な世界のすべてを言い表すことができているのでしょうか？

そもそも、私たちが直感的に理解しているような物語には、たくさんの欺瞞《ぎまん》がひそんでいます。時系列で二つのできごとが起きると、私たちはつい、前に起きたことが原因となって悪い結果を、もしくは良い結果を招いたと直感的に感じてしまう。

でもそれはたいていの場合、単なる直感でしかありません。一見関係がありそうに見えても、実は因果関係など存在しないことも多いのです。「有名大学に行けば、将来の収入が増える」は、因果関係と言えるでしょうか。「有名大学に行ったから収入が多い」のではなく、「将来の収入が高くなるような潜在的な能力が高い人は、有名大学に入る能力ももっていることが多い」というだけではないでしょうか。これは因果ではなく、単なる相関関係です。

因果に見えるけれども、本当の因果ではないものもあります。

一つは、単なる偶然という可能性。よく冗談めかして話題になるケースを挙げてみると、「チーズの一人あたり消費量と、ベッドのシーツにからまって亡くなった人の数」「釣り船から落ちて溺死した人の数と、米ケンタッキー州の結婚率」。いずれもグラフにするとカーブがきれいに重なりますが、単なる偶然でしかありません。

第二に、交絡《こうらく》因子の介在に気づかないこと。交絡因子というのは、因果関係があるように見える二つのできごとに、見えていないけれど入り込んでいる第三の要素のことです。たとえば「コーヒーをよく飲む人は、心筋梗塞《こうそく》になる率が高い」。これは一見すると因果関係があるように見えますが、実はコーヒーが好きな人はタバコが好きな人も多いという相関関係があり、タバコが好きな人は心筋梗塞を発症しやすいという因果関係がある。つまり「タバコが好き」という交絡因子が無視されているのです。

第三に、因果関係が逆になっていること。有名な例として「警官の多い地区は、犯罪が多い」というのがあります。これはすぐにわかる通り、原因と結果が逆です。犯罪が多いので、たくさんの警官が配置されているだけ。

このようなニセの因果を取り除いたとしても、それでも「因果の物語」にはまだ欺瞞がひそんでいる。私たちはつい原因と結果を一対一で考えてしまいます。

「あの朝、息子が出かけようとするのを引き止めなかったから、息子は近所の交差点でクルマに撥《は》ねられた」

数十秒でも引き止められていれば、たしかに息子さんは不幸な交通事故には遭遇《そうぐう》しなかったでしょう。でも原因はそれだけではない。誰かが運転しているクルマが偶然にも近所の交差点を通りかかったことも原因ですし、交差点の設計が悪くて、ドライバーからの見通しがよくなかったことも原因。さらにはモータリゼーションでクルマがたくさん走るようになってしまっていることも遠因です。

つまり因果は決して単一の原因と結果があるのではなく、実際の世界では複数の原因が重なり合って、複数の結果を招いているのです。

さらには、原因は「必ず」結果を招くわけでもない。マラリアの病原体であるマラリア原虫はハマダラカという蚊が媒介しますが、ハマダラカに刺された人全員がマラリアを発症するわけではありません。実際にはハマダラカに刺された人の多くは発症せず、一部の人がマラリアにかかるだけなのです。つまりここでは原因と結果が決定的なのではなく、ハマダラカという原因が、マラリアという結果を生む確率を高めているだけということです。

因果よりも確率

確率というのは、実は因果関係の「物語」よりもずっと広く深く、世界を覆《おお》っています。

ヤコブ・ベルヌーイ

確率から世界を見ることも理解の一つであり、それは因果関係ではなく、確率を中心にした物語であると言えるでしょう。ですから本書では以降、私たちが有史以前から世界を理解してきた時系列の因果関係に沿った方法を「因果の物語」と呼び、確率を軸にした理解は「確率の物語」と呼んでいくことにします。

人類史を眺め渡してみると、最も早い段階で「確率の物語」を提示したのは、十八世紀のスイスの数学者ヤコブ・ベルヌーイでしょう。彼の解釈は「大数《たいすう》の法則」と呼ばれています。

これを説明するためにはまず、数学分野における確率の発見から語り起こさなければなりません。

「サイコロを振って三の目が出る確率は六分の一」「飛行機に乗って死亡事故に遭う確率

は十万分の一未満なので、無視してもかまわない」など、私たちは日常的に確率という言葉を使っています。でも確率という考え方そのものが発見されたのは十七世紀になってからで、それ以前はそんな概念自体が存在していなかったのです。

では、確率がいつ人類に認知されることになったのかというと、その日付まで特定されています。一六五四年八月二十四日。

その日、フランスの数学者パスカルが同じ数学者のフェルマーに以下のような手紙を書いたのです。

ブレーズ・パスカル

ピエール・ド・フェルマー

「前の手紙では、この問題の論点について私の考えをすべて伝えることはできませんでした し、今でもそうすることにある種のためらいを感じています。というのも、我々の間に得られた素晴らしい調和は私にとってあまりに貴重なので、この問題についての見解の相違のためにそれが薄らぎはじめないかと心配だからです。あなたに私の論法の全体をお見せして、もし間違いを犯していれば正していただくか、正しければ裏書きしていただきたく思います。あなたが同意してくださるかさえ定かでないのですから、心からの信頼と誠意をもってお願いいたします」

このパスカルの手紙は「得点の問題」について説明しています。これは有名な数学の問題です。たとえばあなたと私が二人で五回のコイン投げ(一枚)をして、最終的に勝ったほうが賞金一万二千円を総取りするとします。三回以上勝てれば一万二千円がもらえるということです。でもコイン投げをしている途中で急に用事が入り、三回で中断しなければならなくなってしまいました。このとき、一万二千円はどう配分すればいいのでしょう?

二回で中断し、それぞれ一勝ずつだったら、平等に六千円ずつ分ければいいというのはすぐにわかります。でも三回投げて、あなたが二回勝って私が一回勝っていたとしたら、一万二千円をどう分ければいいのでしょうか?

この「得点の問題」を初めて考えたとされているのは、ルカ・パチョーリという十五世紀のイタリアの数学者です。パチョーリは、ゲームを中断したときの得点に応じて賞金を分ければいいと考えました。三回投げて二対一だったのなら、賞金を二対一に分ければいいと考えたのです。あなたが八千円で、私が四千円ですね。

天才フェルマーは二対一ではないと判断しました。これまでに獲得している点数によって配分するのではなく、ゲームに勝つためにあと何点必要かということのほうが重要だと考えたのです。

すでに三回コインを投げて、二対一。全部で五回の勝負ですから、残りは二回です。すると、次ページの図1のような組み合わせがありますね。

話をわかりやすくするために、毎回あなたは表に賭けて、私は裏に賭けているとします。現時点ではあなたが二回勝っていて、私は一回勝っています。四回目と五回目のコイン投げで、〈表表〉だと最終的に四対一であなたの勝ちになります。〈表裏〉でも、三対二でやはりあなたの勝ち。そして〈裏表〉でも、三対二でやっぱりあなたの勝ち。〈裏裏〉の場合にのみ、二対三で私の勝ちになります。現代の私たちの慣れ親しんでいる確率の計算でいうと、四分の三の確率であなたが勝利し、四分の一の確率で私が勝つということになり

図1　コイン投げの4回目と5回目の組み合わせ①

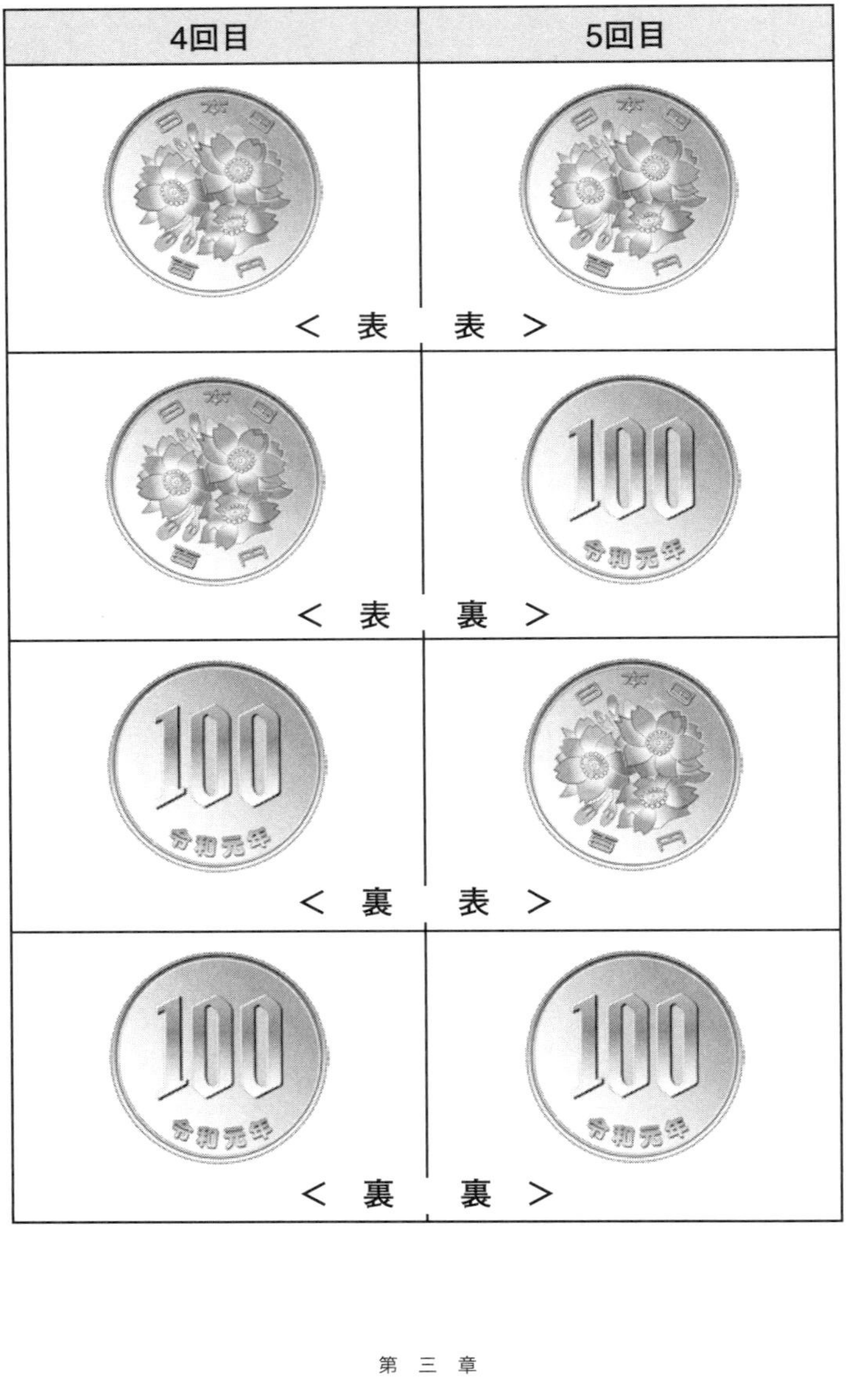

ます。

これで中断時の賞金の配分をどうするかは明らかです。二対一ではなく、三対一にすべきなのです。つまりあなたが九千円で、私が三千円を受けとるのです。

パスカルはフェルマーのこの説明について、完全には納得していませんでした。なぜなら実際のゲームでは、四回目に表が出た時点で決着がついてしまうからです。先ほど書いたように、三回まで終わった時点で勝敗は二対一です。全部で五回のゲームですから、三回勝ち越したら勝負がつきます。ということはあなたが四回目を勝ったら、それでゲームは終わり。あなたが一万二千円を獲得して終了。

だから四回目と五回目の可能性は〈表表〉〈表裏〉〈裏表〉〈裏裏〉の四種類じゃなく、次ページ図2の三種類なのでは？　そうすると〈表〉〈裏表〉であなたが勝ちになり、〈裏裏〉のときだけ私が勝ちになるのだから、賞金は二対一で配分すべきなのでは？

でもこの計算は、確率の計算を知っている現代人の私たちから見れば、明らかに誤りだとわかります。なぜなら〈表〉と〈裏表〉〈裏裏〉では起きる確率が違うから。〈表〉は二分の一ですが、〈裏表〉〈裏裏〉はそれぞれ四分の一です。

パスカルはこれを調べるために実際にプレーしてみて、実際の数がそうなることを突き

図2　コイン投げの4回目と5回目の組み合わせ②

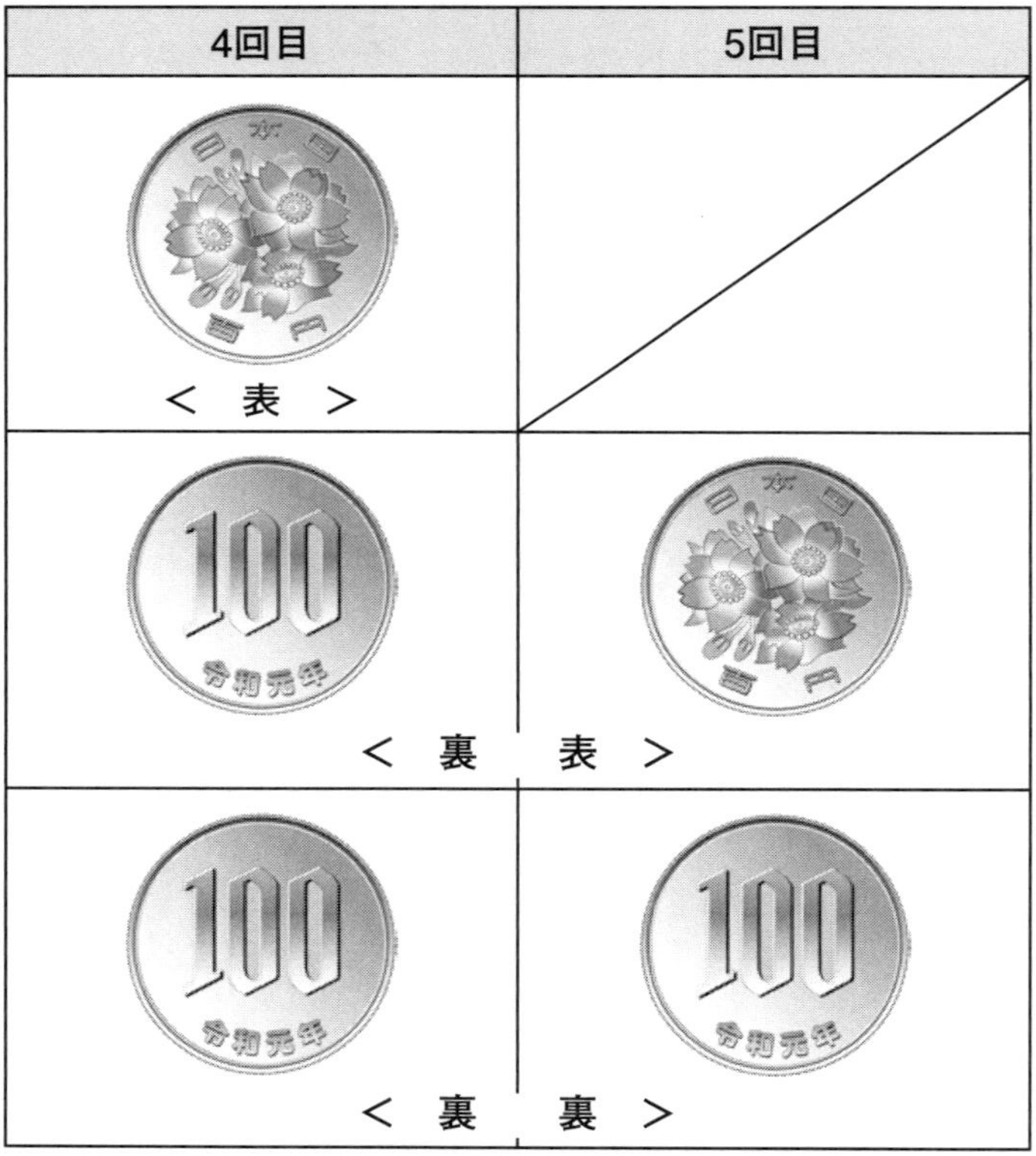

止めました。百回ぐらい投げれば、〈表〉は五十回ぐらいありますが、〈裏表〉と〈裏裏〉はそれぞれ二十五回前後になったのです。パスカルはサイコロ投げやプレーの人数など条件をあれこれ変えて、フェルマーの説が正しいことを理解したのです。

でもパスカルは不満でした。確率の数字がまだなかった当時は「実際にやったからそうなった」は調べることができたけれども、なぜそうなるのかということを数式で表すことができなかったからです。

私たちは確率を学校で習っているので、すんなり理解しますが、まだ確率という概念が皆無だった十七世紀にこれを理解するのは二人の天才数学者としても、かなり難儀だったようです。確率の概念が数学に導入されるようになるには、パスカルとフェルマーの時代からさらに百年ぐらいは待たなければなりませんでした。

数式がなくてもかまわない「大数の法則」

さて、ここで重要になってくるのは、パスカルが実際にサイコロやコインを投げて確率を調べたということです。数式に当てはめなくても、回数をこなせば方程式の解に近い数字が得られるということです。

フェルマーとパスカルのやりとりは、しょせんはコイン投げやサイコロのような特殊な条件の話でした。別に世界の全体をこれで理解しようとしていたわけではありません。でも「実際に数字を調べてみたら、数式の解と同じような数字が得られる」という考えを使えば、実は確率論で世界を理解することが可能になってくるのです。

この驚くべき発想を実現したのが、先ほど紹介したヤコブ・ベルヌーイです。

ベルヌーイの発見は「大数の法則」と呼ばれています。これは試行回数を大きくすればするほど、平均が極端な値をとる確率が低くなっていき、計算で得た平均に近い値をとる確率が高くなっていくというものです。コイン投げも数回トライするだけだと裏と表の出る確率は偏ることがありますが、百回、千回と続ければ大数の法則が成り立ち、二分の一という確率の数値に果てしなく近づいていくのです。

大数の法則が素晴らしかったのは、サイコロのような目の出る可能性が均等であるものの確率ばかりではなく、たとえば「人間は何歳ぐらいで死ぬことが多いのか」といった確率の計算が困難なものも、数字にすることができるのだと示したことにありました。

ベルヌーイは、確率には実は二つの種類があるのだということも明らかにしました。「事前的確率」と「事後的確率」。

事前的確率というのは、コイン投げやサイコロの目の出る確率です。コインもサイコロも正確な形をしているので、投げてみる前から「四の目は六分の一の確率で出る」「コインの裏表が出るのはどちらも二分の一」ということがわかっています。つまり事前的確率というのは、あらかじめ計算できる確率のことです。

でも「人は何歳ぐらいで死ぬのか」という確率は、判断する材料があまりにも多すぎて事前にはわかりません。「中が見えない箱の中にたくさんの赤い石と青い石が入っている。その数がわかっていないときに、青い石が出る確率はどれだけか」というのもそうです。事前には調べられません。でも石の数がじゅうぶんに多ければ、どんどん石を取り出していけば、大数の法則に従って、だんだんと赤い石と青い石の比率がわかってきます。これらの確率は後出しじゃんけんのようなものなので、「事後的確率」です。

事後的確率は、事前に計算はできません。計算しなくても、大数の法則に従ってたくさんのサンプルを調べれば、後から確率を調べることができるということです。

ベルヌーイが発見した大数の法則によって、数学の世界の確率を社会のさまざまなできごとに当てはめることができるようになりました。サイコロの目やコインの裏表だけでなく、私たちの人生や社会の行方についても、実は確率論が成り立つのだということがわかったのです。

「確率の物語」に因果はない

確率の世界は、あらかじめ決められたルールの存在しない世界です。ルールというのは、たとえば「サイコロを投げると奇数回のときには必ず二の目が出る」とかそういうこと。そんなルールがあらかじめ存在していたら確率論は成立しませんし、そもそものサイコロはインチキです。確率が成立するためにはルールが存在せず、完全なランダムでなければなりません。ランダムな確率の物語に存在するルールはただ一つだけ。それは「ルールがないこと」です。

数字を並べた数列で考えてみましょう。

完全にランダムな数列なら、0から9までの十個の数字は十分の一の確率で出現します。

小さな数列なら偏りがありますが、数列が大きくなれば大きくなるほど、大数の法則に従って確率は十分の一にきっかり近づいていきます。

無限に続いていく数列があったとして、この先にどのような数字が現れてくるのかは予測できません。どこかに0が千個並ぶ場所もあるでしょう。「そんなに並ぶわけない」と私たちは直感的に感じますが、もしそれを「ない」と決めてしまうと、この数列は「0は千個並んではならない」というルールがあることになってしまって、もはや完全なランダムではありません。そうすると確率の数字から外れていってしまいます。

「無限の猿」という有名な定理があります。これは猿がキーボードをランダムに叩き続けたら、いつかはシェイクスピアの作品を打ち出す「こともある」という概念です。それだけ聞くと、なんだかばかばかしい感じがします。実際にはどんなに寿命の長い猿が、宇宙の誕生から終焉《しゅうえん》までずっとキーボードを叩いていても、『ハムレット』を生み出すことはないでしょう。

でもこの定理は、現実にそういうことがあるかどうかということを言っているのではない。完全なランダムとは何か、ということをわかりやすく説明するための定理なのです。

数学の世界では、時間は無限です。無限は、宇宙の寿命よりもずっと長い。というか

「長い」とか「短い」とかそういう概念さえありません。無限ですから。だったら、いつかは『ハムレット』の全体がタイプされることもあるでしょう。それは一兆年先かもしれないし、百京年先かもしれないし、十無量大数《むりょうたいすう》年先かもしれない。ちなみに無量大数というのは、十の六十八乗を示す単位です。どれだけ先でもかまわないのです。

さらに言えば、それは一度どころか、百回続けてタイプされることだって「あり得る」のです。「そんなことは絶対ない」と考えてはいけない。そう決めたら「この文字列では、『ハムレット』の文字列が百回くり返されることはない」というルールが生まれてしまい、完全なランダムではなくなってしまうからです。

ランダムの世界は、このように恐ろしいほどに不条理です。不条理なのですが、しかし確率論には従っている。完全に不条理なランダムだからこそ、確率に満たされているのです。

話を戻しましょう。

われわれの生きている世界はもう少し適当なので、完全なランダムではありません。ランダムな数列やサイコロ、コイン投げに当てはまる「無限の猿」を、そのままこの世界のさまざまなできごとに当てはめられるわけではない。私たちのこの社会では、猿がタイプライターを叩いて『ハムレット』を生み出すようなことは、やっぱりあり得ないのです。

しかしベルヌーイの発見した大数の法則は、この完全にランダムな確率の世界と、もうちょっと適当な私たちの生きている世界を、一気に近づけることを可能にしました。この世界は完全なランダムではなくても、サンプル数をたくさん集めて統計をとれば、確率の世界に限りなく近づいていけるということなのです。人間の世界も、実は完全なランダムである確率の世界と同じような枠組みをもっているということ。

さて、確率の世界の反対側には、「あらかじめ決められたルールによって動く決定」の世界があります。これは「因果の物語」の世界とイコールです。すべては原因と結果によって動いています。数学で言えば、何かの方程式があって、その代数に特定の数値を入れると、必ず同じ数値を吐き出してくれる。

一見するとランダムな「確率の物語」に見えるけれど、実は「因果の物語」であるということもあります。

現在のコンピュータの考え方を生み出した天才数学者、ジョン・フォン・ノイマンが一九四〇年代に考えた「平方採中法」という計算方法があります。これはランダムな数字を簡単につくるために考え出されました。

たとえば四桁のランダムな数字を次々につくっていきたいとすると、まず適当な数字を二乗します。この答えを八桁にします。桁が足りなかったら、頭に0をいくつか加えます。そして計算結果の真ん中の四桁を取り出して、引き続き計算していきます。こんな感じ。

１２３の２乗＝０００１５１２９
１５１の２乗＝０００２２８０１
２２８の２乗＝０００５１９８４
５１９の２乗＝００２６９３６１
２６９３の２乗＝０７２５２２４９

できあがってきた１５１、２２８、５１９、２６９３、２５２２という数字の列は、とてもランダムに見えます。でもほんもののランダムではない。裏側では、平方採中法というシンプルな計算が行なわれていて、すべては決定されているからです。完全なる決定の世界なので、過去から未来は完璧に予測できます。平方採中法で数字を並べていったら、二十番目にどんな数字が来るのか、六百三十四番目にどんな数字が来るのか、八十五万六千二百八十四番目にどんな数字が来るのか、すべて間違いなく予測できるのです。

数学におけるこのような決定の世界は、私たち人類がつくってきた「因果の物語」にとても近い。原因となるものがあり、それを数式に通せば、必ず同じ答えを得ることができる。良くない答えを得たくなければ、原因となるものを取り除くか、原因となるものの数字をちょっと変えてやればいい。そうすれば答えも変わる。

整数の計算であれば、それは間違いありません。でもそこに、わずかな数字の誤差が入ってきたらどうなるでしょうか?

誤差が無限に大きくなるバタフライ・エフェクト

アメリカの有名な気象学者エドワード・ノートン・ローレンツは一九五〇年代末、当時普及しつつあったコンピュータを活用して天気を予報するという試みに取り組んでいました。単なる統計で予測するのではなく、コンピュータを使って方程式を解いて天気が予測できるのではないかと考えたのです。

たとえばこういう方法です。明日のニューヨークの天気を予測するのには、定数ａに、今日のシカゴの気温にもう一つの定数ｂを掛けたものを加え、これに昨日のセントルイスの温度にまた別の定数ｃを掛けたものを加え……といった方程式で算出できるという考えでした。

まだパーソナルコンピュータが誕生する以前の話です。企業用の大きなコンピュータはすでに登場しており、ローレンツらマサチューセッツ工科大学の研究者たちは数か月かけてさまざまなモデルを比較し、最終的にロイヤルマクビー社のＬＧＰ‐30という機種を導入しました。これは事務机ほどの大きさで、真空管で動いていました。

一九六〇年、東京で数値による気象予測のシンポジウムが開かれることになり、ローレンツはここで新しい方程式を発見して発表しようと意気込みます。十二個の変数をもった気象予測方程式をつくり、この方程式の検証のため、さまざまなデータを集めてコンピュータに入力して方程式で計算し、一日ごとに紙に印刷するプログラムを組みました。真空管式のコンピュータは現代から振り返るととても遅く、一日分のシミュレーションを計算するのに約一分もかかっていたそうです。

解として得られた数字をプログラムの一行に収めるため、小数点以下第三位で四捨五入。

また紙に印刷する際は見やすいように小数点を省きました。この数字をつないだグラフを紙に描き、数か月にもわたってつくっていきます。

ところがこのとき、ローレンツは不思議なことに気づきました。グラフのふるまいをもっとくわしく調べるために、計算の一部をやり直そうと試みたときのことです。コンピュータをいったん止めて、少し前に紙に印刷して打ち出していた数字を一行分だけ再びコンピュータに入力し、作動させたのです。

LGP-30

ここでローレンツは部屋の外に出て、一杯のコーヒーを飲みに行きました。一時間ほどして戻ってくると、コンピュータは二か月分のシミュレーションを計算し直しています。この結果を見てみると、なんと前回の計算のときとはまったく似ても似つかない数字になっていたのです。

ローレンツは、真空管が劣化したか何かのコンピュータトラブルではないかと疑いました。でも修理を頼む前に、いったいどこで間違いが起きたのかだけでも調べて

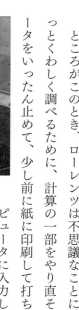

みようと、出力された数字をチェックしてみることにしました。

新しく計算し直したほうの数字は、最初のほうは古い数字をそのままくり返しているだけのように見えました。しかし続いていくうちに最初は一桁、やがて数桁、だんだんと数値が食い違うようになっていき、最終的にまったく違う数字に変わっていったのです。比べてみると、その数字の食い違いは四日ごとに倍増するという一律な増え方でした。

ローレンツは原因をすぐに理解しました。コンピュータのトラブルではありません。新しく入力し直した数字は、最初の計算の数字そのままではなく、四捨五入して紙に印刷したものだったからです。つまり、その小さな小数点以下の誤差がだんだんと拡大していって、最終的に数字を大きく変えてしまっていたのです。

犯人は「誤差」でした。

そして、こんな小さな数字が最終的に大きな影響を与えてしまうのだとしたら、そもそも方程式での長期の天気予報は不可能ということになります。気温や風の強さは、小数点以下三桁のような小さな数値まで正確に測られていたわけではありません。いや、どんなに小さな数値で測っていたとしても、それでも誤差は必ず生じるし、そもそも気象を測る場所の位置にも誤差はあります。そして計算を続ければ、このようなごく小さな誤差でも倍増に倍増を重ねていって、最後はまったく違う数字にしてしまうのです。

ローレンツのこの発見から、有名な「バタフライ・エフェクト」という言葉が生まれました。彼が一九七二年にワシントンで行なった学会口頭発表のタイトルから取られています。そのタイトルとは、「ブラジルで一匹の蝶が羽ばたくと、テキサスで大竜巻が起きるか」。

実際にはそんなことは起きないでしょうが、この大げさな文章は、小さな誤差がいかに大きくなってしまうかということをうまく表現しています。

バタフライ・エフェクト、バタフライ効果という言葉は時おり誤解されていますが、「複雑な世界では想像もつかないことが起きる可能性がある」というような意味ではありません。世界が複雑か単純かは関係ないのです。単純な世界であっても、バタフライ・エフェクトは起きます。

簡単な数式で考えてみましょう。

$$Y = X + 10 \times n$$

最初の数字がXで、これに計算一回ごとに10を加えていきます。この一次方程式だと、Xに誤差があったとしても誤差は大きくなりません。Xを１００として、誤差が０・１あるとします。一回計算すると、Yは１１０になります。誤差も表すと、１１０・１。これを十回計算しましょう。10が十回加えられますから、Yは２００。誤差を含めると、２０１です。１しか違わないですね。

じゃあこの数式だとどうでしょうか。

Y　＝　X　×　10のn乗

最初の数字は同様にXで、これに10に回数を乗じた数を掛け算していくというものです。Xを１００として、誤差が同じ０・１だとしましょう。一回計算すると、Yは１０００です。誤差を表示すると、１００１。誤差は０・１から十倍されて１に増えています。二回計算すると、Xは１００００で、誤差は10に増えます。誤差も含めるとYは１０１００。十回計算すれば、Yは１兆になり、このときの誤差は10億にまで増えます。

10を加えていくだけの一次方程式だと誤差はどこまで行っても増えませんが、指数関数を使うと、誤差はひたすら大きくなっていくということです。

これを数学の世界では「指数関数的不安定性」という難しい言葉で呼び、この不安定さのために最初の誤差がどんどん大きくなってしまうことを「初期値鋭敏性」、だから将来は予測できないのだということを示して「予測不可能性」と言います。こういうこと全体を解き明かした理論は総称して「カオス理論」と呼ばれています。

でもこんな難しい言葉を使わなくても、カオス理論は私たちの日常のいろいろなところで目にします。

たとえばピンボールゲーム。ゲーム機の右側にあるプランジャーのボタンを押すと、ボールはおおむね同じような速度と傾斜でフィールドに発射されます。カーブを描いて最初のピンに当たるのですが、このときにピンに当たるボールの角度と速度がほんのわずか異なるだけで、その後にどこに向かうのかは大きく分かれます。そして、そこからさらにボールの動きはさまざまに枝分かれしていって、最終的にはまったく異なる線を描いてフリッパーへと落ちていく。ボールの通る道筋は、まさに誤差がどんどん広がって、予測できなくなっていくカオスの世界です。

このカオスの世界が面白いのは、すべての動きは決定の世界、すなわち「因果の物語」

に基づいていることです。ピンボールの重さと速度、傾きがわかっていけば、それがどのような放物線を描いてフィールドを滑っていくのかを緻密《ちみつ》に計算できます。そして、ボールがどのような角度でピンに当たると、それがどのような角度で曲がるのかもすべて計算できる。

これは現実世界のサイコロ投げでも、同じです。サイコロというのは固い立方体で、人が転がすと、手を離れたサイコロは地球の重力と空気の抵抗を受けて、一定の弾性のあるテーブルの表面で飛び跳ねて、最終的には衝突と摩擦で移動のエネルギーを失って止まります。

ピンボールにしてもサイコロにしても、すべては力学の法則に従っています。なので本当は転がる道筋は計算できるので、「因果の物語」の産物なのです。でも計算しようとすると、ごくわずかな誤差が次第に大きくなってしまって予測できなくなってしまうので、ここで「因果の物語」から大きくずれてしまう。

カオスの世界では、小さな力が大きな影響を引き起こす

物理学には、摂動《せつどう》という用語があります。ほんのわずかな動きの変化、というような意味。大きな力の影響で起きている運動が、実は他のわずかな力に乱されてしまっていることがあるというときに使います。システムは正常に動いているように見えるのに、知らず知らずのうちに何の関係もない小さな力が影響を与えていて、気がつけばシステムがずれていってしまう。

物理の世界だけでなく、私たちの生きているこの人間世界にも摂動はあちこちに潜んでいます。そもそもこの世界はさまざまな影響をいろいろなところから受けていて、摂動が生じるのをなくすことはできないのです。

摂動が大きな影響を与えるカオスの世界では、単純な因果関係は成り立ちません。Aというできごとが起きたから、Bという結果が生じるというのが「因果の物語」の決まりごとですが、Aというできごとにそもそも微弱な摂動が含まれているので、摂動が結果を大きく左右してしまうのです。同じAという原因からスタートしても、摂動によって結果は

Bになることもあるし、Cになることもある。

そして小数点以下の誤差の読みとりに限界のある私たち人間やコンピュータには、摂動は認識しきれない。カオスの世界でどのような結果が待ち受けているのかは予測できないということなのです。

つまり「因果の物語」など、まぼろしでしかないということ。

では、小数点以下の誤差をどこまでも追求していって、摂動を完全に読み切ることのできる超高性能なコンピュータが将来実現してくることがあるとすれば、私たちは「因果の物語」を取り戻し、未来を正確に予測することができるようになるのでしょうか？

二〇〇六年にナシーム・ニコラス・タレブが書いた『ブラック・スワン』という書籍があります。この本は、世界では常識を大きく外れたような極端なできごとがたびたび発生し、それはまったく予測不可能であるということを説明しています。

紹介された極端なできごととしては、世界的に有名だったヘッジファンド、ロングターム・キャピタル・マネジメントの一九九八年の破綻や、二〇〇一年のアメリカ同時多発テロ、二〇〇四年のインドネシア・スマトラ沖地震、そしてIT企業グーグルの驚異的な成功。この本が刊行されたときにはまだ起きていませんでしたが、二〇一一年の東日本大震災も当然入ってくるでしょう。

これらの極端なできごとは、なぜ起きるのか？　ということを、タレブは「べき乗則」という、まだ多くの人が耳慣れていなかった統計学の法則によってわかりやすく説明しました。これが多くの人々を驚かせ、『ブラック・スワン』を世界的なベストセラーに押し上げたのです。

べき乗則の「べき」（冪）というのは、2の3乗とか5の2乗とか、つまり指数をかける計算のことを指しています。これが社会とどういう関係があるのでしょうか？

ごく簡単に説明しておきましょう。

人間の体重を考えてみてください。日本人の四十代の男性の平均体重は、だいたい七〇キログラムぐらいです。なかには太っていて一〇〇キロぐらいの人はいるし、痩せすぎで五〇キロ台の人もいます。でもそんなに大きく外れている人はいません。体重一トンの人なんていないし、一キロに満たない人も存在しません。

高校生の学力テストもそうです。百点満点のテストで平均が六十五点だったとすれば、いちばん優秀だった生徒でも満点の百点。落第一歩手前の生徒だと三十点ぐらいでしょうか。そもそも百点満点のテストは零点から満点までしか分布していないので、二千点の生徒とか、〇・〇〇三点の生徒なんてのはいないのです。

　これをグラフに表すと、図3のように釣り鐘型になります。ばらつきが少なくて、だいたい中央ぐらいに集まっているというわけです。この形のグラフを統計学では「正規分布」と呼びます。正規分布はいろいろなところに当てはまります。先ほど挙げた人の体重やテストの成績、それに人の身長、人の平均寿命、交通事故死者数、食事で摂取するカロリー……。

　でも、正規分布に当てはまらない数字もたくさんあります。

　典型的なのは、人々の持っている貯金などの資産でしょう。世界にはビル・ゲイツとかジェフ・ベゾスみたいに一兆円を超えるほどのお金をもっている人もいれば、貯金はゼロで一日二百円に満たないお金で必死に暮らしている人たちもいます。平均値を出してもあまり意味がありません。

　日本の家庭の貯金の額は、平均すると千八百万円です。この金額を聞いて「そんなにもってない！」と思う人が大半でしょう。実際、二人以上の家庭で貯金がゼロの世帯は三割にもなるという統計もあります。なぜ千八百万円という途方もなく高い金額が平均になってしまうかといえば、数億円以上もお金をもっているお金持ちが日本にはそれなりの数で

図3

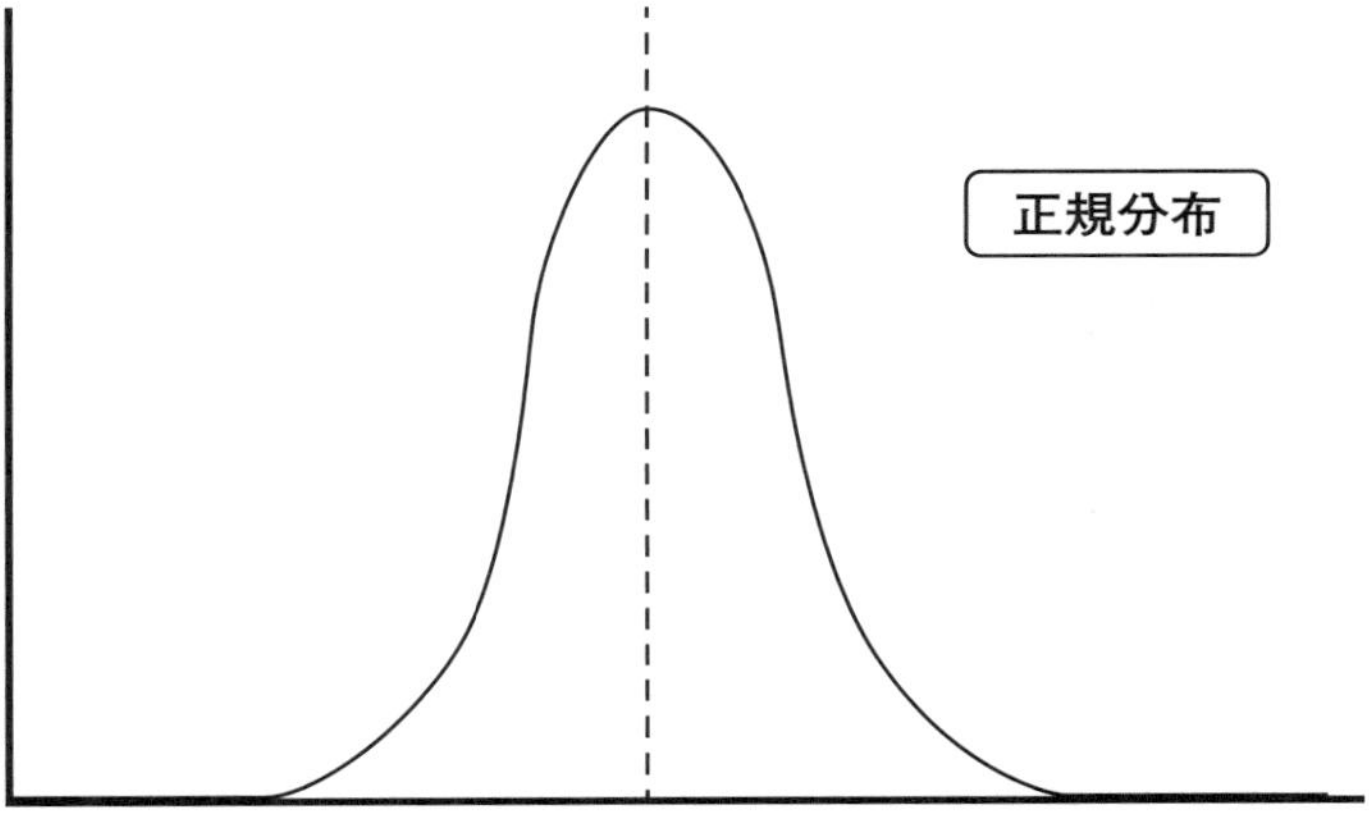

いるからです。

たとえばちょうど貯金三百万円の人が千人いたとしたら、平均値は三百万円です。でもここに一兆円の資産をもっているビル・ゲイツを加えて平均を出したら、平均は〈一兆円＋三百万円×千〉÷千一人で、計算した平均値は十億円を超えてしまう。まったく現実とかけ離れてしまっています。

平均値は信用できないというので、中央値という数字を使うこともあります。これはデータを一列に並べて、真ん中の数字ということ。たとえば三十人の日本人がいたとして、この人たちを身長順に並べ、十五番目になる人の身長が中央値です。

でも中央値も、人々の貯金の額がどのぐらいかを調べるのには適当ではありません。先ほどの日本人の貯金の額で言うと、貯金ゼロの人が三割もいるというのに、中央値は一千万円ぐらいになってしまうからです。ばらつきが大きすぎるので、平均値も中央値もあまり意味をもたないのです。

貯金額のような分布は、数学ではどうやって説明できるのでしょうか。

一兆円クラスの資産をもっている人は、ビル・ゲイツやジェフ・ベゾス、ウォーレン・バフェットなどほんの数えるぐらいしかいません。一千億円以上の資産をもっている人を英語ではビリオネアと言いますが、これは世界で二千人ぐらいいます。じゃあ一億円以上の資産をもつミリオネアがどのぐらいいるかというと、アメリカだけでも千五百万人。日本にも百二十万人以上はいます。資産の額の単位を落としていくと、ものすごい勢いで増えていきますね。こういう増え方を「指数関数的」と言ったりします。小学校で習った「正比例」や「反比例」ではありません。

わかりやすくするために、もっと単純にしてみましょう。

貯金百万円　貯金一千万円　貯金一億円　貯金十億円

このように貯金の額を並べると、十倍ずつ増えていっていますね。じゃあこの貯金をもっている人がどのように分布しているかを、仮に次のようにします。

貯金百万円	貯金一千万円	貯金一億円	貯金十億円
百万人	一万人	百人	一人

貯金の額が十倍ずつ増えていっているのに、人数はもっと激しい勢いで、百分の一ずつ減っていっています。じゃあここで、百万人とか一万人という数を別の見方をしてみましょう。

貯金百万円	貯金一千万円	貯金一億円	貯金十億円
百万人	一万人	百人	一人
（千の二乗）	（百の二乗）	（十の二乗）	（一の二乗）

どうでしょう。数学のルートをとると、千↓百↓十↓一と、十分の一ずつ減っていっている。これは貯金額が百万↓千万↓一億↓十億と十倍ずつ増えていっているのと、見事に

図4

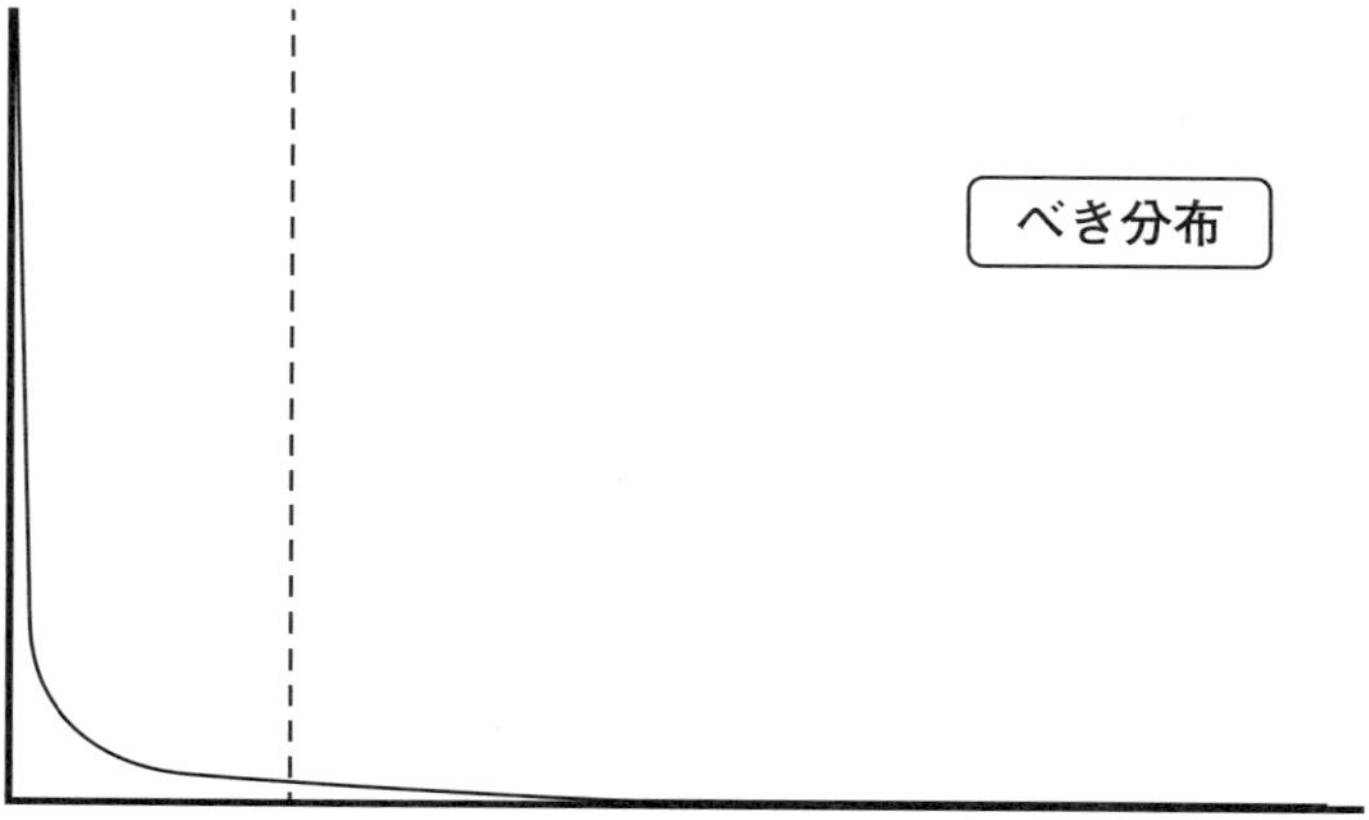

反比例していますね。このようにべき乗の計算をして比較すると、普通の比例・反比例になることから、べき乗則と呼ばれているのです。

べき乗則をグラフで表すと、図4のようになります。これをべき乗してしまうと、きれいな直線の反比例のグラフになることがわかります。

このようにべき乗則の世界は、ものすごくアンバランスです。超のつく大金持ちの数と、ごく普通の人の数の差は信じられないぐらい大きい。このように成り立っている世界を、これまでの「因果の物語」「確率の物語」と並べて、「べきの物語」と呼んでみることにしましょう。

さて、ここまでは単なる「べきの物語」の理解。ここからが、実は本題です。

「べきの物語」とは何か

「べきの物語」には、どうして、ビル・ゲイツのような超大金持ちがいるのでしょうか？　ゲイツがとてつもなく優秀だったから？

もちろんビル・ゲイツは超のつく優秀な人だと思います。それを否定する方はいないでしょう。でも、超優秀だからといって必ずしも成功するとは限らない。ちょっとした運の悪さで貧困層に転落してしまう人だって、世の中にはたくさんいます。

ゲイツの成功のきっかけは、一九八〇年に当時世界最大のコンピュータ企業だったＩＢＭと契約することに成功したからです。

それまでＩＢＭは大型コンピュータを手がけていました。そこにスティーブ・ジョブズの率いるアップルコンピュータが個人用のコンピュータ、つまりパーソナルコンピュータ（パソコン）であるApple IIを投入し、大きな成功を収めました。ＩＢＭはこれを見て個人向けコンピュータ市場の可能性に気づき、パソコンに本格参入することを計画します。そうやって生まれてきたのが、現在に至るまでパソコンの標準規格として長く生き続けることになる「ＩＢＭ　ＰＣ」です。

　このパソコンをＩＢＭは急いで開発し、発売しようとしました。このためＯＳ（オペレーティングシステム）は独自に開発することをあきらめ、既存のＯＳを外部から入手して採用することにしたのです。

　ＩＢＭが目をつけたのは、パソコンのＯＳとして当時注目されていた「ＣＰ／Ｍ」でした。これはゲイリー・キルドールという起業家が創業したデジタルリサーチ社が開発したものでした。

　ところがここで運命が分かれます。本当なら無事に両社の間で合意が成立して契約にこぎつけたはずだったのに、なぜか交渉が物別れに終わってしまったのです。いろいろな説が出ていて、真相ははっきりしていません。交渉の日にキルドールは別の用事があったため不在にしていて、彼の妻が交渉の場に出席し、本人不在のままで合意することを拒否したのだとか、いや契約内容にキルドールが不満だったのだとか。いまだにＩＢＭとキルドールの間では言い分が食い違ったままだと言われています。

Apple Ⅱ

いずれにしても交渉は失敗に終わり、ＩＢＭはまだ小さなスタートアップだったマイクロソフト社にＯＳの開発を頼むことにしたのです。

しかし当時のマイクロソフトはＢＡＳＩＣという言語の実行プログラムを開発した実績があっただけで、ＯＳをつくったことはありませんでした。そこで同社の創業者であるビル・ゲイツは考えあぐねて、シアトル・コンピュータ・プロダクツ（ＳＣＰ）という小さな会社が開発していた86－ＤＯＳという名のＯＳを手に入れるのです。購入金額は全権利を含めてわずか七万五千ドルでした。そしてゲイツはこの86－ＤＯＳをＩＢＭ　ＰＣ向けに改良し、「ＰＣ－ＤＯＳ」という名前に変更して、ＩＢＭに納入したのです。これがマイクロソフトのその後の繁栄のスタートとなりました。

86－ＤＯＳを開発したのはＳＣＰのティム・パターソンというまだ若いプログラマーで、ＣＰ／Ｍのコードを参照して開発したと言われています。実際、86－ＤＯＳはＣＰ／Ｍの「焼き直し」だったと暴露する本も二〇〇〇年代に入って出版されているほどです。

でもパターソンが得をしたわけではありません。なにしろマイクロソフトへの86－ＤＯＳの売却金額はわずか一千万円足らず。マイクロソフトがＩＢＭと組んだことで、その後巨額の利益を得るようになったことを考えれば、これは安すぎると言えるでしょう。

これは「だまし討ちの金額」だったという批判も多く、実際マイクロソフトは後年になってSCPに九十万ドル以上を追加で支払っています。

一九八〇年のこの段階で、ゲイリー・キルドールもティム・パターソンもビル・ゲイツも、みんな同じようなスタート地点に立っていました。ひょっとしたら一兆円の資産をもつようになったのはゲイツではなく、キルドールやパターソンだったかもしれません。「歴史にイフはない」とはよく言われる言葉ですが、幸運はどちらに転んでも決しておかしくはなかったのです。

「べきの物語」には、大金持ちはほんの一部しかいません。なぜ普通の人は普通のままで、キルドールやパターソンはそこそこのお金持ちで終わり、ゲイツだけが一兆円の資産をもつようになったのでしょうか。それは才能だけではないことは明らかです。運が作用していることは間違いないのですが、それは単なる運というだけでは説明できません。なぜなら「べきの物語」では、べき乗則という指数関数に基づいた計算が成り立っているからです。

つまりゲイツという超金持ちが生まれてきたことも、数式で予測されていたことなのです。才能でも運でもなく、指数関数という数式が支配しているからこそ、ゲイツは超金持ちになれたのです。
ここに「べきの物語」の驚くべき本質があります。

なぜ巨大地震は起きるのか

地震を例にして、もう少しくわしく考えてみましょう。地震の大きさと回数は「べきの物語」に支配されています。地震の大きさには震度とマグニチュードという二つの数字がありますが、前者は人間が体感した揺れの大きさ。後者のマグニチュードは地震のエネルギーの大きさを示しています。

マグニチュードというのは面白い数字で、そもそもべき乗によって表現されているのです。マグニチュード5とマグニチュード6は正比例していません。指数関数的なので、マグニチュードが1大きくなると、エネルギーは三十倍になるのです。だから2大きくなれば、エネルギーはだいたい千倍。

日本ではマグニチュード5ぐらいの地震はひんぱんに起きていますが、その千倍のマグニチュード7ともなるとめったに起きません。最近だと一九四〇年代の福井地震や、九〇年代の北海道南西沖地震、阪神・淡路大震災など数えるほどです。さらにその千倍のマグニチュード9の地震は、東日本大震災しかありません。歴史を振り返っても、平安時代の貞観地震や江戸時代の宝永地震ぐらいです。千年に一度の災害で、まさに「べきの物語」のルールに従っています。地震は、エネルギーが二倍になるごとに、発生する確率は四分の一になると言われているのです。

ではこのような巨大地震は、なぜ起きるのでしょうか。

地震のメカニズムは、おおむね解明されています。私たちが暮らしている地球の表層は、プレートという硬い岩盤を並べたような構造になっていて、プレートは移動しながら押し合いへし合いを続けています。このためプレートにはつねに大きな力が加わって、歪んでいます。プレートとプレートの接しているところや、プレートの内部でも岩の密度が低い場所などに歪みの力は溜まっていって、ある限界に達したとき、岩盤が滑り、歪みが解放される。これが地震を引き起こすのです。

ある限界に達したときに、岩盤はどのぐらい滑るのか。最初はごく小さな滑りしか生じないかもしれません。でもその小さな岩盤の滑りが、近くの別の岩盤をより歪ませて、これが引き金となってその岩盤が大きく滑ることになるかもしれない。そこからエスカレーター式に次々と岩盤が滑り始め、最終的に巨大な地震に達することもある。あるいは、途中で岩盤の滑りが止まって、小さな地震で終わることもある。最初の小さな滑りから、それがどれだけの影響で大きくなるのかは予測できないのです。まさにバタフライ・エフェクトのように、地震は小さく終わることもあれば、巨大になることもあるのです。

デンマーク出身の物理学者、パー・バックとその研究チームが一九八七年、アメリカのブルックヘブン国立研究所である実験を行ないました。

バックらが取り組んだのは、なんと「砂山」です。砂場や海水浴場で、子どもたちが遊んで積み上げるあの砂山です。砂山をつくって、そこに砂粒をひと粒ずつ加えていったら、いつ崩れるのだろうか？という実験でした。

砂山に砂粒を上から落としていくと、だんだんと砂山は急峻《きゅうしゅん》になっていきます。これ以上落とすと、砂山は雪崩《なだれ》を引き起こすでしょう。このタイミングはいつなのか、ということをバックは実験したのです。

現実に砂を積み上げてくり返すだけでは、同じ状況を再現するのが難しいため、バックは途中からコンピュータでのシミュレーションに切り替えました。砂ではなく、もう少し大きな立方体のブロックを積み上げていって、いつ崩れるのかを再現させたのです。

しかし何万回、何十万回もブロックの山をシミュレーションしても、ブロックがどれだけの量になったら大きな雪崩が起きるのかということはわかりませんでした。判明したのは、ある段階までいくとブロックは崩れ始めるのだけれど、そこからほんのわずかしか崩れないときもあれば、山体崩壊のように一気に大きく崩れるときもあるということだけです。小さな崩れは圧倒的に多くて、山体崩壊になることはごくわずか。つまりここでも、べき乗則が働いていることがわかりました。

そこでバックは、さらにくわしく調べるために、斜面の状況を刻一刻とチェックして、安定しているところは緑色に表示し、不安定で今にも崩れ落ちそうなところは赤色に表示してみました。すると最初は緑一色だったのが、やがて全体がほぼ赤色に染められるようになります。そしてここからブロックを追加すると崩れ始めるのです。つまりこれは臨界状態のようなもので、しかしそこからの崩壊が小さな崩れで終わることもあって、大雪崩になることもある。それは予測できない。そういう結論に達したのです。

この全体がほぼ真っ赤な状態を、バックは「自己組織化臨界」と呼びました。今にも崩れそうな臨界状態は、実は自然の中で勝手につくられていく。冬山に雪が積もり雪崩を引き起こすのがそうだし、森林に乾き切った枯れ木が積み重なり、山火事を引き起こしそうになっていくのもそうだし、そして岩盤の歪みが溜まっていって地震を引き起こす直前になっているのもそう。

これは自然が自分で組織している臨界状態になっている。だから、自己組織化臨界なのです。この状態は安定しているように見えますが、いつ何時ひっくり返って別の状態に変化するのかはわかりません。その変化は小さいときもあるし、大きいときもある。そして変化するといったんは落ち着きますが、また徐々に臨界状態へと戻っていきます。臨界状態から崩壊し、崩壊したらまた臨界状態に戻る。そのくり返しで自然はつくられているということをバックは解き明かしたのです。

自己組織化臨界では、安定というのは静的な状態ではなく、動的な状態であり、かろうじて維持されている安定なのです。それは言ってみれば、手の指の腹に立っているヤジロベエのようなものでしょう。ふらふらと揺れていて、風が吹いたり指を動かしたりすればすぐに倒れてしまいそうだけれども、でも今現在はとりあえず立っていて、安定している。

第一次世界大戦は「べきの物語」で起きた

自己組織化臨界のような状態は自然界だけでなく、人間の社会でも多く見られます。かろうじて維持されている安定が、ふいに崩れて小さな紛争になることもあれば、凄惨《せいさん》な全面戦争へと発展することもある。

わかりやすいケースを挙げれば、第一次世界大戦。

一九一四年にこの戦争が起きるまで、ヨーロッパは百年にわたってわりと平和でした。十九世紀初めのナポレオン戦争以降は、内戦や紛争こそ絶えなかったものの、全面戦争と言えるほどのものは起きていなかったのです。

十九世紀後半のヨーロッパはざっくり言えば、イギリスとフランスが近代化の先頭を走り、遅れてやってきたドイツやイタリアがそれを追いかけている構図だったと言えるでしょう。ドイツは一八九〇年代ぐらいになると急速に工業化を進めて、これを梃子《てこ》にして海外進出を始めます。イギリスやフランスのように国外に植民地をつくろうとしたのです。中国では租借地を獲得し、衰退して終わりかけていたオスマン帝国や北アフリカにも近づきます。

　イタリアも二十世紀に入ると、オスマン帝国が支配していた現リビアのトリポリ地方を奪おうと、オスマンに戦争を仕掛けます。この戦争にイタリアは圧倒的勝利を収めて、強大だったオスマン帝国の凋落《ちょうらく》ぶりが露わになります。

　このように遅れてきたドイツとイタリアの台頭と、オスマンの権威の失墜という二つの伏線が張られていたのが、二十世紀初めのヨーロッパでした。この時期、ドイツとオーストリア、イタリアは三国同盟を結び、これに対抗するイギリスとフランス、ロシアは三国協商をつくるという構図になっています。

「欧州列強」と日本では呼ばれていたこれらの国々が目指していたのは、オスマン帝国の支配していた領土をどう奪うかということでした。一方で、セルビアやブルガリア、ボスニア・ヘルツェゴヴィナなど、それまでオスマン帝国に支配されていたバルカン半島の国々も独立を目指します。この二つの引力がバルカン半島を火薬庫にし、ますます緊張を高めていきます。

　これは、まさに自己組織化臨界のような状態でした。そこに小さな雪崩が起きます。独立を目指すバルカン半島の小さな国々がバルカン同盟を結成して、オスマン帝国に宣戦布告するのです。バルカン同盟は圧勝し、オスマンをバルカン半島から追い出します。この跡地の領土の奪い合いをめぐって同盟の中でさらに戦争が起き、他と対立していたブルガリアが新領土の大半を失ってバルカン戦争は終結します。

これに欧州列強の同盟どうしの対立が重なってきます。たとえばセルビアを後押ししていたロシア、ボスニア・ヘルツェゴヴィナを強引に併合したオーストリア、さらにこれに反発するセルビア、そしてセルビアの力が強まることに脅威を感じたオーストリア、と三つ巴の対立状態があちこちで生じ、バルカン戦争が終結後に再び自己組織化臨界へと戻っていき、一触即発になっていったのです。

そこに、あの有名な事件が起こります。

一九一四年六月二十八日。この日、オーストリアの皇太子フランツ・フェルディナントがボスニア・ヘルツェゴヴィナの首都サラエボを訪問しました。そしてここにはセルビアから侵入した六人の暗殺者が待ち伏せしていて、皇太子夫妻を射殺したのです。

緊張が走りますが、この段階では欧州列強の国々は「外交交渉で解決するだろう」と楽観的に見ていました。しかし怒ったオーストリアはセルビアに宣戦布告し、攻撃を開始します。

当然、セルビアを後押ししていたロシアも軍を動かすことになります。

ドイツはオーストリアと同盟国だったし、オーストリアがセルビアに勝ってロシアの影響力が弱まれば得をしそう、と戦争に参加します。

フランスはロシアと同盟国だったので、やはり軍を動かすことになり、そのままドイツと戦争状態に突入します。

イギリスはフランス、ロシアと同盟国だったので、やっぱり戦争に参加します。

そして日本はイギリスと日英同盟を結んでいたので、日本もドイツに宣戦布告します。

フランツ・フェルディナント

このようにして自己組織化臨界だったヨーロッパは、暗殺事件を引き金に雪崩を起こし、しかもそれは小雪崩では終わらず、一気に山体崩壊するところまでいってしまったのです。第一次世界大戦では七千万人の兵士が動員され、千六百万人が死亡しました。
フェルディナント皇太子が暗殺された

時点で、まさかこのような惨禍《さんか》になると想像した指導者はどの国にもいなかったでしょう。誰もが、オーストリアとセルビアの小さな紛争ぐらいで終わると信じていた。でも「べきの物語」の法則に従って、予想もしない巨大な戦争へと転んでしまったのです。

逆に、もしフェルディナント皇太子が暗殺されなかったら、第一次世界大戦は起きなかったのでしょうか？

先に「摂動」という物理学用語を説明しました。わずかな力の変化、という意味です。皇太子暗殺は、摂動だったのです。

大戦直前のバルカン半島をめぐる状況は、完全な自己組織化臨界に達していました。そこに追加された小さな摂動がフェルディナント皇太子暗殺だっただけで、別のかたちの摂動が加わってもやはり臨界状態を超えていたのは間違いなかったでしょう。ただそれが大戦に発展するのか、小さな紛争で終わるのかは、やはり予測不可能だったと言えます。

アドルフ・ヒトラーが生まれてこなかったら、第二次世界大戦はなかっただろうか？という議論があります。第一次世界大戦後の敗戦ドイツは巨額の賠償金にあえぎ、スーパーインフレが起きて、国民生活はひどい苦境に陥っていました。臨界状態だったのです。仮にヒトラーがいなかったとしても、別の摂動が引き金を引き、どこかの誰かが同じような行動を起こし、やはり同じような戦争を引き起こしていた可能性は高いでしょう。

しかしそれが大戦に発展したのか、それともフランスとの国境紛争ぐらいで終わっていたのかは、誰にもわかりません。

ふらふらと不安定なのが自然の姿である

「べきの物語」はつねに臨界状態へと自然に進んでいき、それが小さく崩れたり、全面崩壊したりします。事が起きた後はいったんは安定したように見えますが、再び臨界状態へと徐々に進んでいく。つまり安定した状態が持続するなどということはまぼろしでしかなくて、つねに安定と臨界、崩壊の間をふらふらと揺れ動いているのが、自然の姿です。ヤジロベエが指の腹でふらふらと立っているように。

べき乗則は自然の中だけでなく、人間社会の多くの局面にも当てはまります。お金持ちの数、株式市場の暴落、爆発的なヒット商品、巨大化する都市、ツイッターなどのSNSでフォロワー数が圧倒的に多いインフルエンサー、音楽や映画のヒット。

だから人間社会のべき乗則にも、やはり自己組織化臨界がある。

「この映画はひどい、つまらない」と多くの人が思った映画はたいていヒットしません。でも「いい映画だなあ」と思った作品が、必ずしもヒットするとは限らない。世の中にはたくさんの良い映画がありますが、それらがすべてヒットできるわけではありません。宣伝費にお金をかけたメジャーな大作だけがヒットするわけでもない。二〇一八年に『カメラを止めるな！』という低予算の邦画が大ヒットし、社会現象にまでなりましたが、関係者や映画評論家であってもこれを事前に予測できた人はいなかったでしょう。『カメラを止めるな！』のヒットは明らかにべき乗則に従っているのです。

株式市場もそうです。短期的な予測はたいてい当たりません。株式の市場にはつねに、プレーヤーたちの期待感と失望感がないまぜになっていて、ちょっとでも期待感が余計に高まれば株価は上がるし、失望感が増えれば下落する。感情の臨界状態にあるといえるでしょう。ふらふらと倒れそうな状態を続けていて、そこにちょっとした情報の刺激が摂動として与えられたときに大きく転ぶのか、それとも小さく転ぶだけなのかは、決して予測できないのです。

そして——。私たちの人間社会の多くが「べきの物語」に支配されているとすれば、そもそも社会に安定した状態など存在しないのだと捉えるほうが確かであるという結論にならざるをえません。

安定などまぼろし。安定しているのではなく、つねに臨界状態にあってふらふらと揺れ動いていて、小さな崩壊や、まれな大破局をくり返しているのです。それが人間社会の実体なのだと、私たちはもはや認識すべきではないでしょうか。

脳のしくみ

ここまで「確率の物語」と「べきの物語」について語ってきました。二十一世紀になって、ここに新たに「機械の物語」が加えられようとしています。それは人工知能（ＡＩ）のテクノロジーが紡ぐ物語です。

今のＡＩにはさまざまな誤解があります。そもそも現在のＡＩの中心的な手法である機械学習（マシーンラーニング）がいったいどのようなものなのかが、一般社会にきちんと理解されていません。なぜ理解されていないかといえば、機械学習が微積分などの数学によって成立しているからではないかと私は受け止めています。

機械学習やその延長線上にある深層学習（ディープラーニング）の解説書を読むとわかりますが、多くの説明が数式で記述されていて、あまり数学が得意でない人には、非常にとっつきにくい。しかし数学を抜きにして機械学習を説明するのはたいへん困難で、この研究分野の人たちと一般社会の間に溝ができているのは、そのためではないかと思うのです。

そこで本章では機械学習と深層学習について、難しい数式を使わずに、その数学的な考え方がどのようなものなのかを説明してみようと思います。そのうえで、これらＡＩが人間社会をどのように変えようとしているのかを考察していきましょう。

機械学習についての学びのスタート地点は、生物の脳の働きについて知るところから始まります。

脳の細胞は神経細胞（ニューロン）と呼ばれ、「ニューロンとニューロンはシナプスでつながっている」というのは小学校の理科の授業で学んでいる内容です。人の脳には、一千億個もの神経細胞があり、一つの神経細胞は平均一万個の他の神経細胞とシナプスで結びついています。この神経細胞の複雑で大きなネットワークから、思考や感情が生まれてくるのです。

図5　ナトリウムイオンが電気信号を伝えるしくみ

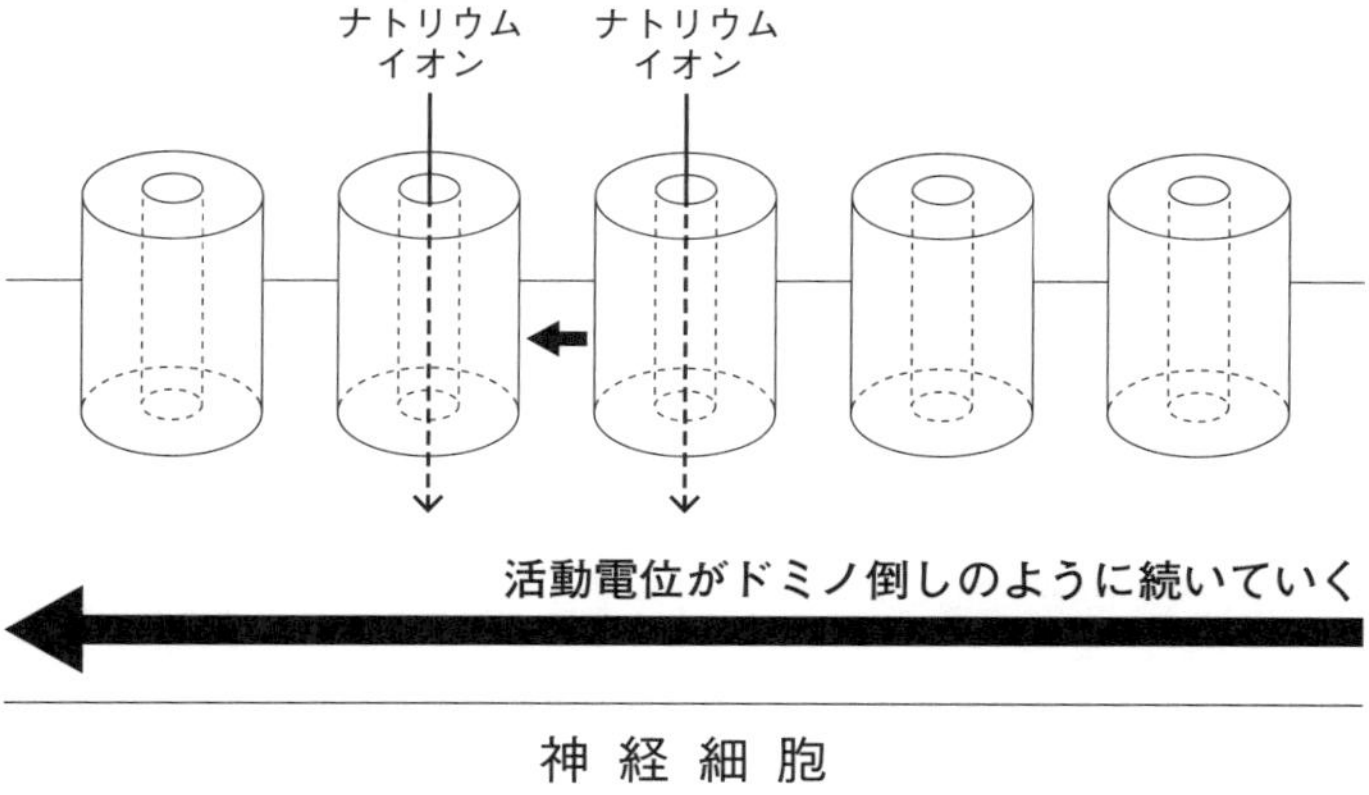

情報は神経細胞でどのように伝達されているのでしょうか。それは電気信号です。電気信号といっても、家電製品にある電気回路のようなものではありません。電子の流れでさえありません。神経細胞ではナトリウムイオンが電気信号を伝えています。

さらに言えば、ナトリウムイオンが神経細胞の中を流れているのでもない。銅線の回路を電子が流れているのとはだいぶ違うのです。

どういうしくみなのかというと、細胞の外側は海水のような塩水で満たされていて、ナトリウムイオンがたくさん存在しています。神経細胞にはこのナトリウムイオンだけを中に入れることのできる「イオンチャネル」という管があります。イオンチャネルが開くと、ナトリウムイオンがどばっと神経細胞の中に流れ込むのです。

このイオンチャネルが、図5のように長い神経細胞に沿ってずらりと並んでいます。イオンチャネルが開くのは、隣のイオンチャネルにナトリウムイオンが入ってきたときです。隣に来たナトリウムイオンがスイッチを入れて、次のイオンチャネルを開く。それで、こちらの棒にもナトリウムイオンが入ってくると、さらにその先のイオンチャンネルにもスイッチが入って、そこでもナトリウムイオンが入る。

ナトリウムイオンはプラスの電気をもっていますから、この方法で、神経細胞の中を高速にプラスの電気が移動していくことになる。電子は流れていないのに、プラスの電気だけが伝わっていく。ドミノ倒しをイメージするとわかりやすいと思います。このドミノ倒し的しくみを、活動電位と呼びます。

銅線に沿って電子が流れると、銅線自体の抵抗があるのでだんだんと電気信号が減衰しています。でも生物の神経細胞の活動電位は、電子そのものが流れるわけではないので、電気は減衰しません。光の速さの電気信号に比べるとかなりスピードが遅く、時速三六〇キロという新幹線並みなのですが（それでもじゅうぶん速いなあと思います）、電気信号が途中で消えずにきちんと伝わっていってくれるというメリットがあるのです。

図6　活動電位の動き

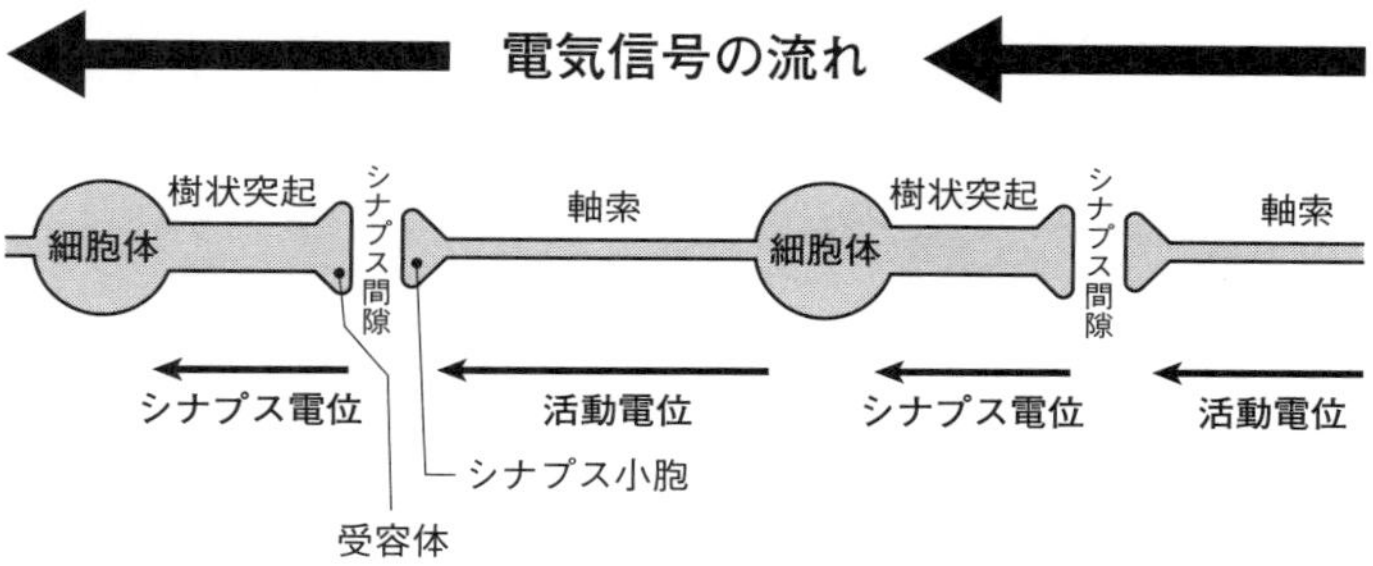

活動電位は電気信号と違って、速度が遅いだけでなく、出力をコントロールすることもできません。ドミノ倒しでは、ドミノ牌が立っているか倒れているかの二つの状態しかないのと同じで、活動電位はオンとオフのどちらかしか存在しないのです。しかも活動電位はいったん発生すると、チャネルのドミノ倒しが否が応でもどんどん起きてしまうので、途中でストップさせることもできません。走り出したら止まらない暴走車みたいなものです。

　そこで活動電位の出力をコントロールするために、シナプスがあるのです。シナプスというのは、神経細胞と神経細胞の間の「すき間」です。すき間の幅はわずか二〇ナノメートルなのですが（一ナノメートルは一メートルの十億分の一）、それでも神経細胞どうしは物理的には接触していません。

活動電位は、何もない「すき間」であるシナプスをどう乗り越えるのでしょうか。神経細胞の先端にはシナプス小胞という袋のようなものがあり、中にグルタミン酸やアセチルコリンなどの化学物質が詰まっています。これらを神経伝達物質と呼びます。どう動くのかを説明しましょう（図6）。活動電位が神経細胞を伝わって、シナプス小胞にまで到達すると、神経伝達物質がシナプスに向かって放出されます。そしてシナプスを泳ぎわたって、別の神経細胞に到着します。ここで神経伝達物質を受けとるのは、受容体という器官。受容体はイオンチャネルと同じようなしくみをもっています。受容体が神経伝達物質を受けとるとイオンチャネルが開き、ナトリウムイオンが通ることができるようになるのです。これで、次の神経細胞に活動電位が無事に伝わるのです。

さて、このシナプス経由での活動電位の伝達には、非常に興味深い特徴が二つあります。一つは、伝達はつねにシナプス小胞から受容体に向かって起きるということ。つまり伝達が一方向ということ。

もう一つは、受容体からの伝達は、途中までは活動電位ではなくて普通の電気信号になっているということ。神経細胞を細かく見ると、

受容体→樹状突起→細胞体→軸索《じくさく》→シナプス小胞

というように分かれています。このうち受容体から樹状突起を経て細胞体までは、電気信号が流れる。この電気信号をシナプス電位と呼びます。一方、細胞体から軸索を伝わってシナプス小胞までは、先ほど説明した活動電位になっています。活動電位は〇・一ボルトぐらいの電位差で電気が伝わっていくのに対して、シナプス電位はすごく微弱です。一万分の一ボルトぐらいしかありません。

さて、ここからが重要です。

シナプス電位は、細胞体で活動電位に変換されます。ここで神経細胞は、一つの判断をしているのです。「シナプス電位が〇〇以上の電気の強さをもっていたときにだけ、活動電位を発生させるのだ」と。シナプス電位が小さかったら無視して、ある程度の大きさになったら後ろに電気を流すという判断をしているのです。

しかし、ひとつのシナプス電位は一万分の一ボルトぐらいしかないので、これだけでは神経細胞は活動電位を発生させません。ではどうすれば神経細胞に活動電位を発生してもらえるのか？

答えは簡単です。シナプス電位をたくさん集めるのです。
受容体がある樹状突起は、「樹状」というぐらいで実は樹木のように神経細胞からたくさん枝分かれしています。一つの神経細胞には三万もの樹状突起があるというのですからすごい数です。そして、それぞれの樹状突起に受容体があって、シナプス電位がそこから流れ込んできている。

ここまで書けば、もうわかりますね。受容体の一つひとつが発生させるシナプス電位は微弱でも、たくさんの受容体からシナプス電位がたくさん流れ込むと、大きな電気になる。だいたい百個の受容体がシナプス電位を流すと、神経細胞は「判断」して活動電位を発生させると言われています。

つまり、たくさんの神経細胞からシナプスを経て電気が流れ込むと、その神経細胞は次の神経細胞に向かって電気を流す。少数の神経細胞から電気が来ただけでは、神経細胞は電気を流さず、そこで終わり。

たくさんの神経細胞が動いて電流が流れると、それが次々連鎖して別の神経細胞を目覚めさせ、電気があらゆる方向へと流れていく。そんなイメージです（図7）。

ここまで、神経細胞が電気を流すしくみを説明してきました。非常にシンプルです。で

図7　神経細胞が電気を流すしくみ

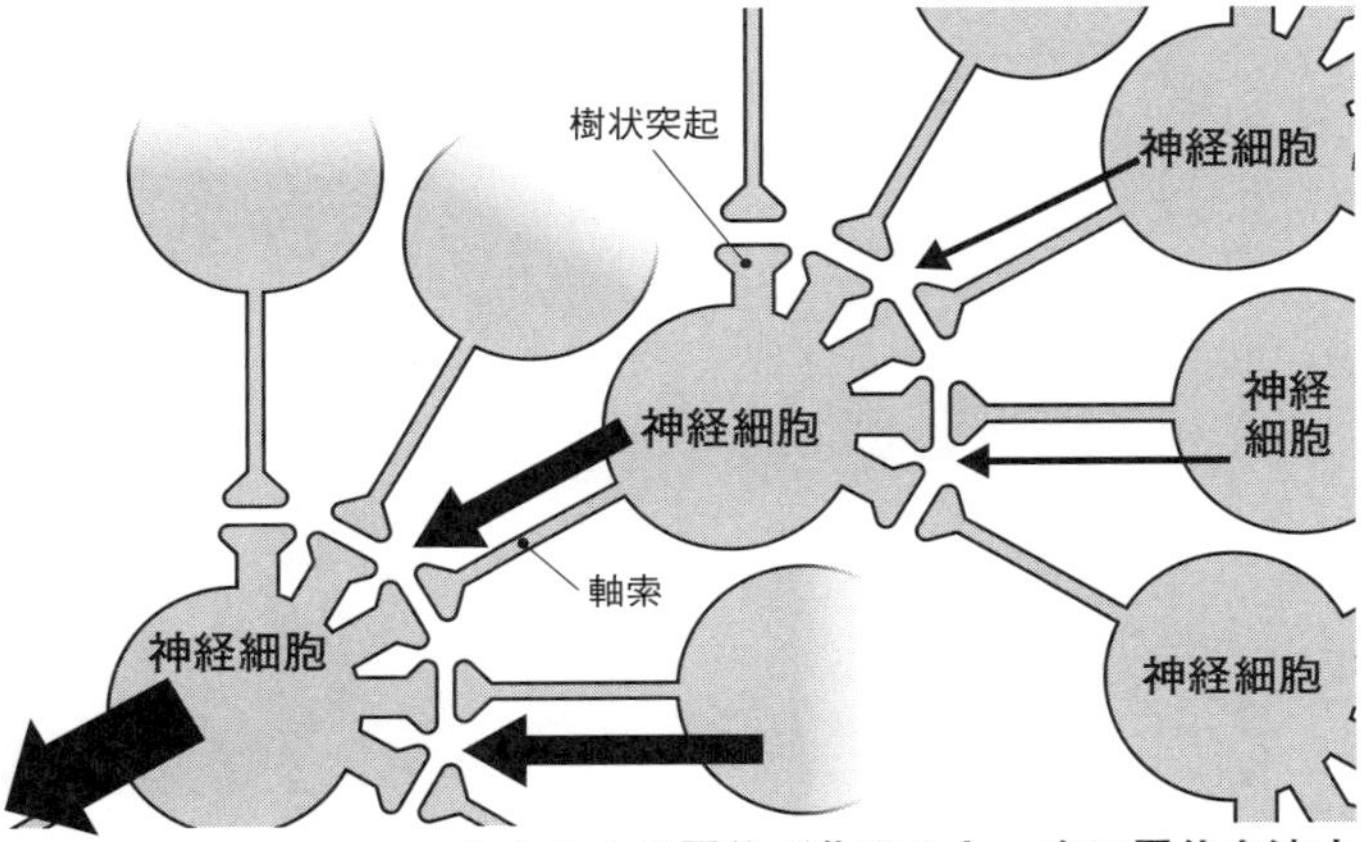

たくさんの電位が集まると、次に電位を流す

もこのシンプルなしくみによって無数の電気が脳の中を流れまくり、それによって私たちの複雑な思考や感情、意識を生み出しているのです。なんとも不思議としか言いようがありません。

考えてみればコンピュータの半導体も、一つひとつのトランジスタはとても単純なしくみです。でもトランジスタ一個の幅がわずか一億分の一メートルという精密さでつくることができるようになって、無数にトランジスタが集まったことで、今のような高度なコンピュータが実現しているのです。どんなに複雑な機構であっても、最も小さな単位に分解してしまえば、とてもシンプルということなのです。そういう意味では、人間の脳もコンピュータも本質的には同じような構造だと言えるでしょう。

パーセプトロンを理解する

さて、AIの話に戻しましょう。

機械学習の最も原型のモデルは、この神経細胞のしくみを真似ています。そのモデルを「パーセプトロン」といいます。これは今から半世紀以上も前の一九五八年に、フランク・ローゼンブラットというコンピュータ科学者が考え出しました。

パーセプトロンを説明するために、わかりやすい事例を考えてみます。

あなたは来週の日曜日、日帰りの登山を計画しています。屋内のレジャーと違って、登山は天候などさまざまな要因に左右されます。

たとえば雨が降ったら中止になるでしょうし、一緒に行く山仲間の都合が悪くなってしまったら、単独行はちょっと危険です。また鉄道駅から遠く公共バスもなく、交通の便の悪い山岳だと、できれば自動車でアプローチしたいところですが、クルマが調達できなかったので行けなくなってしまった、ということもあるかもしれません。

でも「お天気」と「クルマが調達できたかどうか」では、ずいぶんと重みが違う。天気が雨なら登山は中止になることが多いと思いますが、クルマがなくても現地でレンタカーを借りるなり、タクシーを予約するなり、代替方法は考えようがあります。

そこで登山に行かない理由の重みを、それぞれ数字で表してみることにします。

天気は重要なので、重みは最大の5とします。山仲間が行かなくても、単独でもハイキングはできますから、重みは3。クルマが調達できなくても、近くの大きな駅でレンタカーを借りることもできるので、重みはさらに軽くて2としましょう。

さて、重みの数字とともにもう一つ重要なのは、どのぐらいの数字を超えたら登山に行くのかという、ハードルの数値です。登山に行かないそれぞれの理由を足して、このハードルの数値を超えたら、登山を決行。下回ったら中止、という判断基準にするのです。一般的に、こういうハードルの数値のことを閾値《いきち》と呼びます。ここでは登山を決行する閾値を3としてみましょう。

ここまで決めて、それぞれの要因を組み合わせてみると、登山を決行するか中止するかといういろいろなパターンが見えてきます。

天気は良いけれど、山仲間は不参加でクルマも調達できなかった場合。重みを全部足すと、5＋0＋0＝5。閾値の3を超えているので、決行です。天気が良ければ、それだけで重みは5になるので、他の要因がすべてダメであっても必ず山に行くよ、という結論になります。

天気は悪いけれど、山仲間も行くし、クルマも調達できたという場合。重みは、0＋3＋2＝5。これも閾値の3を超えているので、決行です。

天気は悪いし、山仲間も行かない。クルマだけ借りることができた。重みは、0＋0＋2＝2。閾値に達しないので、登山は中止です。

天気は悪いけれど、山仲間は行くと言っている。ただクルマは調達できなかった。重みは、0＋3＋0＝3。閾値にかろうじて達しているので、登山決行です。やはり仲間がいるというのは大事で、心強いですね。

このようにして、登山に行かない要素の「重み」と、登山に行くか行かないかを決める基準の「閾値」という二つの数値を比べることで、登山の判断が数式にできます。

図8　パーセプトロンのしくみ

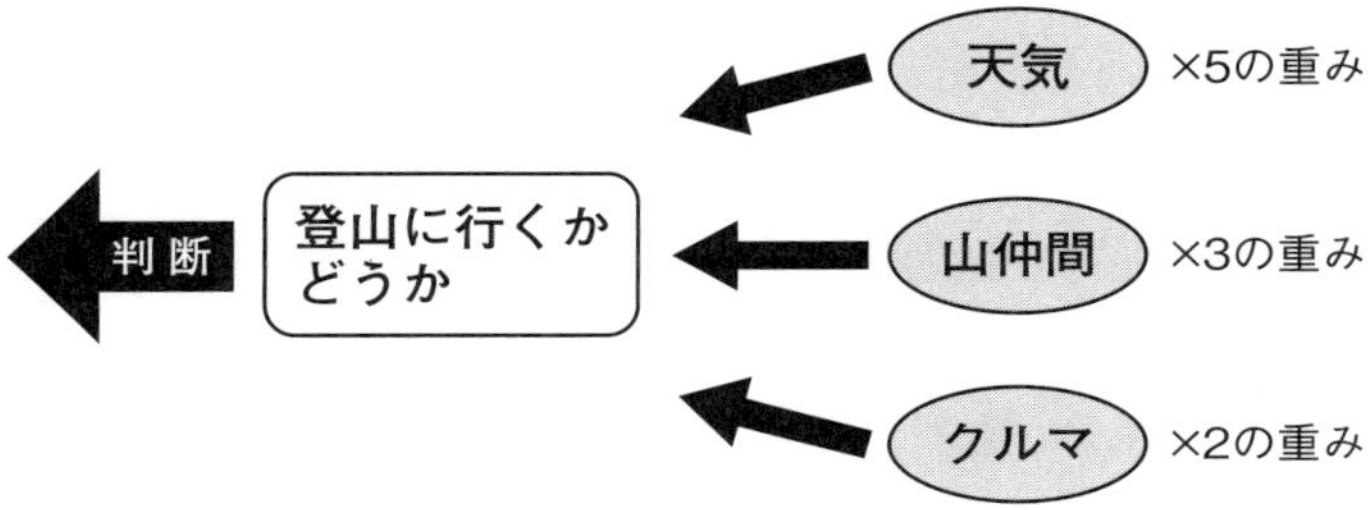

なぜ機械学習は一気に進化したのか

さて、パーセプトロンを知ると、これが神経細胞の伝達のしくみをうまく取り入れているのがわかります。図8のように、登山に行くかどうかの判断の決め方は、神経細胞のしくみと似た構図になっています。判断する要素の重みは、神経細胞に流れ込んでくるシナプス電位の大きさ。そして閾値は、神経細胞がどのぐらいのシナプス電位があると活動電位を発生させるのかという判断基準と同じなのです。パーセプトロンも神経細胞も、「流れ込んでくる量の合計」「閾値」という二つの数字でイエスかノーかを判断し、結果を判定している。このパーセプトロンのしくみが、機械学習の大元になっているのです。

パーセプトロンは、計算結果が閾値を超えるか超えないかという単純な二択でしかなかった。でも機械学習はここに「活性化関数」というものを使って、計算結果が〇・一だったり〇・三六だったり、〇・九だったりと、さまざま数値をとることができるようになりました。登山のパーセプトロンが「登山に行く」「登山に行かない」の二択だったの対し、機械学習では、たとえばたくさんの果物の写真を見て、リンゴかミカンかバナナかを見分けるような三択も可能になったのです。

このパーセプトロン的な計算には、二つの問題があります。

第一は、重みの数字をどう決めるのかという判断が難しいということ。先ほどの登山の例では、天候と山仲間とクルマの重みをそれぞれ5、3、2としましたが、これは私が勝手に決めた適当な数字でしかありません。登山に行くか行かないかという曖昧な話ならこの程度の恣意《しい》的な数字でも判断できるかもしれませんが、「この果物の写真はリンゴかミカンか」という正解がはっきりしているものを誤りなく判定するのであれば、重みの数字は厳密に決めなければなりません。

どう決めればよいのでしょうか?

この問題を解決する方法はいくつも開発されていますが、最も有名なものは誤差逆伝播法（バックプロパゲーション）という計算です。これを発案したのは著名なコンピュータ科学者であるジェフリー・ヒントン。一九八六年のことでした。

誤差逆伝播法とはどのようなものなのでしょうか。

高校のクラスを進路別にどう分けるのか、という事例で考えてみます。

昔話ですが、私は一九七〇年代に愛知県立岡崎高校という学校に入学しました。地方の牧歌的な進学校で、楽しい青春時代でした。そのころを思い出すと、入学した直後の一年生のときには理系も文系もなく、おそらくランダムにクラスが割り振られていたのだと思います。しかし二年生のときに希望で理系と文系に分けられ、私は国語が大好きだったので文系を志望しました。

そして三年生に進級する際に、担任の先生が「佐々木、お前は国立大学でも上位を狙えるから国立文系にせよ」とすすめられ、国立文系コースの中でも難関大学を目指す生徒が集められたクラスに入ったのです。三年生は国立理系（難関）、国立理系（普通）、国立文系（難関）、国立文系（普通）、私立理系、私立文系という六つのクラスに分けられていて、本人の強い希望でもない限りはたいてい担任教師のおすすめに従って振り分けられていました。当時の高校生は、先生の指導にとても従順だったのですね。

さて、ここで機械学習に登場してもらいましょう。高校側としては、できるだけたくさ

図9　パーセプトロンでクラス分けを計算

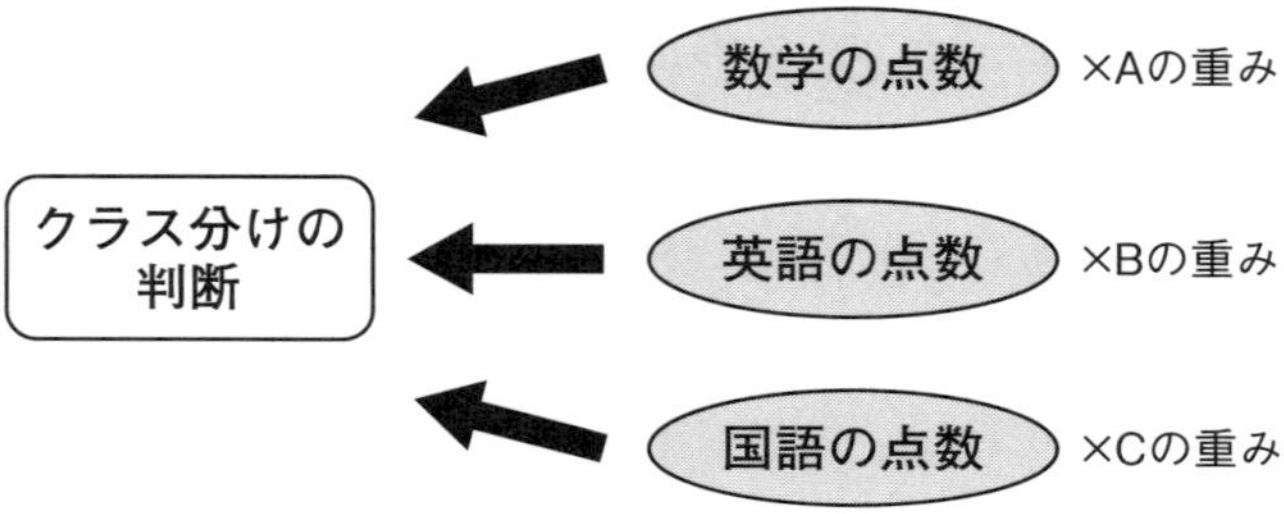

んの生徒に大学に合格してほしい。できれば難関大学にたくさん入ってほしい。でも難関を目指しすぎて不合格になってしまうのは避けたい。そういう目論見《もくろみ》があります。

クラス分けを考える先生たちの前には、二年生の全生徒二百四十人の実力テストの成績一覧があります。この中から数学、英語、国語の三つのテストについてそれぞれの生徒の平均獲得点数を取り出して、これに重みの数字を掛け算し、その結果の数字を見てどのクラスに入れるのかということを、パーセプトロンで計算したい。図9のようになります。

国立の難関理系に行くには数学の能力が大切ですが、その他の科目も平均的に成績が良くなければならない。逆に私立であれば専門科目の点数が取れればなんとかなる、といった違いがある。その違いが、計算結果の数字に表れることを期待するわけです。

ここで最初にすべきは、現役の二年生ではなく、すでに大学入試を終えた卒業生の二年生のときの実力テスト成績を利用することです。そして、いったんランダムな数字を重みA、重みB、重みCに入れておく。そのうえで上記のパーセプトロンを計算し、その結果が卒業生の合格実績とうまく合致しているかどうかを調べる。重みの数字はランダムに決めただけですから、当然、めちゃくちゃな結果が出るはずです。そこで、ABCの数字を少しずつ変えながら、実際の合格結果に近づいていくように修正していくのです。そしてこれ以上は修正できないぐらいに卒業生合格実績に近い計算結果が出たら、それが最適なABCの数字ということになるわけです。そうしたら、今度はその重みの数字を使って現役二年生のテスト結果を計算し、クラスの分類をすればいいということになります。

卒業生の合格実績という正解を活用し、計算結果から逆算して重みのABCを決めていく。正解を確認してから、その正解にちゃんと合うようにさかのぼって重みの数字を変えていく。つまり誤差を逆算して減らしていくということをしているわけで、だから「誤差逆伝播法」という名前になっているのです。誤差逆伝播法が発明されたことで、重みの精度を上げていくことが可能になりました。

機械学習の問題

機械学習は、近年は深層学習というものへと進化しています。これは機械学習が要素と結果の一層であるのに対して、たくさんの層を積み重ねて計算していくというものです。

人間の脳の中にある神経細胞の連なりが単純な一層ではなく、一千億もの神経細胞が多層につながり合っているのと同じように、機械学習の構図をどんどん多層化していけば、より複雑な計算もできるようになるからです。

先ほどの登山のケースは、たった一層で構成されていました。要素は天候と山仲間とクルマだけ。でも登山の計画を立てるというのは、現実的にはもっと複雑です。一緒に行く仲間が初心者なのかベテランなのか、季節は夏なのか春秋なのか、それとも真冬なのか。日帰りなのか、山小屋泊なのかテント泊なのか。さまざまな組み合わせで最適な登山計画を算出しようとすると、一層の要素だけではまったく足りません。

たとえば、「登山経験の層」「天気や交通手段の層」と層を二つ重ねて検討する必要があるでしょう。最初の層で仲間たちの登山経験の「重み」から判断決定の数値を吐き出し、その数値を次の「天気や交通手段」の層に伝えて、再び重み付けすると、最終的に判断の数値がはじき出される。

しかし多層化すると、それだけ重みの数字を計算するのが難しくなってきます。そのときに威力を発揮したのが、先ほどの誤差逆伝播法でした。これによって機械学習を比較的簡単に多層化することができるようになったのです。これが深層学習を実現しました。

さて、機械学習のもう一つの問題。それは要素を、人間が決めてあげなければいけないということです。

登山に行くかどうかの「天候」「山仲間」「クルマ」という要素も、クラス分けの「数学の点数」「英語の点数」「国語の点数」も、人間があらかじめ設定しなければならない。登山やクラス分けなら要素は予想がつきますが、これが「この写真はネコかどうか」という判定だとどうでしょう。耳の形や眼の形、全身の模様、手足の長さなど無数の要素がありそうで、どの要素をピックアップして重みを付けて計算するのかということが、難しい判断になってしまいます。

パーセプトロンから発展した機械学習が主流になる以前は、ＡＩでの画像認識には「バッグ・オブ・フィーチャー」という手法が使われていました。特徴となるであろう画像のパーツをあらかじめ決めておくというものです。

ミカンだったら「オレンジ色の皮」「緑のへた」「アバタのようなぶつぶつの凹み」などのパーツがあります。同じ物体なら、同じ形状のパーツがあるはずだという前提で、新しい画像を認識するときには、その画像とあらかじめ用意されているパーツを照合し、どれだけ合致しているかどうかでその画像がミカンかどうかを判断する。

でもこの方法だと、撮影した角度や画像の粗さなどによって、パーツの形状が変わってしまうということが起こります。またパーツそれぞれを単体でしか見ていないので、パーツとパーツの位置関係を無視してしまうということもある。

単純なパーセプトロンでも正確には判断できません。リンゴとミカンとバナナを判定するとして、私たち人間が思いつくのは「色が赤かオレンジか黄色か」「形状はまんまるか少し潰れているか、長細いか」といった要素です。人間は画像を無意識に頭の中で修正しているので、このぐらいでも判定できます。

でもコンピュータの「眼」には曖昧さはないので、同じオレンジ色でも、赤に近いオレンジ色や黄色に近いオレンジ色はどこまでをオレンジ色と判断するのか、ということを正確に指示してやらなければなりません。同じミカンでも、黄色の濃いものから赤みの強いものまでいろいろあり、そういう自然界の揺れを吸収しなければ判定できないのです。従来は、ここを細かく人間の側が設定してやっていました。どのぐらいうまく設定するかが、ＡＩ技術者の腕の見せどころでもあったのです。

でも、人間の眼でもしっかり判定できないような細かい違いというものも、自然界にはたくさん存在します。

日本に「初生ひな鑑別師」という民間資格があるのをご存知ですか。これはニワトリのひよこのオスとメスを見分けるという、シンプルにただそれだけのプロの仕事に与えられている資格です。

ニワトリは卵を生むメスかどうかによって、その後の扱いが変わってきます。かけられるコストも大きく異なるため、ひよこのうちにオスかメスかを判定することが求められます。

オスメスの鑑定には、ひよこのお尻にある肛門を見て、そこにある突起の形状や色などで判断します。光沢があるかないか、赤みが強いか弱いか、といった判断基準があるのですが、素人にはほとんど見分けがつかないと言われています。鑑別師の資格をとるためには公益社団法人畜産技術協会の養成所に入り、五か月もの間勉強し、さらにニワトリ孵化場で実践を積まなければならず、難関資格とされているようです。

それだけオスメスを見分けるのが難しいということなのでしょう。養成所では、研修生は大量のひよこを前に判別しまくり、それに対して指導する先生が「正しい」「間違い」と指摘。これをひたすら続けることで感覚を磨いていくといいます。

これは先ほどの高校のクラス分けのように、AIに正解をまず教えてやり、それによって重みの数字を鍛えていくのと非常に似通っています。このような事前に正解を教えることでAIの精度を上げていく手法を「教師あり学習」と言いますが、ひよこのオスメス鑑別はまさに人間を対象にした「教師あり学習」だと言えるでしょう。

自ら特徴を見つける方法を身につけたAI

話を戻します。

このように人間の眼では見つけることが難しい要素というのは、ひよこのオスメス鑑別に限らず自然にはたくさん存在しています。人間社会にも、たくさんあるはずです。そうであれば、人間の眼とはまったく異なる「眼」で世界を見ているAIに、それらの要素を見つけさせることはできないのでしょうか?

これもAIの世界ではさまざまな方法が発明されていますが、その中でも最も有名でわかりやすいアプローチとしては、自己符号化器（オートエンコーダー、以下AEと略す）があります。このAEを、パソコンのファイル圧縮のしくみにたとえてみましょう。

写真や文書などのファイルをパソコンで圧縮すると、データのサイズが小さくなります。解凍して元に戻すと、サイズも元に戻ります。これにはいくつかの手法があります。

たとえば文書の中に、同じ文字列がくり返し出てきたら、「その文字列は35文字前の文字から10文字続いたのと同じ」というように読み替えることができるので、同じ文字列をくり返さなくても、「35文字前から10文字」と指定すればすみ、データのサイズをそれだけ小さくできます。つまり圧縮されて小さくするというのは、冗長な部分を切り捨てたりしているだけで、本質的な要素はちゃんと保持されている。だから解凍すると元通りになる。

AEはこのような考え方を応用しています。たとえば一〇〇メガバイトの画像があって、これが六〇メガバイトに圧縮して解凍して元通りにできるのであれば、圧縮された六〇メガバイトの中に、元の画像の特徴が凝縮されてすべて存在しているのではないか、と考えるのです。

手書き数字を画像認識し、数字を読みとるということを考えてみます。手書き数字画像を圧縮し、解凍したら同じ手書き数字画像に戻るのであれば、圧縮された小さな画像には、元の手書き数字画像の特徴が凝縮されてシンプルになって存在するのではないでしょうか。

それを実際に見ると、図10のようなもやっとしたシンプルなパターンの模様になります。この模様に、1から9までの手書き数字の特徴が凝縮されているはずです。そして、これらのシンプルなパターンの特徴を9つ見つけることができれば、どれが「1」でどれが「6」かまでは指定できなくても、少なくとも手書き画像を9種類に分類することができるというわけです。圧縮されてシンプルなパターンになっている状態を、AEでは「次元削減」と呼びます。つまり情報量が小さくなって、次元が減り、特徴を見つけやすくなっているということなのです。

グーグルは二〇一二年、「人が教えることなく、AIが自発的にネコを認識することに成功した」と発表し、世界に衝撃を与えました。

このときグーグルは、ユーチューブの動画から一千万点の画像をランダムに集め、深層

図10　圧縮された数字画像

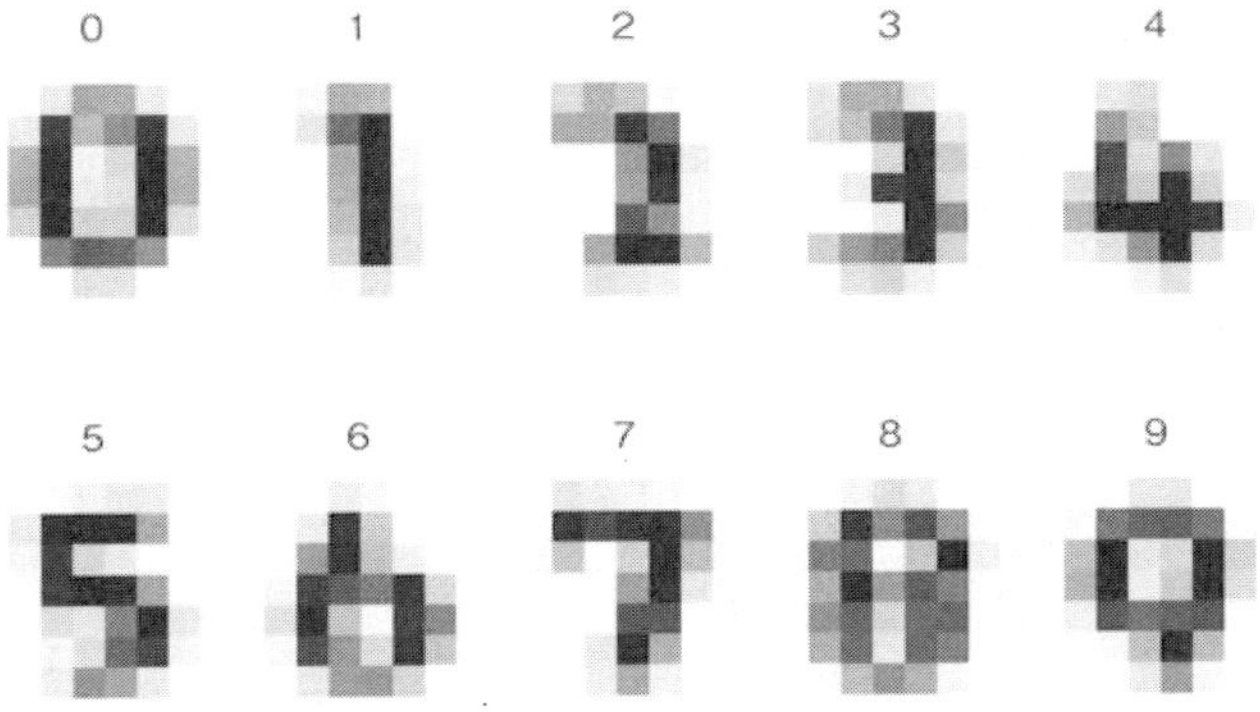

学習を使ってAEの手法で計算しています。CPUを十六個搭載したコンピュータ千台で、三日間にわたって計算を続けたそうです。この結果、圧縮されたパターンからネコや人間の特徴を抽出したといいます。グーグルのAIが「これはネコです」と言ったわけではなく、AIが見つけて分類した画像の集まりの一つを人間がチェックしてみると、すべてネコ画像になっていたということです。

このようにしてAEの発明は、機械学習を大きく進化させる契機になりました。人間が「これを要素にして計算して」と指定しなくても、勝手に要素を見つけてくれるようになったからです。

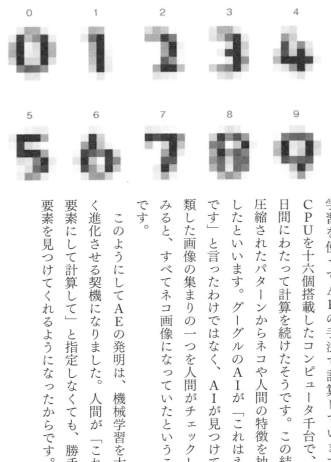

なぜＡＩは社会にインパクトを与えつつあるのか

　これまで誤差逆伝播法とＡＥについて説明してきました。この二つの発明は機械学習を進化させ正確にしただけでなく、実は人間社会に対しても大きなインパクトを与えています。

　なぜか。

　それは、人間が見つけられない重みや要素をＡＩが特定できるようになったからです。

　先に紹介した登山のパーセプトロンで言えば、登山に行くかどうかを決める要素には「天候」「山仲間」「クルマ」の三つがあり、それぞれの重みは5、3、2であるというのは、私たち人間の日常的な感覚ですぐに理解できます。

　しかし誤差逆伝播法では、重みの数字は正解から逆算して得られたものであり、人間の皮膚感覚に沿って得られたものではありません。一層の機械学習ならまだしも理解しようがありましたが、多層の要素に重みを加える深層学習ともなると、なぜその要素が多層に決定され、なぜその重みの数字なのかは、わかりません。しかも要素や重みの種類は複雑な深層学習では数千万から数億という膨大な数にも達するので、もはや人間の理解を超越しています。

その要素や重みが人間にとっては皆目理解できないものであっても、正解を出したＡＩのほうが正しいということであれば、人間はその正解に従うしかありません。「なぜその要素を？」と人間が問うても、「計算すれば、それが正しい要素だったから」とＡＩは循環論法のように答えるだけであって、その理由をわかりやすく教えてはくれません。「正解を出したほうが勝ち」であり、ＡＩはつねに勝ち続けてしまうのです。

「機械の物語」であるＡＩの世界では、人間の「因果の物語」は門前払いされてしまうのです。

その典型的な例をもう一つ挙げてみましょう。

日立製作所の著名なデータ研究者である矢野和男のチームが、「Ｈ」という同社製のＡＩを使い、あるホームセンターの店舗で行なった取り組みです。人間のマーケティング専門家とＨを競争させ、どちらが売上を増やせるかという実験を行なったのです。

この実験のために、ある電子機器が用意されました。これは身分証明書ケースのように首からぶら下げられる形状になっていて、ブルートゥースや赤外線の通信機能などをもっていて、ぶら下げた人が店舗内をどう移動し、誰と対面したのかということが時系列で追跡できるようになっています。

位置を特定するため、店内には赤外線発信機が数メートルおきに設置され、機器が近づくとビーコンからの赤外線を受信し、内蔵メモリに位置を記録していくのです。また同じ機器をぶら下げた人どうしが出会うと、ブルートゥースで通信していつ誰と対面したかも記録します。

さらに加速度センサーも内蔵され、活発に歩いているのか、ゆっくり歩いているのか、立ち止まっているのかということも記録されます。また誰かと会っているときに勢いよくしゃべったりしていれば、体の傾き度などによってそれも加速度センサーで計測できます。

実験では、店舗スタッフ全員が機器をぶら下げ、さらにお店に来てくれたお客さんからもランダムに選んで装着をお願いしました。これとレジでの購買記録と突き合わせ、スタッフやお客さんがどのような状況のときに、客単価が上がっているのかを調べようという算段です。

機器によるデータ収集は、十日間にわたって行なわれました。この膨大なデータから、Hは六千個もの要素を自動的に抽出し、これらと売上との相関関係をチェックしていきました。人間の技術者はいっさい仮説を立てたり、一般的な市場予測などを盛り込んだりはしませんでした。ひたすら、十日間の店舗内の機器のデータだけをHに分析させたのです。

一方で人間のマーケティング専門家も呼び、スタッフへのヒアリングや自らの市場知識などを駆使して、顧客単価を上げるための方法を考えてもらいました。専門家の結論は、水道用品やLED照明などの注力商品を決めて、ポップアップ広告などを設置するというものでした。

では、Hはどのような結論を出したのでしょうか。

それは驚くべきものでした。店内のある特定の場所に、スタッフが「いる」ようにせよ、という計算結果だったのです。研究チームはここを「高感度スポット」と呼びましたが、このスポットにスタッフが十秒の間滞在時間を増やすごとに、そのとき店内にいるお客さんの購買金額が平均百四十五円も向上している、ということをHは計算結果として示したのです。

人間のマーケティング専門家とAIの両者の施策が、実際に試されます。

結果は明らかでした。マーケティング専門家の施策は客単価にまったく影響を与えませんでした。一方でHの結論をもとにして、高感度スポットにスタッフが滞在する時間を一・七倍に増やしてみたところ、なんと店舗全体の客単価が十五パーセントも増えたのです。劇的と言うしかありません。

この高感度スポットというのが、いったい何の意味をもつのか。店舗スタッフにも理解できませんでした。ただ言えるのは、ここにスタッフが立っていると、単価の高い商品の棚の前でのお客さんの滞在時間が長くなり、売上が増えたということ。しかし、その商品棚は高感度スポットからは遠く離れていて、どういう関係があるのかは誰にもわかりませんでした。何らかの理由で、店内でのお客さんの移動の流れが変わったということなのでしょう。

この高感度スポットという要素は、人間の頭脳からは決して出てこない発想です。そしてそれが大きな成果を挙げても、人間にはその理由がやはり理解できないままなのです。

この不思議な「機械の物語」は、「確率の物語」や「べきの物語」とも異なった世界です。「べきの物語」のバタフライ・エフェクトを思い出してください。わずかな誤差が増幅し、ときには最終的に破壊的なできごとを引き起こす。砂山でもピンボールゲームでも、砂粒やボールの重さや速度、傾きなどの要素がわかっていれば、予想される動きのすべては計算できるはずです。でもちょっとした誤差があるだけで、その誤差がどんどん大きくなってしまい、予測のつかない結末になるのです。

しかし「機械の物語」はこれとはまったく異なるものです。なぜなら深層学習では、要素や重みの数字の種類が膨大だからです。複雑な計算をさせると、変数の数は数千万から数億に及びます。重さや速度や傾きなどの少ない要素からスタートする砂山の砂粒と違い、「機械の物語」では最初から膨大な変数がある。ここには誤差が増幅するのとは違う別のロジックがあるのですが、要素が多すぎて人間にはそのロジックがとうてい理解できません。人間の直感や皮膚感覚をはるかに超えてしまっているのです。「どんな物質や作用や動作でも、要素一つひとつに分解していけば、人間が理解できるようになるはずだ」という従来の科学の考え方が、もはや成り立たない領域に入ってきているとも言えるでしょう。

「機械の物語」は、人間とまったく異なる世界理解

深層学習が生み出す「機械の物語」は、人間の知能とはまったく異なる知能の姿です。AIは「人工知能」ですが、それを「知能」と呼ぶことが妥当かどうかも私たちにはまだ

わかりません。

アメリカの哲学者ジョン・サールは一九八〇年、「強いＡＩと弱いＡＩ」という概念を発表しました。強いＡＩというのは、コンピュータを単なる道具として見るのではなく、精神が宿ったものであるという意味です。強いＡＩは、意識をもったＡＩであると考える研究者もいます。一方、弱いＡＩは人間のような精神はもたないけれども、問題解決や推論を行なうソフトウェアであると定義されています。

多摩大学大学院教授の田坂広志は、知能と知性は別のものであるとし、知能は「答えのある問いに対して、いち早く答えを見出す能力」と定義しています。それに対して知性とは、「答えのない問いに対して、その問いを、問い続ける能力」「生涯かけて問うても、答えなど得られぬとわかっていて、それでも、その問いを問い続ける能力」であると説いています。

この議論は二〇一〇年代になっても続いていて、最近では「特化型ＡＩ」「汎用型ＡＩ」という区分けも語られます。機械学習や深層学習は特定の目的を解くためにつくられた特化型ＡＩであり、汎用型ＡＩではない。汎用型ＡＩというのはＡＩ自身が自律的に考え、人間の頭脳のようにさまざまな思考や問題解決を行なえるというものです。現行の深層学習のアプローチからは、汎用型ＡＩは生まれてこないのではないかと考えているＡＩ研究者は少なくありません。

強いＡＩ、汎用型ＡＩが近未来に実現すると提唱し、近年議論の的になっているアメリカの未来学者レイ・カーツワイルは、深層学習のモジュールを膨大に積み重ねれば、人間の脳になりうると主張しています。先に解説したように人間の神経細胞のしくみというのはきわめて単純なパーセプトロンであって、これが一千億個集積されることで人間の知性が実現しているのだとすれば、深層学習のモジュールを数百個、数千個と積み重ねていけば、人間の脳と同じ働きをするようになるのだという仮説には、それなりの説得力があるようにも感じます。

カーツワイルはそのうえで、二〇二九年にはＡＩの能力が人間を超え、二〇四五年には全人類の知性を合わせたぐらいの能力に達すると予測し、これをシンギュラリティ（技術的特異点）と呼んでいます。

深層学習のモジュールを積み重ねれば、汎用的ＡＩは実現するのでしょうか？　私は二〇一七年、最強とされている将棋のＡＩプログラム「ポナンザ」を開発したプログラマーの山本一成と、この話題について話したことがあります。私がカーツワイルのこの仮説を質問してみたところ、彼は「異論はたくさんあると思いますが、私は個人的にはそれは可能だと思っています」と即答しました。いずれ、この仮説が実証される日は必ずやってくるでしょう。

現時点で少なくとも言えるのは、今の深層学習の「機械の物語」は、決して人間の頭脳の働きとイコールではないということです。「機械の物語」は、「なぜ人は生きるのか」という問いは発しませんし、人を愛するようにもなりません。しかし人間には決して見つけられない要素や特徴を見つけ出し、数字でそれらを淡々と出力します。

ポナンザの山本は、深層学習が最も得意とするのは画像の処理だとも指摘しています。言語処理でもなんであっても、なんとか画像に結びつけることができれば、それは深層学習の得意な対象になり、人間を超えた能力を発揮できるのだと。

画像にするというのはすなわち、すべてを縦と横のグラフに収めるということにほかなりません。XとYの関係にすることで、「機械の物語」はあらゆるものを理解できるようになる。山本はこう言い切っています。

「ここからは完全に私の想像ですが、さらに議論を進めると、もしかしたら『知能とは画像である』と言うことすらできるかもしれません」

もしこれが世界の真実だとすれば、そこにはもはや時系列という時間感覚さえ存在しないということになります。

因果を超えた世界認識が始まる

私たちは人間の知能を、豊かな情感、世界の中心に自分がいるという意識、そして生涯をかけて問いを追い求めるような世界観に求めています。そういう能力を私たちは誇りに思っている。しかしこの世界は、決して人間的な世界認識だけで駆動しているわけではない。本章で説明してきたように、「確率の物語」や「べきの物語」、そして「機械の物語」は、人間の世界観とはまったく別の世界認識を差し出しています。

思考の方法には、演繹《えんえき》と帰納の二つがあります。演繹は、すでに組み立てられている論理を、実際の世界に当てはめる思考法。「人間はいつか死ぬ。私は人間である。だから私もいつか死ぬ」。演繹は因果関係を積み重ねていくような思考で、「因果の世界」の産物です。

帰納は逆に、実際の世界で起きていることから、論理を抽出していく思考法。「祖父は二十年前に死んだ。父は十年前に死んだ。母も五年前に死んだ。だから人はみな死ぬのだ」。帰納は、世界に存在するデータしか見ていません。データから、世界を解釈していく。深層学習はまさに、帰納的なアプローチを採っているのです。

しかも深層学習は、人間よりもずっと深い帰納的思考をもっている。「機械の物語」は、人間には見つけられないような隠された世界の論理を見つけ出してくれるのです。

イスラエルの歴史学者ユヴァル・ノア・ハラリは、テクノロジーの進化によって人間はAIにデータを提供するだけの存在になっていくという未来を提示しています。その未来を支配するのは、データとそれを処理するAIのアルゴリズムであり、「意識をもたないものの高度な知能を備えたアルゴリズムが間もなく、私たちが自分自身を知るよりもよく私たちのことを知るようになるかもしれない」と予言しています。

知能と意識の分離。私たちは自分の意識こそが、高邁《こうまい》な人間の知性の証だと思っていますが、前の章でも書いたように、意識は記憶とともに「因果の物語」に密接につながっている。私たちは意識によって「因果の物語」を支え、「因果の物語」を生み出したからこそ、未来を予測し、将来の計画を立てられるようになり、そして他の生物には不可能だった豊かな文明をつくり出してきたのです。

「因果の物語」は、世界はこのような因果関係によって起きているのだと説明してくれ、人間はそれに納得することで安心感を得ることができました。因果のない世界は、いつなんどき眼の前で不幸が起きるのかは誰にもわからないのだと不条理を突きつけ、人を不安にさせる。そんな不安には耐えられないから、人間は宗教を生み出し、不条理は「神のしわざ」であると自分をなだめてきたのかもしれません。どうにも因果関係で説明できない事柄でもなんとか納得してしまうために、神という別の「因果の物語」を発明したのです。

「確率の物語」や「べきの物語」は、眼の前で不幸が起きるのは単なる偶然だし、それはいつか必ず破局に至ると言い切ってしまう。そして「機械の物語」は、私たちにまた別の不安を与える。私たちが見つけられない世界を見出してくる深層学習は、まるで私たち人間に「おまえらは眼が見えないのじゃないのか？」と突きつけているように感じさせます。そんな世界には耐えられないと感じ、私たちは「因果の物語」にどこまでも寄り添ってきたのでしょう。

しかし二十一世紀の複雑な世界は、「因果の物語」だけで説明するのにはもはや限界を超えています。

それでも無理やりこの複雑さを理解しようと、わかりやすい「物語」に寄せてしまうことは、逆に本当の理解から離れてしまいかねない。そんな局面はいま、さまざまな局面で起きています。

中東専門のジャーナリスト、デイヴィッド・パトリカラコスは物語と物語の衝突がSNSで起きていることを指摘しています。たとえば二〇一四年に中東で起きたガザ侵攻では、イスラエル軍が圧倒的な軍事力を見せつけました。しかしツイッターではガザの住民たちの「イスラエルの空爆で子供が死んでいる」という発信が多くの支持を得て、イスラエルは十分な反論ができず、結果として世界中の人々の眼に悪魔のように映ってしまい、支持を失いました。イスラエルは軍事では勝ったけれども、「物語」では負けたのです。

この年にはロシアがウクライナのクリミアを併合しました。このときクリミアには記章を外した軍隊が現れましたが、ロシアは表立っては軍隊の投入を認めず、宣戦布告もしませんでした。同時にクリミアの住民たちにSNSでキャンペーンを仕掛け、「ウクライナ政府があなたたちを迫害しており、唯一の救いの綱はロシア政府とその代理人だ」という物語を定着させることに成功したのです。これによって正式な戦争は行なわないまま、勝利を収めました。

ガザ侵攻もクリミア併合も、軍事行動だけでなく、どちらの「物語」が支持を得るかという戦いが重要になったのです。二十一世紀になってSNSが普及し、テレビや新聞などでワンクッション置かれることがなくなった結果、さまざまな「物語」がむき出しでぶつかり合うようになったと言えるでしょう。

この流れをフェイクニュースと呼ばれるようなデマの横行が後押ししています。これらは偽情報であるだけでなく、特定の「物語」に人々を無理やりに寄り添わせてしまうプロパガンダの性質をもっています。それによって冷静に事実を認識することよりも、わかりやすい「物語」に引き寄せられてしまう。事実よりも「物語」が優先される時代になりつつあるのです。

これはポスト・トゥルース（脱真実）という状況です。オックスフォード英語辞典は二〇一六年、この言葉をワード・オブ・ザ・イヤーに選び「世論の形成において、客観的事実よりも感情的、個人的な意見のほうが強い影響力をもつ状況」と定義しました。

「因果の物語」は私たちの文明をつくりあげた功績をもつ一方で、さまざまな弊害も引き起こします。イエール大学で心理学を研究するポール・ブルーム教授は、私たちが物語に寄り添いすぎることの危険を指摘し、たとえば「共感のスポットライト」という問題を挙げています。

二〇一五年にパリで、「イスラム国」による同時多発テロがありました。死者約百三十人、負傷者三百人以上という惨劇に世界中の人々が追悼《ついとう》し、東京のスカイツリーやシドニーのオペラハウス、ドイツのブランデンブルグ門といったランドマークはフランス国旗の三色にライトアップされ、SNSでも自分のアカウント写真にフランス国旗をあしらう人がたくさん現れました。これらはとても素晴らしい行ないです。

しかしこの二〇一五年という年は、イスラム国のもうひとつの戦場だったシリアでも悲惨なできごとがたくさん起きていました。内戦開始から四年で避難民は子供九十万人を含む七百万人にも上り、暖房が不十分な難民キャンプで氷点下を下回る気温と雨雪、強風にさらされていたのです。古代の都市遺跡があるパルミラでは戦闘で百人以上が亡くなり、さらに市民数百人もシリア政府の協力者という汚名を着せられて殺害されました。遺跡を守ろうとした考古学者でさえも処刑され、遺体は遺跡に吊《つ》るされたのです。

しかし世界に最も衝撃を与えたのは、シリアの人々の死よりも、パルミラの遺跡が破壊されたことでした。たくさんの人が亡くなり惨劇が繰り返されていたのに、スポットライトはおもにパリ市民と遺跡に照射されたのです。

物語が生み出す共感は、広くあまねく行き渡らない。スポットライトのようにつねに一部にしか照射されないのです。正義と正義がぶつかりあうこの世界を良くしていこうと考えるときに、私たちが理解しやすい物語に寄り添ってしまうだけでは偏ってしまう。

だから私たちは、二十一世紀の複雑な世界を前にして、長く拠りどころとしてきた「因果の物語」から一歩外へと踏み出すことを求められているのではないでしょうか。そのときに「確率の物語」「べきの物語」、さらには登場してきたばかりの「機械の物語」を、私たち自身の新たな物語として、自分ごとの世界観の一部として、改めて引き受けなければならない時期に来ているのではないかと思います。

第四章

「自由」という未来の終焉

人間が伝統的に世界観にしてきた「因果の物語」に代わって、「確率の物語」「べきの物語」そして「機械の物語」を引き受ける時期に私たちは来ている。ではそのような新しい世界観を、私たちはどのようにして受け入れることができるのでしょうか。

それを支えるものは、情報通信テクノロジーであると私は考えています。この新しいテクノロジーは第一章でも書いた通り、私たちの「過去」への思いを破壊する恐ろしい存在である。しかし一方で、時系列に沿った因果関係に囚われている私たちを、解き放ってしまう可能性も秘めているのです。それは「時間」というものを実感しない世界であり、明るい可能性でもあり、同時に恐ろしい危険性でもある。

第四章と第五章では、二十一世紀の情報通信テクノロジーが何を実現しようとしているのかを解き明かしていきます。

まず本章では、その進化の第一段階として、私たちを取り巻くテクノロジー環境が知能をもちつつあるということ。そして私たち人間はその環境になめらかに没入する感覚をもとうとしているという話を展開していきましょう。

対面型から同化型、そしてまた対面型へ

テクノロジーがいま実現しようとしている「なめらかな没入」とは、どのような感覚でしょうか。

インターネット上のクラウドと私たちの間にある、パソコンやスマホ、タブレット、テレビモニターなどの「機器」の最近のテクノロジーは、人間が使うときの摩擦をどこまで減らせるかということに特化してきたと言ってもいいでしょう。

ＵＩ（ユーザー・インタフェイス）とＵＸ（ユーザー・エクスペリエンス）という用語があります。この二つは混同されていることが多いのですが、たとえば料理を食べる行為で考えてみましょう。

ＵＩは人間が機器を使う手段を意味するので、食事に当てはめると皿やスプーン、フォーク、箸などがそうです。ＵＸは人間が機器を使って得られる体験を指しています。ナイフとフォークしか知らなかった欧米の若者が、日本の箸を初めて使ったとします。最初は慣れずに使いづらいけれども、ある日コツを体得した瞬間に「あ、こう使えばいいのか！

なんだ気持ちいいじゃないか」と感動する。この感動が、UXなのです。

スマホで言えば、液晶のタッチスクリーンを指で操作するしくみがUI。二〇〇七年にアップルがアイフォンを発売したとき、多くの人が「指で広げると写真が大きくなる！横にスライドさせると次の画面に移る！　なんて気持ちいいんだ」とピンチやスワイプ機能に感動しましたが、これがUXです。

このUIとUXは、摩擦を減らすためにどう進化してきているのでしょうか。

ここで、機器と私たちがどういう構図で向き合っているのかを考えてみます。これまでは多くのUIが、機器と人が向かい合ってキャッチボールをする対面型でした。パソコンもスマホもタブレットもテレビも、みな対面型です。対面し、画面をキーボードやマウス、リモコン、指などで操作して確認するという方法で、私たちはつねに眼の前に機器があることを意識しています。

ところが二〇一〇年代に入ると、対面型ではない機器が普及してきました。アマゾン・エコーやグーグル・ホームなどのスマートスピーカーはその一つで、「明日の天気は？」と呼びかける音声認識のUIです。一部の製品を除くと液晶画面はなく、向き合う必要はありません。私の東京の仕事部屋にもアマゾン・エコーを設置していますが、机とは反対側の書棚に置いてあり、エコーに「アレクサ？」と呼びかけるときも背中を向けたままです。

またVR（バーチャルリアリティ、仮想現実）に使うヘッドマウントディスプレイも、大がかりではあるけれども対面型ではありません。VRについては次の第五章でくわしく踏み込みますが、このヘッドマウントディスプレイも人間の視線と同じ方向に向いている構図です。

同様にスマートウォッチも液晶画面はもっていますが、つねに液晶を凝視することを前提に設計されてはいません。これらは機器と対面しているというよりは、人間が機器と同じ方向を向き、一体化して動くことを考えられており、対面型に対して「同化型」と呼べるでしょう。

電子機器が登場してくる以前、歴史を振り返ってみれば、アナログ時代の道具はもともと多くが同化型でした。レンズを使って視野を拡張する道具で言えば、双眼鏡や望遠鏡、ファインダーのあるカメラなどはすべて人間と同じ方向を見て、網膜の延長として使われてきました。ところがカメラもフィルムからデジタルに変わると、ファインダーは使われないようになり、液晶モニタを見て操作するというスタイルに変わってきています。これは同化型から、デジタル化によって対面型に変わってしまったということなのです。
光学道具だけではありません。人間の身体を延長する道具——たとえばスコップ、鉛筆、テーブルと椅子、スプーンとフォーク、箸、靴、弓矢や刀。すべてが同化型です。アナログ時代に対面型だったのは、表示部分がある紙の帳面やそろばん、定規、方位磁石など一部に限られていたのです。

言い換えれば、電子化によって多くの道具は液晶などの表示画面を手に入れ、このために同化型が対面型へと変化しました。画面を見ながら操作するというUIは直感的でわかりやすく、長く難しい学習も不要です。また物理ボタンを減らすことができるため、機器をコンパクトにすることができます。

昔のフィルム式一眼レフカメラにはさまざまな物理ボタンがあり、どのボタンが何を示しているのかを覚えるのはたいへんでした。しかしスマホの高性能カメラでは、画面上の指示に従うだけで最適な設定を選ぶことができるようになっています。それどころかAIを駆使した先端的なスマホカメラであれば、設定さえ不要で、その場の光量や状況に応じた最適な写真を勝手に撮影してくれるようになりました。

一方で、このような対面型への進化は、機器と人間が一体となることで得られる没入感については、むしろ退化してしまったと言えるでしょう。

環境知能――環境が知能をもつ

しかし、これがデジタル技術の進化とともに、再び同化型に回帰しようとしていると言えます。そしてその回帰は、熟練した人間が斧《おの》を振るって薪を割るような高度な学習を伴うものではなく、初心者でも気軽に扱えるけれども、しかし機器との一体感を得られるというものへと進化していこうとしているのです。

自動車の運転席を考えてみましょう。しっかり前を見て運転している人がよそ見しないよう、ハンドルやフットペダル、シフトレバー、ウィンドウの上げ下ろしなどは目視しなくても手さぐりで操作できるように設計されています。ダッシュボードには速度計や燃料計、油温計などの表示部分もありますが、これらは運転中に凝視することを前提には設置されていません。だから自動車のUIは同化型です。

米国で人気の電気自動車、テスラは二〇一八年に発売した「モデル3」で、ほとんどの物理的なボタンを運転席から追放してしまいました。あらゆる機能は、ダッシュボードの中央に取り付けられた一五インチのタッチスクリーン液晶に集約され、そこで操作するように設計されています。これは非常に先端的ですが、しかし手さぐりでの同化型操作を排除し、対面型に移行したことは、本来あるべきデジタルの進化には逆行していると言えるでしょう。

テスラ「モデル3」の内部

　グーグルが二〇一三年に興味深い特許申請を行なっています。自動車の天井にカメラとレーザースキャナを下向きに設置して、これでドライバーの動きを認識し、さまざまな機能をコントロールするというものです。窓のところで手を上下に振ればウィンドウが開け閉めでき、エアコンの送風口をタップすると風量をコントロールできたり、さらに手で送風口を覆うと、風量がオフになる。また運転している人が自分の耳のところで手を上に振る動作をすると、オーディオの音量が上がるというようなことも考えられています。

　このようなジェスチャーは、人間が自然に振る舞えるので、「自分は今機器を使っているのだ」という意識をしなくてもよくなってきます。スマートスピーカーの音声認識もより自然な発声で可能になってくれれば、機器に命令しているのだと意識しなくてもすむようになるでしょう。長年連れ添った夫婦が「あれ、取ってくれんか」「はいはい」ぐらいの会話ですむように、あるいはぼそりとつぶやくひとりごとで勝手に機器が動くようになっていけば、ほとんど無意識です。同化型ＵＩの最終目標は、まったく意識しないですむというゴールなのです。

広告企業フィヨルド社のデザイナー、アンディ・グッドマンは二〇一五年、ゼロ・ユーザーインタフェイス（ゼロＵＩ）という概念を提唱しました。これは文字通りＵＩがゼロ、つまり使っている人間の側からはＵＩという接触面の存在を感じなくなっている状態を指しています。スマホやパソコンなどの対面型機器には、スクリーンという物理的な接触面があるのに対して、スマートスピーカーの音声認識やグーグルのジェスチャーでは、人間は機器と物理的に接触していません。これをゼロＵＩという言葉で表現したのです。

ゼロＵＩの考え方を拡張すると、そもそも人間が指示しなくてもすむというところにまで進むことができるでしょう。たとえば日本の高速道路料金所にあるＥＴＣ（電子料金収受システム）は、料金所システムと自動車の車載ＥＴＣが互いに通信します。ＥＴＣのレーンを通過する際に、料金所は自動車が車載ＥＴＣを載せているかどうか、また車種は何かという情報を自動車から受けとり、車両が正しく登録されているかどうかを確認します。確認ができたら、続いて車載ＥＴＣに挿入してあるクレジットカードの情報を受けとり、有効期限が切れていないかどうかを確認。これらの確認が無事完了したら、無事にクルマを通過させます。この間、人間はいっさい指示を出していません。

これは流行語で言えばＩｏＴ（モノのインターネット）の一種ですが、要するに人間の周囲に存在しているさまざまな機器や設備に主導権を渡して、それらが互いにコミュニケーションできるようにし、人間が求めているものを自動的に提供できるようにしているのです。私たちが「今私は何を求めているのか」と問いかけなくても、機械どうしがお互いに通信し、分析・判断をくだして、私たちに的確な情報やサービスを提示してくれるということです。

スマートスピーカーの音声認識も、この方向へと進化しています。アマゾンのスマートスピーカーに使われている音声認識機能アレクサは、スピーカーだけでなく自動車や家電などにも内蔵されるようになってきて、家電や自動車、住宅などを相互につなぐためのシステムへと進化しています。自動車のダッシュボードに内蔵されたアレクサに「自宅の暖房をつけて」と話しかければ、自動車はアレクササーバ経由で自宅のエアコンとコミュニケーションし、エアコンを起動させます。また自宅の暖かい居間にあるスマートスピーカーに「自動車のエンジンをかけて」と指示すれば、冷え切った屋外の車庫に駐めてある自動車のエンジンが始動します。

この段階ではまだ人間がアレクサに指示していますが、ここまでできるのであれば、もはや人間がしゃべりかける必要はなさそうです。会社から自動車を走らせていて、あと三十分ぐらいで自宅に帰りつけそうな地点まで来たら、自動車が勝手に自宅のエアコンに連絡し、「ご主人様があと三十分で戻るから、そろそろ暖房をつけておけ」と命令してくれればいい。

このようにゼロＵＩの究極の姿は、ただ対面型の液晶画面がなくなることではなく、人間が指示しなくても勝手に最適な情報やサービスを提供し、状態をつくっておいてくれるというところに行きつくでしょう。もはや重要なのは、パソコンでもスマートフォンでもありません。機器が中心なのではなく、かといって回線が中心なのではなく、アプリやコンテンツが中心というわけでもありません。回線・機器・情報・人工知能による分析が一体となった環境こそが、情報通信テクノロジーの本質ということになっていくのです。

これはもはや、従来の「コンピュータ」や「インターネット」というような用語で捉えることはできない、新しい概念です。私たちを取り巻く情報通信テクノロジーの環境がすべてをお膳立てし、私たちが無意識のうちに求めるものを用意していくという意味で、環境が知能をもつようになるという捉え方が適切かもしれません。従って本書では以降、このようなすべてが一体になっているコンピュータの環境を、環境知能と呼んでいくことにします。

自動化される環境知能

環境知能の実現のためには、情報を収集し、ＡＩで解析して特徴を見つけ提案していくという断続的な処理を、瞬時に行なえるようにしなければなりません。これまではスマートフォンや家電などから集められた情報をインターネットを経由してクラウドに送信し、クラウドでＡＩが解析するというのが主流でした。スマートフォンにＡＩのチップを搭載して処理する方法もあるのですが、スマホの処理能力には限界がある。強大な計算能力をもっているクラウドで処理するほうが効率がよかったのです。

しかしこの方法には二つ問題があります。

一つは、最終的に数千億台にも達すると言われる、世界中のすみずみに存在する膨大な機器から集まってくる情報をすべてクラウドに送信するというのは、負担が大きすぎるということ。もう一つは、遠くにあるクラウドに情報を送り、解析結果が手元に戻ってくるのを待っていると、かなりの時間の遅れが生じるということです。

これらの課題を解決する技術として、二つの技術が実用化されつつあります。一つは超高速で遅延がとても小さく、同時接続できる機器の数も多い無線通信規格「5G」。そしてもう一つは「フォグコンピューティング」。

フォグコンピューティングは、中央集権的なクラウドと端末のスマートフォンやパソコンの間に位置する、携帯電話の基地局や企業のオフィスなどの中間地点にサーバーを設置していく技術です（次ページ図11）。これを全国に広げていくことで、数万台ものサーバーが網の目のように設置されていくことになる。

たとえば街なかに設置されているたくさんの防犯カメラと顔認識技術を使い、犯罪抑止に使うことを考えてみましょう。

図11　フォグコンピューティング

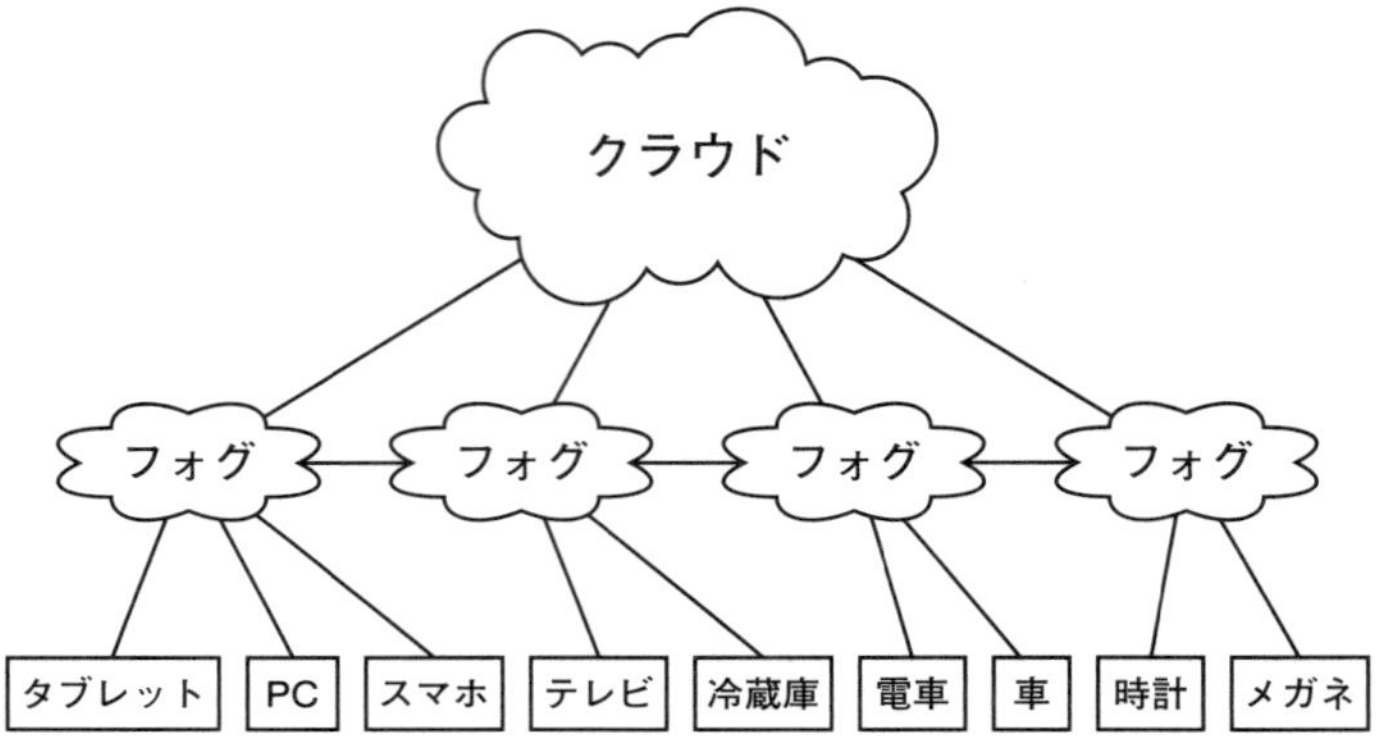

動画はデータ量が多いので、監視カメラ単体に内蔵されたＡＩのチップで顔認識を行なうのは負担が大きすぎます。かといって動画データをすべてクラウドに送ると、今度は回線への負担が大きくなってしまう。そこで携帯電話の基地局に置かれたサーバーに顔認識のアプリケーションを導入しておき、ここで顔認識の処理を行なえばいい。さらにフォグコンピューティングではサーバーどうしで分散処理するしくみもあるので、一台のサーバーでパワーが足りない場合には近隣のサーバーも巻き込んで協調して処理するということもできます。

フォグコンピューティングは単体のコンピュータではなく、中央集権的なクラウドでもない。言ってみればそれは、クラウドから機器までを網羅する広大なネットワークのあらゆるところにコンピュータがあるという連続体なのです。

インターネットが普及しはじめた黎明期《れいめいき》に、ユビキタスという言葉が流行したことがありました。もともとは「神の遍在」を意味するラテン語ですが、ここからコンピュータの利便性をどこからでも利用でき、あらゆるものがつながっている状態をユビキタスと表現するようになったのです。ただし当時のユビキタスは、あくまでも「利用する場所」が遍在しているだけであって、利用を支える計算がどこで行なわれるのかというところまでは考慮されていなかった。

これに対しフォグコンピューティングは、利用する場所も計算する場所も遍在していくという概念です。世界を覆いつくし、あらゆる場所で処理し、あらゆる場所でその処理結果を利用するのです。これは単に計算する場所が増えるということだけでなく、「ネットワークされた全体こそがコンピュータの本質になるのだ」という環境知能の夜明けを示しているでしょう。

環境知能は自動化が進んでいき、人間の手が介入する局面は徐々に減っていきます。いずれはそこで扱われるさまざまなアルゴリズムや数式、変数などのデータも、暗号通貨ビットコインで知られるようになったブロックチェーンのような分散管理技術で共有されるようになり、信頼性と永続性を高めていくということになるのかもしれません。

機械が中心になり、変数によって制御される巨大なインターネットは自律的に動き、もはや人間の操作をその都度には必要としません。そこでは人間は機械を操作するのではなく、機械がつくる包括的な空間の中に取り込まれて、機械によって支援されていく存在になるのです。

そこまで進めば、人間と機械の関係はより無意識的で、意識の下をただ静かに流れていく川のようなものになっていくのだと思います。

見えない支配

そしてこのような環境知能の進化が続いていけば、それは必然的に一つの世界観へと行きついていかざるを得ません。

それは、人間が面倒な選択をしないですむ世界です。より刺激的に言い換えれば、こういう可能性も視野に入れなければならなくなってくるでしょう。

「もはや人間が選択する自由をもたない世界」

そんな考えがありうるのか？と思う人もいるでしょう。選択の自由というのは、私たちの大切な権利ですから。

でも、選択の自由の価値というのは、すでに揺らいできています。

アップルの創業者であるスティーブ・ジョブズの生前のファッションを思い出してみてください。いつも黒いタートルネックのシャツにジーンズ、それに白っぽいスニーカーという姿でした。これはフェイスブックのCEOマーク・ザッカーバーグも同じで、いつも同じようなシンプルな衣類を身に着けています。ザッカーバーグはそのことについて質問されて、こう答えています。

「私は人生をもっと簡単にして、選択したり判断したりする回数を減らしたい。そうすることで、私がさらに良いコミュニティをつくっていくことを考える際にたくさん『判断力』を割くことができるから」

選択する、判断するというのはけっこう面倒な行為で、「選ぶ」ということに割くことができるわれわれの頭脳のリソースは有限なのでしょう。だから「判断疲れ」という症状も生まれてくる。どのティッシュペーパーやUSBケーブルを買うのかに悩んだりしているうちに、もっと重要なことを選ぶことさえ面倒になってしまうかもしれません。

だったらティッシュを選ぶのは思いきってやめて、仕事や人生の重要なことだけをきっちり選択できるように余裕をもっておいたほうがいい。どんな自由でも素晴らしいわけじゃない。私たちは、どの自由を優先するのかということも選んだほうがいいということなのです。

なめらかな没入を演出する技術は、ティッシュやUSBケーブルのような「どうでもいい」選択の自由については、いっそきっぱりと無効化する方向に進化しようとしています。世界的なデザイン企業であるヒュージ社のCEOアーロン・シャピロは、「先行予測するデザイン」を提唱しています。私たちの生活から不要な選択肢をなくして、本当に必要なものだけを決めてくれる代理人的なしくみが必要だと彼は考えていて、そのためには消費者が何を求めているのかを先行して予測し、提示するデザインが必要だと指摘しているのです。人々は選択の自由よりも、効率のよさや利便性を求めるようになっているということなのです。

このような方向に対して、警鐘を鳴らす人もたくさんいます。最も理論的かつ技術的にその問題をきっちり論じてきたのは、法学者である米ハーバード大学のローレンス・レッシグ教授でしょう。

レッシグ教授は、人間の行動を「制約」するものとして四つの要素を挙げています。

たとえばタバコを吸うという行為を制約しようとすると、まず喫煙を規制する法律があります。日本では二十歳未満の人はタバコを吸えませんし、二〇二〇年に施行される健康増進法では屋内は原則禁煙、学校や病院、行政機関は敷地内禁煙と定められています。自治体によっては、路上でタバコを吸うことを禁止しているところもあります。

法律だけではなく、社会の規範もあります。「他人のクルマに乗っているときは、タバコは吸うべきではない」「食事中はタバコを吸わないほうがいい」といったマナーがそうです。

さらに、市場の制約もあります。値段を上げれば吸えなくなる人が出てくるし、逆に種類を増やすなどして選択肢が増せば、制約は減ります。

そして四つめの制約として、テクノロジーがあります。ニコチンの多いタバコは中毒性が強いから制約が大きくなるし、においのきついタバコは吸える場所が限られているから制約が大きい。逆に無煙タバコは吸える場所が多いので、制約が減ることになります。タバコの製法や設計などを変えることで、制約の内容を左右することができるのです。レッシグはこれをアーキテクチャーと呼んでいます。建築とか構造といった意味ですが、彼はアーキテクチャーを人工的に設計し、人間の行動を物理的にコントロールできるしくみとして定義しています。

法律と規範、市場は目に見えるので、自分が制約を受けていると認知しやすい。でもアーキテクチャーは知らず知らずのうちに影響を受けていて、その制約を明示的に認知しにくいのです。

ファストフードの椅子の座る面を硬くすると長居する人が少なくなる、というようなこともアーキテクチャーによる制約です。しかし、お尻が痛くなってすぐに席を立った本人は「長く座っていると疲れるなあ。そろそろ出るか」と何気なく感じているだけで、よほど敏感な人でなければ、自分がアーキテクチャーに制約されているとは感じないでしょう。

レッシグ教授の議論は、人間は知らず知らずのうちにさまざまな「見えない支配」を受けているということです。しかし彼が主張しているのは、アーキテクチャーによる制約そのものを否定することではありません。アーキテクチャーがどのような制約を行なっているのかを、見えるようにしなければならないと訴えているのです。

ナッジの本質

このアーキテクチャーによる見えない制約を経済学の視点から論じたのが、行動経済学という二十世紀の終わりになって花開いた学問です。

二〇一七年、行動経済学の第一人者であるシカゴ大学のリチャード・セイラー教授がノーベル経済学賞を受賞しました。彼が提示した概念の一つに、「ナッジ」というものがあります。もともとの意味は「注意や合図のために、人の横腹を肘《ひじ》でやさしく押したり、軽くつついたりすること」。つまり、そっと注意を喚起するようなことを意味しています。

人間はつねに合理的な判断を下すわけではありません。古典的な経済学では、そういう合理的な判断によって市場経済が成り立つというようなモデルが描かれてきましたが、行動経済学ではそう考えないのです。人間は日常生活でいろいろなバイアスに影響を受けているのでまったく不合理な判断をしたり、直感的に考えてしまい、それが結果として誤ったことに導かれることも多いのです。そして思い出しては、困惑してしまう。「なぜあのような判断をして、あんな行動をしてしまったんだろう?」と。

こういう傾向を先読みしたうえで、正しい行動に導いていこうというのが、ナッジ理論です。

たとえば、放置自転車がたくさんあるような場所に「放置自転車をやめましょう」と看板を立てても、あまり効果はありません。でも「ここは自転車が捨てられている場所ですから、ご自由にお持ち帰りください」としたらどうでしょう。持ち去られるのは嫌だから、放置自転車は減ってくれそうです。

セイラー教授が紹介したナッジの例で、なんと言ってもいちばん有名なのは、オランダのアムステルダム・スキポール空港にある男性用トイレでしょう。男性は用をたすときにどうしても汚してしまいがちですが、ここの小便器には黒いハエの絵が小さく描かれていて、みんなそこを狙いたくなる。この結果、飛沫《ひまつ》の汚れが八〇パーセントも減ったそうです。

「これをやれ!」というような強圧的な命令ではなく、実はごくささやかな誘導だけで、人々の行動は意外と簡単に変わるものなのだ、ということをナッジは教えているのです。

セイラー教授は、ナッジは「リバタリアニズムでありパターナリズムである」と言っています。これは一見、すごく矛盾しています。なぜならリバタリアニズムというのは、他人の財産を侵害したりしない限り、完全な自由を求めるという思想。パターナリズムは真逆で、強い立場にある人が弱い立場の人に対して、「本人のためだから」という理由で介入するようなことです。「父権主義」という訳語もある通り、厄介で面倒なお父さんの強権というイメージです。

完全な自由と、父権主義。なぜこれがナッジでは両立するのかというと、人々の選択の自由は完全に確保されているけれども、知らず知らずのうちにその選択が良い方向へと向かわされていて、結果的に誘導されているからです。つまり「自分では自由だと感じているけれど、実は命令されている」というのがナッジの本質。レッシグ教授のアーキテクチャーによる制約に相通じるものがあります。

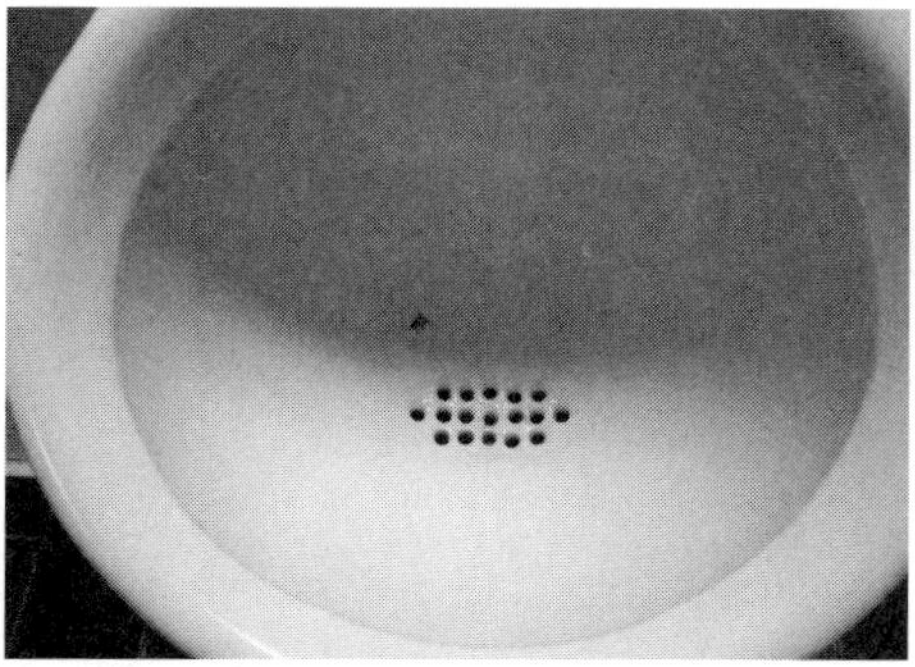
スキポール空港の小便器に小さく描かれたハエ

ナッジの考え方に、反感をもつ人もいるかもしれません。自由な選択こそが人間の素晴らしさであり、それを勝手に誘導するとはどういうことか！と。

私たちにたくさんの選択肢が用意され、そこから自由に選べ、それが最良の結果を招くというのであれば、それに越したことはありません。しかし実際には、人々のさまざまな判断や意志決定は決して合理的ではない。私たちが未来を予測するのには、いろいろなバイアスがひそんでいます。

たとえば私たちは、つねに惰性に流される。人はいろいろな選択肢があると、その中からつい現状維持や、あらかじめ用意されている標準的なものを選んでしまいがちなのです。自分が良い選択をつねにしている、と自信をもって答えられる人はいないでしょう。そんなことがつねに完璧にできているのだったら、アルコール依存症や肥満の問題はとっくに解決し、世界から消えてなくなっているはず。

社会問題についての解決も同じです。社会のできごとは複雑であり、第三章でも書いたように、単純な「因果の物語」で成り立っていることは少ない。たくさんの原因があり、その中から確率的に、時にはべき乗則によって、結果が生まれる。だから「雇用を増やそう」とか「人権を守ろう」というような大きなテーマを解決したいときにも、その問題を解決する選択肢は単純ではありません。

これも第三章で書きましたが、社会はつねに臨界状態で、指の腹のヤジロベエのようにふらふらと揺れていて、摂動（ごく弱い力）を与えただけでもすぐに倒れてしまう。時には倒れ方が激しくて、大崩落になってしまうことだってあるのです。

世の中を前に進ませることはとても大切ですが、単純すぎる選択肢で一気に進ませようとすると、求めた結果にはならないことが多い。シンプルで単純な選択肢を選んだだけでは、解決はしないのです。

ナッジは人を正しい方向に導くのか

ただ、ナッジといえども万能ではないことも理解しておく必要はあります。そもそも何がゴールなのか、そのゴールは本当に正しいのかということがナッジでは判断されていないからです。

ナッジは進化して、ビッグデータをＡＩによって分析することでさらに人々を誘導しやすくなってきていますが、ＡＩは「どう誘導するとうまくいくのか」という解決策を出すことはできても、「このゴールが正しいのか」ということまでは計算できません。

たとえばアメリカのあるスーパーマーケットで、フロアの入り口に「健康のためにこちらに向かおう」という大きな文字と野菜売り場を指した矢印を描き、ナッジを実施しました。この結果、野菜売り場の売上は九パーセントも増えたそうです。何もしないでいるとジャンクフード売り場に行ってしまうお客さんたちを、野菜売り場に誘導することに成功したのです。

しかし、日ごろジャンクフードを買っている人たちがナッジに従って野菜を買ったからといって、その人たちが自宅に戻って野菜を食べたかどうかまではわかりません。本当のゴールは野菜を買うことではなく、野菜を食べてもらうことのはずですが、スーパーマーケットの店頭だけのナッジでは、そこまではコントロールできないのです。全体最適化ではなく、部分最適化で終わってしまう可能性がある。

本当に全体最適化を目指すのであれば、野菜を食べて体重を減らし、日常的に運動するところまで誘導する必要がありますが、そこまではナッジではカバーしきれません。ナッジの評価の指標は人々の行動の変化なのですが、それだけでは足りないということなのです。

もう一つの問題は、レッシグがアーキテクチャー論で指摘した問題がナッジにも当てはまるということ。つまりナッジされた人たちは、自分がナッジに誘導されたことに気づかないのです。

ナッジやそれを支えるアーキテクチャーは、ＡＩが進化していけばますます的確なものになっていくでしょう。ナッジによる誘導はさらに巧妙になっていくはずですが、これが果たして正しい方向に人を導いているのかどうかという倫理的な問題はつねに残る。その倫理の問題を担保するためには、ＡＩがどのような判断をしているのかということを「見える化」していく必要があるでしょう。

とはいえ、現在のＡＩの主流である機械学習は、第三章でも説明したように、誤差逆伝播法で数字をたくさん積み上げていっただけの単純な計算です。「機械学習はどういうプロセスで結論を出しているのか？」と問われても、「大量の要素や重みの数字が集まっただけです」という答えしか用意できません。嫌味なＡＩだったら（もちろんそんな人間的な性格をＡＩはもっていません。冗談です）、こんなふうに答えるでしょう。

「なんなら、それらの数字を全部ここに並べてみましょうか？　あなたがその集合体から何かの意味を読みとれるのであれば、ぜひ」

ナッジもアーキテクチャーも精巧になればなるほど、人間に理解できる「因果の物語」ではなく、「機械の物語」によって動いていくようになっていきます。それを私たち人間は、どう受け止めるのか。

「人間の選択の自由はなくなり、機械が正しい方向に導いてくれるけれども、その理由は人間にはわからない」

こういう事態を私たちは引き受けることができるのかどうか。それはそもそも「人間的」であるのかどうか。そういう難問がこれから立ちはだかってくるのです。

抑圧があってこその自由

人間が選択しなくてもよく、自然とある方向へと誘導され、気がつけば良い結果に収まるというのは、一見すると非人間的に見えます。

しかし、レッシグ教授の議論に出てきた他の制約である法律や規範と比べると、一つ良いことがある。それは、いちいち法律や規範を覚えて意識していなくてもすむということです。

たくさんの人が押し合いへし合いして暮らしている私たちの社会は多様で面倒です。必要になってくる法律や規範も、人が少なかった古代と比べれば何百倍か何千倍にも複雑になっています。その中で間違いのないようにルールを覚えねばならず、うっかり誤ってしまうと、すぐさま他人から非難され、警察に逮捕されたり、SNSで罵倒《ばとう》されたりすることになってしまう。これはたいへん煩わしいことです。

自由な社会に生きる私たちは、どんな行動をすることも、どんな発言をすることも、基本的には自由です。しかし「自由にはつねに責任が伴う」と言われるように、法律や規範に反した行動や発言をすれば、その罪を負わなければなりません。

アーキテクチャーによって、ルールに反した言動が制約された世界が実現したら、どうなるでしょうか。そこにはルールを犯す自由はありません。自由はないけれども、うっかりとルールを犯してしまって人々から罵倒されるという不安もなくなる。つまりルールを犯す自由を失うことと引き換えにして、ルールを犯す罪から私たちは逃れることができるのです。

加えて、私たちは自然と誘導されることによって、自分で判断しなくてもよい結果へと収まることができる。ナッジがなければ、自分勝手な判断で手ひどく失敗し、でも「あなたが自分の自由な判断でその結果を招いたんじゃないですか？」と責任を押し付けられてしまう。だったら誘導されて、ひどい失敗を避けることができるほうが幸せなのではないでしょうか？

ここに浮上してきているのは、「人間性」にとって本当に自由とは価値のあるものなのか？という、とても困難な議論です。

私たちは、自由はとても大切なものであり、人間の権利の中で最も重要であると教えられてきました。しかし二十一世紀に入って、その世界観そのものが揺らぎはじめているのではないか。私はそう捉えています。

もちろん自由が大切なことは、自明です。それは多くの人が肯定している価値観です。二〇一八年に神戸大学と同志社大学が日本国内の二十歳から七十歳の男女にアンケート調査を行ないました。インターネットを使って九十万人以上に調査票を配信し、三万三千人あまりから回答があり、その中から信頼性の高い二万人分を抽出して分析しています。質問したのは、所得、学歴、自己決定、健康、人間関係の五つについて、幸福感と相関しているかどうかというものです。

この結果、最も幸福感に影響を与えているのは、健康。ついで人間関係、そして自己決定でした。進学先や就職先を誰が決めたかを尋ねた質問に対して、「自分で希望を決めた」

を選んだ人ほど幸福感が強く、逆に「まったく希望ではなかったが周囲のすすめで決めた」を選んだ人ほど、不安感が強かったといいます。ちなみに収入も幸福感に影響はしますが、自己決定の七割程度の影響しかなく、しかも世帯年収が千百万円を超えると幸福感は頭打ちになってしまうそうです。そして学歴は幸福感にはほとんど影響していませんでした。

この調査結果を見ると、選択の自由がまことに幸福に直結しているのだと言えるでしょう。

しかし一方で、この調査結果は回答者の「自己申告」であることと、そもそも自由という概念そのものが抑圧への反発として生まれてきているのだということにも留意しなければなりません。私たちは抑圧がそこに存在するからこそ、自由を大事に思う。意に沿わない判断を強《し》いられることは不自由であり、そこからの解放が幸せをもたらしてくれるのだと私たちは信じているのです。

選択の自由がもたらす「疲れ」

選択の自由が必ずしも幸せに直結しないという研究もあります。最も有名なのは米コロンビア大のシーナ・アイエンガー教授が行なった「ジャム実験」でしょう。

実験の舞台となったのは、サンフランシスコのスーパーマーケット「ドレーガーズ」。彼女は研究助手とともにイギリス王室御用達《ごようたし》のジャムブランド「ウィルキン&サンズ」の売り子になりすまし、スーパー入り口そばにある試食コーナーで各種のジャムを提供しました。数時間おきに二パターンの品揃えを入れ替えるという実験です。

まず、ウィルキン&サンズがつくっている二十八種類のジャムのうち二十四種類という大きな品揃え。もう一パターンはキウイ、ピーチ、ブラックチェリー、レモンカード、レッドカラント、スリーフルーツマーマレードという六種類だけの小さな品揃え。

さて実験を始めてみると、二十四種類のときは買い物客の六〇パーセントが試食に立ち寄り、六種類では立ち寄った客は四〇パーセントだけでした。ここまでは想像通りです。

また、どちらのパターンでも客が試食したジャムは平均二種類ぐらいでした。実験では試食した客全員に、ウィルキン&サンズのジャムを買うときに使える一週間有効の一ドル引きクーポンをプレゼントしました。試食コーナーでは販売はしていなかったので、クーポンを使った人はいったんジャムの棚に移動してそこでジャムを手にとり、レジに持っていく必要がありました。

面白いのはここからです。ジャム棚を実験チームが観察していると、二十四種類のパターンを見た客はとても戸惑っているように見え、長いときには十分以上も悩んだ挙げ句、結局何も買わずに手ぶらで去っていく人が多かったというのです。

それに対して、六種類のパターンに当たった客は迷いなく自分の好みのジャムを選ぶことが多かったのです。計算してみると、二十四種類のほうは試食した人のうち三パーセントしかジャムを購入しなかったのに、六種類のほうは購入率がなんと三〇パーセントにも達していました。

この結果を、どう判断すればよいのでしょう。かつてのソ連や東欧など、食品などの品揃えが不足していた冷戦期の共産圏であれば、スーパーに二十四種類ものジャムが置いてあれば人々は先を争って購入したかもしれません。しかし現代の先進国のスーパーにおいては、ジャムを選ぶということには抑圧などないのです。だから自由は戸惑いにしかならない。

加えて、これほど多様にさまざまな製品があふれている消費社会には、「何を基準に選択するのか?」という知識をじゅうぶんにもちきれない、ということもあるでしょう。

私は料理が好きで、妻と二人暮らしの食事はすべて私がつくっています。できる限りマンネリに陥らずにいろいろなものを食べたいので、さまざまな食材をもとに、日々新鮮な献立を考えるのが楽しみです。

だからスーパーマーケットや市場に立ち寄ると、どんな食材を買うのかは仔細《しさい》に検討します。唐辛子系の野菜を買うときも、ししとうかパプリカかピーマンか万願寺とうがらしか青唐辛子か、その時々の献立に合わせて選びたい。牛肉を買うときも同じで、和牛か輸入牛か、そして部位はモモかロースかバラかヒレかを選べるほうがうれしい。

なぜ食材の選択肢が多いほうがうれしいのかと言えば、私が料理好きで、どの食材をどんな料理に使うのかという知識が頭の中に入っているからです。

でも私は、日用雑貨についてはまったくくわしくありません。だから前にも書いたように、ティッシュペーパーやUSBケーブルの選択肢が多くても戸惑うだけで、うれしくない。誰かに「これがベスト」と教えてほしい。

数年前にキューバの首都ハバナに行こうと、旅行予約サービスで検索したことがありました。日本からハバナへの直行便はなく、途中のどこかで乗り継ぎしなければなりません。しかし、乗り継ぎの空港はメキシコシティーがいいのか、それともカナダのトロントがいいのか。いや、アメリカと国交を樹立したから米国経由のほうが便利なのか。マイアミからキューバはすぐそこだから、いったんロサンゼルスあたりで乗り継いでマイアミまで行って、計三回飛行機を乗り継いだほうが実は楽なんじゃないのか？　そして航空会社はどこを選べば安全で快適なのか？

調べだすと無限に可能性が広がっていくような感じがしました。最近の旅行予約サービスは選択肢をいくらでも増やしてくれるのだけれど、航空チケットの専門知識が乏しいと、何をどう選べばいいのかさっぱりわかりません。私の求めている快適さと時間、それに見合う予算のバランスを一発で提示してくれればいいのに、と悲鳴を上げたくなります。

ハバナ旅行は結局、エア・カナダの航空券でトロントを経由して往復することにしたのですが、本当にそれがおまえにとって完璧な選択だったのか？と問われると、まったく自信はありません。まあハバナの旧市街地のとても居心地のいい宿に泊まり、あの古いタクシーにも乗り、キューバの空気を堪能できたので満足はしたわけですが——。

専門知識のない選択に自由があっても、私たちは特にうれしくないのです。たくさんの選択肢を提示してくれるよりも、アマゾンでも誰でもいいから、信頼できる人がおすすめしてくれる製品を一択できるほうがうれしい。

消費社会に顕著になったこういう状態を、心理学では「判断疲れ」という用語で呼んでいて、無意味な衝動買いの原因にもなっていると指摘されています。

自由はほんとうに素晴らしいことか

私は東海地方の片田舎にある牧歌的な進学高校の出身なのですが、私が入学する少し前に制服が学生服からスーツ風のものへと変わりました。そのスーツ風のダサさがとても好きとは言えず（というよりもちょっと憎んでいた）、二年生のあるときに制服廃止を提唱してみたことがあります。

うまく賛同者が増えて盛り上がれば運動として展開していき、学校側に突きつけようという目論見だったのですが、同級生たちに提案してみたところ、意外にも「制服がいい」

という声が圧倒的。「どうして？」と聞いてみると、「私服を毎朝選ぶのが面倒くさい」「自分で選んだ私服がおしゃれじゃないと恥ずかしい」。

自由であることは素晴らしいと私は思っていたのですが、選択の自由は一方で面倒くささをもたらすのと同時に、自由であるがゆえに「自分の選択の良し悪し」を評価されてしまうという厄介な問題もはらんでいたのです。

日本では二十世紀の中ごろまで、見合い結婚が一般的でした。恋愛からスタートするのではなく、男女それぞれのプロフィールをもとに世話人と呼ばれるような人が適した結婚相手を探して引き合わせ、結婚に導くという制度です。結婚が個人と個人の自由な意思ではなく、家と家の間の関係だった時代の名残であり、選択の自由が少なく、社会に抑圧が多かった時代の象徴でした。

それに比べれば恋愛結婚は、自由への道でした。長い戦争が終わって日本にはアメリカから民主主義がやってきて、若者たちは自由を謳歌《おうか》しました。一九四七年に朝日新聞に連載された石坂洋次郎の小説『青い山脈』は、旧制高等女学校を舞台にして、戦前には禁じられていた男女交際が社会に開かれていく様子を誇らしく描いていて、二十一世紀の今読み返してもみずみずしい感動があります。

恋愛なんてものは不潔であり、結婚は世話人によって粛々《しゅくしゅく》と家どうしで決められていくものだという風潮が、この小説のころはまだ堅固でした。主人公の若い女性教師は、女学校の生徒たちに「恋愛をどう思いますか?」と問いかけます。ある生徒は思い切って打ち明けます。自宅の土蔵を妹と片付けていたら、父が母に宛てたラブレターの束を見つけた、と。頭がはげた父親と、しわが多くおばあさんになりかけた母親を思い合わせると滑稽にも感じたけれど、気がつけば妹とふたりして泣き出してしまったというのです。彼女は教室の中でしゃくりあげながら、こう語るのです。

「そして、私たちは……私と妹は、自分たちの両親が、普通の媒酌結婚でなく、理解と愛情によって結ばれた間柄であること、私と妹の生命も、そうした理解と愛情の中に芽生えたものであることを知って、何ともいわれない感謝とほこりの気持を覚えました」

恋愛結婚は自由の象徴だったのです。

しかし恋愛が当たり前のことになり、男女が二人で歩いていても、夜空の公園で抱き合っていても誰にも非難されなくなってくると、恋愛ができることがまともな人間の証明であるようにさえ捉えられるようになります。そうなると今度は逆に、「恋愛できない」ということが人間性の欠如であるようにさえ思われてしまいます。

誰もが恋愛できるわけではありません。身体や性格などに人と変わった部分がある人は異性に忌避《きひ》されやすいし、そもそも恋愛を好まない人だっています。

広告企業の博報堂で「独身生活者研究」を行なっている荒川和久は、「恋愛強者三割の法則」を提示しています。これは恋人がいる率は男女ともほぼ三割しかおらず、残りの七割は恋愛が下手で受け身だという指摘です。かつてはこの七割を救うために、見合い結婚や上司の紹介による職場結婚などが用意されていたのが、社会が自由でオープンになっていく中でこのようなお膳立てがなくなってしまい、結婚できない人が大量に生まれてしまった。二〇一〇年代になって、五十歳まで一度も結婚することがない人は男性で四人に一人、女性で七人に一人に達してしまっています。

二十一世紀になって、「恋愛しなければならない」が抑圧になってしまっているのです。これは「恋愛は許されない」という抑圧と戦っていた『青い山脈』の時代には、誰も想像もしていなかった事態でした。

一方で、抑圧だと思われていた見合い結婚にも、メリットはありました。それは見合いで結婚した相手と性格や生活習慣などでうまく合わず苦労したとしても、「この人は自分が選んだわけじゃないから」と責任転嫁できたということです。

恋愛結婚は、とても純粋な恋愛のゴールです。それは素晴らしいことなのですが、でも実際に新婚生活を始めてみたら予想と違って「ハズレ」だったという場合にも、自分ですべての責任を負わなければならない。「選んだお前が悪いんじゃないか」と言われてしまいかねないからです。

恋愛において結婚はゴールです。でも、見合い結婚は事前の恋愛が存在しない。だから結婚がスタートになって、そこから「意外にこの人いい人だな」「最初は興味ないと思ったけど、長く暮らしていると情が移るね」というしみじみとした情愛へとつながっていくかもしれない。もちろんそうなる保証もないのですが、少なくとも男女ともにスタート地点に立つことはできると言えるでしょう。

そのような長所短所も比べてみれば、恋愛結婚が最高に素晴らしく、見合い結婚は古い抑圧だという断定そのものが、逆に抑圧的なものになってしまうということも言えそうです。

自由は必ずしも素晴らしいことではないのです。恋愛の自由は、恋愛してはならないという抑圧への抵抗でした。でも古い抑圧が消滅してしまうと、自由だったはずのことが逆に新たな抑圧に転じてしまうこともあるのです。

「自分の人生を自由に選択せよ」という素晴らしいスローガンは、ときに私たちに苦しさを押しつけます。それで無理をして選択し、その選択の結果がうまくいかないと、「それはおまえが選択したからだ」と自己責任を迫られてしまうのです。

「私は選びたくなかったのに！　私の人生は誰かが決めてくれたのであれば、それなりにあきらめることもできたのに！」

そう叫びたい人もいるでしょう。

イスラム教というと、最近の過激主義者のイメージもあって、自由がなく抑圧的な宗教だと思っている人が少なくありません。でも本当にそうでしょうか。

イスラムでは、人の選択は人の決めることではなく、神のわざであると考えます。だから何かを選択し、それが失敗に終わったとしても、イスラムの人々はこうつぶやくのです。

「すべては神のお決めになったことだ」

人生はつらい。ままならないことが多い。無理に選択をしても、失敗に終わることはあります。いや、失敗に終わることのほうが多いかもしれません。そのときに、自由であるがゆえの自己責任を問われるよりは、神に責任を負ってもらうほうがどれだけ楽なことでしょうか。

豊かさか？　自由か？

自由についてもう少し考えてみましょう。

本書は政治の本ではないので、そちら方面にあまり首を突っ込むのは避けたいところですが、自由について考えるのであれば、中国社会のことを無視はできません。

中国は一九九〇年代に本格化した改革開放運動から、ぐんぐんと経済成長を続け、日本の国内総生産（ＧＤＰ）も追い抜いて、いずれはアメリカも超えると言われています。都市部では会社員の給与が上がり、中間層が増え、とても豊かになりました。しかし共産党独裁政権なので、政治的自由はありません。

では豊かな中間層は、自由を望んでいるのでしょうか。

中国階層社会の研究を行なっている東京大学東洋文化研究所の園田茂人教授は、九〇年代から二〇〇〇年代にかけて中国でアンケート調査をし、新しい中間層の人たちの多くは共産党の政治システムを支持して、言論の自由の制限を認めているということを明らかにしています。

中国は、官僚エリートを養成していくシステムをもっています。難しい試験を突破して官僚になった若者は地方に配置され、地方経済の立て直しや改革などで成果を出せば、徐々に中央へと取り立てられていきます。

最終的に共産党政治局常務委員に選ばれるリーダーたちは、きわめつきの頭脳と実行力と権謀術数《けんぼうじゅつすう》の力をもっていて、まさに超エリートと言えるでしょう。リーダーは選挙で選ばれているわけではないので、とても非民主的であり、おまけに贈収賄《ぞうしゅうわい》などの事件も多く、腐敗しています。

でも中国の中間層はこれを許容している。政治に対してあきらめの感情もあるのでしょうが、園田教授は、これは中国の伝統的な制度と共通しているとも解説しています。

昔の中国では、科挙《かきょ》という難しい試験を経て選ばれた「士大夫《したいふ》」と呼ばれたエリートがいて、人々の利害を考慮して政策を立て、人々の側も士大夫の行動を支持していました。士大夫に多少の腐敗があって私腹を肥やしていても、人々のためになる政治をしてくれるのなら、ある程度は許容するという考え方だったのです。

士大夫時代と同じように、現代の中国の中間層の人たちも、大きな政治的変化は望まず、社会の安定と成長、そして豊かな生活を享受するためには、言論の自由がある程度は制限されてもしかたないと考えています。

これは中国だけの現象なのでしょうか。

政治学者で米アイダホ大学大学院のジー・チェン教授は、このような政治観は中国だけでなく、シンガポールやマレーシアなど東アジアから東南アジアにかけてたくさん見られると指摘しています。またハーバード大学講師のヤシャ・モンクは、自由と民主主義の国ではなく、強権や権威主義と資本主義が組み合わさった国のほうが経済成長できるようになって、そういう国々が魅力的に映るようになってきていることを指摘しています。

西欧は十九世紀から二十世紀にかけてアジアやアフリカを植民地にしてきましたが、その根拠にしたのが「経済成長のためには自由と民主主義が必要」という主張でした。アジア・アフリカは遅れている専制国家の国々で、そのままでは西欧のように経済成長できない。だから私たちが強引にでも民主化して、経済を後押ししてあげるのだ、と。

でもこれはかなり強引な、後づけの議論だったことは否めません。

イギリスで始まった産業革命や、植民地から奪った富に基づいて経済成長が可能になり、豊かになれたからヨーロッパは民主主義が確立していったのだとも言えます。自由な民主主義と経済成長に相関関係はあるけれど、因果関係が逆で、つまり「逆相関」だったのかもしれないのです。

二十世紀後半はヨーロッパもアメリカも、そして日本も目覚ましいほどに経済成長できたので、この相関関係が美しく成り立っているように思えていました。一九八〇年代には独裁的なソ連が崩壊して、ますますそれは正しいように思えたのです。

ところがソ連が崩壊するのと並行して、ヨーロッパや日本の経済成長が鈍化していきます。一方で、自由で民主的ではない国々の経済が目立って伸びてきました。今では一人あたりの所得が上位十五か国のうち、中国をはじめ三分の二が非民主的な国々です。自由のない強権の国でも豊かになれる、ということが現実になっているのです。

こういう世界情勢を反映して、自由で民主的な欧米でも若者たちの意識は変化してきています。

モンクによると、アメリカでは「民主主義の社会で暮らすことが重要」と考えているのは、一九三〇年代生まれの高齢者だと七割に上りますが、一九八〇年代生まれの世代だとわずか三割しかいません。「強権的な指導者でもかまわない」と考える十八歳から二十四歳は、一九九五年の調査だと三四パーセントだったのが、二〇一一年には四四パーセント。さらに軍事政権でもかまわないと考えるアメリカ人は、一九九五年に十六人に一人しかいなかったのが、二〇一一年には六人に一人にまで増えているそうです。

自由であり、豊かであるというのが、二十世紀の欧米や日本の社会でした。でもそれが終わりに近づいて、豊かで安定した生活と、自由と、どちらかを選べと突きつけられている。どちらが大切なのかが、真剣に考えられるようになっているのです。

期待感のない自由は面倒なだけ

『マトリックス』というSF映画の傑作があります。一九九九年に公開されたこの映画で描かれる未来世界は、人間のほとんどは培養槽《ばいようそう》のようなカプセルの中に閉じ込められ、世界を支配する巨大コンピュータの動力源になっています。そして人々は、二十世紀の社会を模した仮想現実空間「マトリックス」の中で生きている夢を強制的に見させられています。このカプセルから覚醒した人々が、抵抗軍としてコンピュータの抑圧と戦うという物語です。

でも抵抗軍の人たちの生活は厳しい。老朽化した宇宙船のような工作船に乗り込み、ボロボロ服を着て、無味乾燥な食料で暮らしています。そのうち、この暮らしが嫌になってしまう人が出てくる。サイファーという登場人物は九年間の抵抗生活に疲れ果て、仲間を裏切り、マトリックス世界に戻ろうと画策します。

マトリックスは実在するものではない、と説得する仲間に対して、サイファーはこう語るのです。

「なあ、このステーキが存在しないのは知っている。俺がそれを口の中に入れると、マトリックスが、肉汁がたっぷりしていて美味いということを俺の脳に告げているのだということもわかっている。九年経って、俺が何を悟ったかわかるか？　……知らぬほうが幸せってことだ」

これを裏切りと非難するのは簡単です。でも、もはや豊かさと自由が同居していない二十一世紀の現実に生きる私たちにとっては、「あなたはマトリックスと抵抗軍のどちらを選びますか？」と聞かれて即答できる人は多くはないのではないかと思います。

第二章に登場してもらった心理学者ジュリアン・ジェインズは、有史以前の人々は自己意識をもたず、二分心と彼が名づけた神の声によって行動していたと考えました。人間には自由意思はなく、神の命令に従うだけの人生だったのです。

自己意識ももたず、唯々諾々《いいだくだく》と神に従うだけの人々は、幸せだったのでしょうか？

ジェインズは、彼らはたぶん幸せだったのではないかと考えました。なぜなら、現代の私たちをつねに悩ませてしまうような野心、怨恨、欲求不満などはいっさい存在していなかったから。そもそも個人の内面というものがなかったのだから、そんな葛藤は生まれようもなかったということなのでしょう。私たちは従順な飼い犬のように、ただ神の声に従っていればよかったのです。

ジェインズは書いています。

「〈二分心〉の時代には、〈二分心〉こそが社会を統制しており、恐怖や抑圧による支配はもとより、法律による支配さえなかった」

そして、こう続けているのです。

「人民は、おそらくそれ以降のどの文明よりも平和的で友好的だっただろう」

結局のところ、自由とは私たちにとって何なのでしょうか。

自由というのは、実のところそれだけで純粋に価値があるわけではない。逃れられなかった抑圧からの解放とセットになっていたからこそ、大きな価値があると人々は認めていたのです。

だから抑圧が薄れていけば、自由の価値も相対的に小さくなってしまう。近代が続き抑圧の過去が忘れ去られていけば、自由の価値も忘れられていくのです。それどころか、自由が逆に抑圧に転じてしまうこともあるのです。

そして自由は、自ら選びとれる未来への期待でもあります。

しかし世界が定常に向かっていくのに従って、選びとれる未来への期待が乏しくなっていけば、やはり自由の価値も小さくなっていく。

二十世紀に消費社会が始まったときに「自由に選ぶことができれば、きっと素晴らしい商品に出会えるだろう！」と私たちは期待しました。でも消費社会が円熟して行くところまで行ってしまうと、「ティッシュペーパーやＵＳＢ－Ｃケーブルにはたいして期待できない」ということを、私たちはもう知ってしまいました。期待感のない自由は、ただ面倒なだけなのです。収入がたいして増えないのに選択肢だけが増えていっても、得することは何もないのです。

未来への期待も、過去との関係も、だんだんと薄れていこうとしているのが二十一世紀という私たちの時代の特徴です。だったら自由を軸にして世界を語るのではなく、過去も未来もないこの瞬間の世界に対する期待を、構築し直さなければなりません。

それは、今この瞬間の世界につなぎとめられているという感覚ではないでしょうか。過去と未来という時間軸につなぎとめられている感覚ではなく、「今この瞬間の世界」につなぎとめられているという感覚。

それは本章で見てきたような、環境知性による世界への「なめらかな没入」だと言えます。

しかしまだ、それだけではじゅうぶんではない。

もう一つ、欠かしてはならない要素が実は残っています。

次章へと続きます。

第五章

摩擦・空間・遍在のテクノロジー

カセットテープがクール？

今この瞬間の世界につなぎとめられている感覚。それは世界へのなめらかな没入だけれども、それだけでは足らない。そこにはもう一つ欠かせない要素が残っています。

それは何でしょうか。

最近、カセットテープで音楽を聴くという行為が、ささやかに盛り上がっています。

カセットは古い時代の記録媒体で、小型のプラスチックケースに磁気テープが巻き取り収納されていて、専用の機器で録音と再生が可能です。テープが露出していないので取扱いがたやすく、一九六〇年代から八〇年代にかけて世界中に普及しました。

ただ磁気テープというのはくり返し聴いているとだんだん延びたり切れたりしてしまうため、耐久性が乏しく、九〇年代後半にミニディスク（ＭＤ）に取って代わられました。そのＭＤもとうに廃《すた》れ、その後はインターネット配信された楽曲データをパソコンや携帯音楽プレーヤー、スマートフォンなどに保存する方法に移り、二〇一〇年代になってからは、今度はスポティファイやアップルミュージックなどの月額課金のストリーミングサービスが広まり、これらが主流になっています。

今では音楽は手元のデバイスに保存されるものですらなくなり、つねに流れているものになりました。その流れからコップで水をすくい上げて飲むようにして、私たちは音楽を聴いています。音楽の世界でも、「なめらかな没入」が実現しているのです。

ストリーミングでは、レコードやCDなどのパッケージ時代の名残であるアルバムという概念は希薄になり、プレイリストやチャンネルなどのひとまとまりで聴かれることが多くなっています。二〇一一年の『キュレーションの時代』（ちくま新書）という本にも書きましたが、音楽をつくる側ではなく聴く側の選択によって、楽曲が選び直され、そのときの聴く側の気分やムード、好きなジャンルや傾向などによって共有されていくのです。ストリーミングはラジオの良質な音楽番組の選曲にも近く、ラジオとネット配信の混合物のようなものです。

第一章でも紹介しましたが、ケヴィン・ケリーは、自動車などのモノは、「固体」をつくる製造業から「流体」のサービスへと変わっていこうとしていると指摘しています。すべては流れていくものへと変わっていく。音楽もレコードやCDというパッケージはなくなり、電子データとして聴く人の手元に保存されているという実感さえなくなり、ラジオのように流れてきては空中へと消えていく流体となっていこうとしています。

ストリーミングも使いやすくなって、ますますゼロＵＩになっていくでしょう。スマホのアプリを開いて画面をタップすることさえ要らなくなり、そのときの気分や雰囲気に合わせ、「これが聴きたかったんだ」と思える音楽が先行予測されて流れてくる。

それは早朝、気持ちのいい緑あふれる公園を散歩しているときに、どこからか聞こえてくる鳥のさえずりや風のざわめきのようなものなのかもしれません。それとも映画やドラマの主人公が行動した際に、ときに勇壮な、ときに悲しげなテーマ曲が画面にかぶせて流れてくるように、人々の行動に合わせて流れ続ける私だけのメインテーマのようなものになっていくのかもしれません。

「なめらかな没入」によって実現される、そういう流れる世界に、なぜ今固形でゴツゴツとしたカセットテープが戻ってきたのでしょうか。

カセットはゼロどころではない、非常に面倒で手間のかかるＵＩをもっています。蓋を開けて枠に沿ってカセットテープを挿入し、パタンと蓋を閉めて、カチンと再生ボタンを押す。小さな擦過音《さっかおん》を立てながらテープが回りはじめ、ヒスノイズとともにアナログな音楽が聴こえてくる。今見ると、なにやら古代の宗教儀式のようです。

カセットブームの原点の一つになったのは、二〇一五年に東京・中目黒で開業したwaltz（ワルツ）というカセット専門店です。ここは新旧のカセット音源を販売するだけでなく、古いラジカセやカセットデッキを再生して販売もしています。

店主の角田太郎は、もともとは東京の伝説的レコードショップ「WAVE」に勤め、二〇〇一年からはアマゾンジャパンで幹部社員として働いていた人です。アマゾンというテクノロジーの最先端から、カセットというアナログな世界へという驚くべき転職です。角田は取材に訪れた私にこう話しました。

「多くの人がスマートフォンにイヤフォンをつないで音楽を聴いている中で、『それとはまったく異なるスタイルをもちたい』という尖った若者がいるんですよ。あえてレトロなウォークマンに、オールドスクールなヘッドホンをし、カセットテープをガチャガチャやりながら音楽を聴く。それが『クールだよね』という感覚があるんだと思います」

「ざらりとした空気感」を求める

面倒な手間こそが、クール。

その感覚は、実のところカセットに限らず、二十一世紀の文化のさまざまな局面で浮上してきているように感じます。

しばらく前に私は広告の仕事で、日本を代表する酒造メーカーの「第三のビール」担当者と対談しました。第三のビールというのはビールに似た風味をもつけれども、麦芽を使わずにアルコールなどを添加した発泡のお酒の通称です。二〇〇〇年代に入って認められた新しい規格で、酒税が安いため安価に購入できて広まったのですが、わずか十数年の間に醸造技術が進化してたいへん美味しく飲めるようになりました。

第三のビール担当の人は、私の眼の前できれいに磨いたグラスを傾け、缶の中身を注ぎ込みます。

「大ぶりのグラスは食器洗剤できれいに洗う。でも布ふきんで磨いてはいけません。繊維がグラスの内壁に付着すると、そこから泡が立って炭酸が抜けてしまうのです。できるだけ炭酸が抜けないように、繊維や油脂がグラスに残らないようにするのが秘訣です。テレビのCMでは盛大に泡が立っている映像を使いますが、あれは刺激的で旨そうに見えるからで、本当は泡が立たないほうが美味しいんです」

そう言いながら、彼は液体をしずしずと注いでいきます。

「最後に泡を分厚く乗せる。比率はグラス全体の三割になるように。これは体積の比率なので、底がすぼまっていて開口部が大きいグラスだと、見た目は八対二ぐらいになるようにすればいいでしょう」

手慣れた仕草でビールを注ぎ、私の眼の前のテーブルにグラスを置きました。泡はほとんど立っておらず、クリーミーな泡が乗っていて美味しそうです。私はそれを手にとって、一気に喉へと流し込みました。ほんのりと穀物の香りがして、そしてホップの苦味がすっと鼻を抜けていく。うまい。

「仕事を終えて会社を出た瞬間から、家飲みに向けたカウントダウンを始めちゃうんですよ。自宅の近所のコンビニの前を通過したあたりから、『ようし、もうすぐ家に着くぞ、うまいビールを飲むぞ』と、いよいよ心が高揚してきます。帰宅したら冷蔵庫から一本取り出して、ささやかな幸せを感じながらプシュッと缶を開ける。ゆっくりとグラスに注いだら、いよいよ待ちに待ったご褒美の時間です。喉がゴクゴク鳴るのを感じながら、ああ、美味しいな、今日も一日よく頑張ったなと満たされた気分になります」

ただ酒が喉を通るということではなく、会社を出て帰路につくところから飲むまでの一連の行為のすべてが、「楽しむ」ということなのです。高級ワインのような高いお酒でなくても、安い第三のビールであっても、じっくりと面倒な手間をかければ価格以上に楽しむことができる。

そういう行為というものへの愛おしさが、大事にされるようになってきていると感じます。コーヒー豆を手動のミルで挽いて、ゆっくりドリップする儀式を楽しむ人が増えているのも、その現れの一つでしょう。

カセットもコーヒーも、かつては「面倒で時間のかかる作業」と思われていて、それを省くことが進化だと考えられていた。しかし実際にゼロＵＩになってくると、逆に「面倒で時間のかかる作業」が愛おしさの対象になってくる。これは儀式的な作業が、「自分がじかに触れている」という感覚を取り戻すトリガーのようなものになっているのではないでしょうか。

かつては、ややこしい動作は単なる事前準備でしかなかった。時系列で考えれば、カセットの挿入は、音楽に触れる前段階でしかありません。音楽を聴くという行為そのものではなかった。だから面倒だったのです。

「カセットをデッキに挿入したり、レコード盤をプレーヤーにのせたりとか面倒なことをしなくても、未来には頭の中で想像しただけでいきなり音楽が流れてくるようになればいいのに」

でもそういう夢想が現実になると、音楽はあまりにも空気になってしまい、実体が感じられなくなる。音楽というのは単なる音の波動であり、耳の鼓膜を震わせて信号を伝えているのにすぎないのですが、しかし身体という物理をもつ私たち人間は、より強い身体性を期待してしまう。音楽を聴覚だけでなく、身体全体でつながりたいという欲求が浮上してくるのです。身体をもつ私たちは、なめらかな没入だけではなく、そこにざらりとした空気感を求めてしまうということなのです。

心地よい摩擦

さまざまなクリエイターが自分の作品を公開、共有できる「Behance」というSNSがあります。この創業者であるスコット・ベルスキーは、これまでデジタルの世界では摩擦のようなものは障害であり、時代遅れの慣習であり、乗り越えるべき壁というイメージで捉えられていたけれども、実はそうではないと語っています。

「アナログは摩擦の世界だ。摩擦だらけの経験と言っていいだろう。私たちはまったく摩擦なしの生活をすべきなのだろうか？　創造性はぶつかりあうことで生まれる。創造性を刺激するのは摩擦なんだ。何もなければ、物事は筋書き通りに進むだけだ」

先に私が表現した「ざらりとした空気感」というのは、つまり外界に接していることから生じる摩擦の感覚なのかもしれません。このアナログな世界に生きる身体をもった人間にとっては、摩擦はどうしても必要な身体感覚なのだと私は考えています。

身体がつながりたいと私たちが感じているのは、単なる音の集合体ではありません。メロディやリズムや楽器の音色とともに、そこに存在する空気も含めた、立体的な音楽のかたまりのようなもの。その空気と音楽が一体となった外界との間に感じる「摩擦」の感覚なのです。

日本のパンクバンド、銀杏《ぎんなん》BOYZの峯田和伸はカセットテープの音楽を、その音楽を流した「部屋の鳴りを聴いている感じ」だと語っています。ネット配信によるデータで聴く音楽が、音そのままであるのに対し、カセットは音楽が流れている空気を聴いているようだと言うのです。

「小学校五年生、僕が十一歳とか、あのころに初めて音楽を身近に感じた最初の入り口がカセットだったから、そこで流れた音を、そのままずっと味わっている感じがしますね」

かつては好きな音楽を手元に置いておこうとすると、高価なレコード盤を購入するしかありませんでした。オープンリールと呼ばれた録音テープはありましたが、とても高価なうえに扱いが難しく、一般の人が気軽に使えるようなものではなかったのです。

しかし、一九七〇年代に入るとカセットテープが普及し、安価に音楽を録音できるようになります。とはいえ最初のころは、レコードプレーヤーなどの音源機器とカセットデッキをケーブルで接続するノウハウがあまり知られておらず、テレビやラジオの前にカセットデッキを置き、内蔵マイクをテレビのスピーカーに向けて空気を経由させて録音するというようなことをやっていました。音を立てないようにそっと録音していたのにもかかわらず、途中でお母さんの「ご飯ができたわよ」という声が入ってしまって失敗し、というような経験は、当時に思春期をすごしていた人だったら誰にでもあるでしょう。

でも、そういう雑音の入ってしまっていたカセットテープが、何十年もの月日を経て聴き直すと、子どものころの家庭の空気がまさにそのまま閉じ込められていることに驚かされ、そして私たちはその空気に触れたことに感動して笑い、涙ぐむのです。

waltzの角田も、カセットの空気感について、私の取材にこう話していました。

「デジタルのほうが音質的には優れているんでしょうけど、耳に聴こえる心地よさっていうのはぜんぜん違う話。ノイズとかも含めた音のもっている魅力っていうんですかね。それがすごく心地よいっていう人が多いです」

彼はこの魅力を、定番のジーンズとして知られているリーバイス501の古着のようなものだと表現しています。

「高級メゾンのスラックスと古着の501と、どっちが穿き心地がいいかという話をしているようなものです。必ずしも、何万円もする高級なスラックスがいいというわけではないのです」

501の穿き心地というのは、まさに心地のいい摩擦でしょう。音楽の世界では音源だけでなく、ユーチューブなどで配信されるミュージックビデオでも、ざっくりした古着のような感覚を好むミュージシャンが多い印象があります。昔の8ミリフィルムを模したような、摩耗しざらついた映像にミュージシャンも聴いている私たちも、気持ちよさを感じるのです。

私たちが生きているこの空間は、ピュアではありません。さまざまなノイズに満ちあふれている。オーディオの世界では原音に忠実であることが最良であるとされ、そのものずばりの「ピュアオーディオ」という言葉もありますが、しかし音だけを純粋に抽出した音楽というのは、実はリアルではない。ノイズも一緒に閉じ込められている空気全体を閉じ込めている空間こそ、私たちにとっては身体感覚を伴ってリアルに感じるのだということは、逆説的であるけれども、鋭く真実を突いています。

デジタルの世界はピュアなデータだけで存在していますが、私たちはピュアなデータだけでは世界を感じとることができない。ピュアなデータのまわりにある空気感に加え、そこから生じる摩擦を欲しているのです。

摩擦をいかにコントロールするか

そもそも摩擦とは、いったい何でしょうか。

前の章でも説明したように、情報通信テクノロジーでは機械と人間の間に存在する隔靴《かっか》掻痒《そうよう》な感じのする壁をどう減らすのかということに、熱意が傾けられてきました。ユーザーインタフェイスという摩擦面をなくしてしまうゼロUIや、不要な選択肢というイライラをなくす「先行予測するデザイン」はまさに、摩擦をなくそうとする努力の賜物《たまもの》です。

これは情報通信だけでなく、機械や道具のあらゆる場面で見られます。自動車の駆動輪を支える軸受の部分に摩擦があると、せっかくのエンジン出力が奪われてしまい、余計な摩擦熱も発生してしまいます。そこで車軸と軸受の間に薄い膜をつくり、潤滑油を入れて滑らせる方法や、ボールやローラーを入れて転がすベアリングの技術が発達してきたのです。

とはいえ、摩擦が決して悪いわけではありません。

この世に摩擦が存在しなければ、テーブルがほんのわずかに傾いているだけでもコップはあっという間に滑り落ちてしまうし、そもそも人が道路を歩くことさえできません。木造住宅に使われている釘もすぐに抜け落ちてしまって、家はバラバラに壊れてしまう。さらにいえば、岩石や土砂も摩擦があるから互いにひっつきあって、同じ場所にいてくれるのであって、摩擦がなくなったら山は崩れてしまうでしょう。

つまり摩擦は必要なものですが、過度に摩擦が起きてしまうのはよくない。人間の機械技術の歴史は、この厄介な摩擦をどう手なずけるかということにエネルギーを注いできたと言ってもいいほどです。

信越本線というJR東日本の鉄道路線があります。今は北陸新幹線に代替されてなくなってしまいましたが、この路線の横川駅と軽井沢駅の間には碓氷《うすい》峠という急勾配の難所があります。ここは関東平野と長野や北陸を結ぶ重要なルートなので、物資を運ぶ方法が求められていました。当初は馬が鉄道を引く馬車鉄道が開業したのですが、これではあまりにも輸送力が乏しすぎます。そこで明治政府は、本格的な鉄道の計画に乗り出しました。

しかし碓氷峠は急勾配すぎて、普通の線路だと摩擦が足りません。鉄の車輪が滑り出して、登れなくなってしまうのです。

そこでヨーロッパから鉄道技師を招き、アプト式の計画が立てられました。これは二本のレールの中央に歯のついたラックレールというものを敷設《ふせつ》し、列車の床下にも歯車を装備させて、両者を噛み合わせることですべり落ちないようにするというものです。

歯車を噛み合わせると滑り落ちることはなくなりますが、線路の土台となる道床《どうしょう》にはものすごい力が加わります。特に橋梁《きょうりょう》の部分は道床の強さを保つため、大量のレンガを使ったアーチ橋が設計されました。

そしてわずか二年足らずの突貫工事で、一八九二（明治二十五）年に線路は完成します。この工事では五百人あまりの死者が出たとされていて、その犠牲の多さには言葉を失います。

今はもう鉄道は走っていませんが、美しい煉瓦のアーチが見られるめがね橋は観光名所になっていて、近くを走る旧中山道から車窓越しに仰ぎ見ることができます。クルマを降りて階段を上れば、鉄道の跡はきれいな遊歩道として整備されていて、橋梁やトンネルを越えていきながら心地よいハイキングを楽しめます。往時を偲《しの》ぶことのできる良い道です。

開業当時は、列車を引いているのは蒸気機関車でした。アプト式の急勾配を上っていくために機関車はあえぎ苦しみ、凄まじい量の熱と煤煙《ばいえん》を吹き出し、トンネルの中では乗務員もしばしば窒息して失神してしまったと言います。それでも最高速度は時速一〇キロ足らずしか出せず、普通の人がマラソンで走っているのと同じ程度でしかなかったのです。

太平洋戦争が終わり、信越本線に変化の日が訪れました。鉄道技術の進化で、もはやアプト式でなくても車輪と線路の摩擦だけで碓氷峠を上ることが可能だと考えられるようになったのです。

一九六三（昭和三十八）年には機関車二台で引っぱるしくみに変更され、その後も信越本線は長く首都圏と日本海側を結ぶ大動脈の一つとして活躍しました。しかし、一九九七（平成九）年に長野新幹線（現北陸新幹線）が開業。横川から軽井沢、篠ノ井《しののい》までの区間は廃線となって、碓氷峠の鉄道の歴史は終わりました。

北陸新幹線は横川駅を通らず、関東平野の北の端にあたる高崎駅を過ぎると北に大きく迂回し、円

めがね橋（碓氷第３橋梁）

碓氷峠で使用されたラックレール

を描いて碓氷峠のまわりを周回するようにして軽井沢駅へとつながっています。横川駅からかなり手前の安中榛名《あんなかはるな》駅から北陸新幹線に乗ると、軽井沢まではほんの十分。トンネルばかりで景色もほとんどなく、碓氷峠を偲ばせるような風情《ふぜい》は何もなく、あっという間に人気の観光地に到着してしまうのです。

鉄道の世界では摩擦のことを「粘着」と呼び、アプト式のように歯車を使うのではなく、鉄の車輪と鉄の線路の摩擦だけで走らせる方式を「粘着式」と言います。

空転しないよう摩擦の力を高めるのであれば、クルマと同じゴムタイヤを使うほうがいい。ゴムタイヤは素材そのものの摩擦が大きいのに加え、荷重がかかると変形して接地面積が大きくなり、これも摩擦を高めるのに寄与しています。しかし鉄道は大量の車両を連結して動かすため、あまりに摩擦が大きいと膨大なエネルギーが必要になってしまう。

鉄の車輪も、レールに完全な円で接しているわけではありません。車両の重みで車輪は歪んで、ほんのわずかな楕円形になっています。楕円形でレールに接地することで摩擦が生じ、空転しないですむのですが、しかしゴムに比べれば歪みはわずかで摩擦力もきわめて小さい。だから、小さなエネルギーで大量輸送ができるメリットがあるのです。

鉄の車輪はゴムと比べ空転しやすく、それをどう防止するかが、鉄道技術の発展の重要なテーマでもありました。

第一には、車輪の素材の進化もあります。あまりにつるつるに磨き上げてしまうと摩擦力が落ちるので、車輪に当たるブレーキのパッドの部分を工夫してざらざらになるようにしたり、車輪の研磨の方法を変えるなど、さまざまな工夫が行なわれてきました。砂を撒くという方法もありますし、また雨やゴミ、気温などで摩擦力は低下するので、これらを取り除く対策も考えられてきました。

もう一つ重要な技術としては、車輪の回転を抑えるブレーキの力が、車輪とレールの摩擦の力を超えない程度にバランスを保たせるというものです。

空転しそうになったらすかさずブレーキを緩めたり、エンジンの出力を抑えたりする。逆に空転から遠ざかったら、再びブレーキをかけて出力もアップする。このくり返しでバランスをとって、摩擦を制御していく。

これを自動的に行なう技術も進化し、空転が起きていることをシステムが検知したらエンジンのトルクを減らし、摩擦が復活したことを確認してトルクを回復させるということも行なわれています。

山岳地帯の多い日本では、まさにこのような摩擦のコントロールこそが鉄道技術の真髄だったと言えるのです。

摩擦が演出する「快感」

この摩擦と空転のバランスは鉄道だけではなく、私たちが日常的に操っているクルマや自転車でも同じです。

クルマで信号待ちをしていて、青が点灯したからといってアクセルペダルを思い切り踏み込む人は普通いません。そんなことをすれば、タイヤが空転してしまって危険だということを知っているからです。同じように走行中も、眼の前に人が飛び出してきたりといった緊急事態でなければ、急ブレーキを踏むことはありません。

タイヤが摩擦をなくして空転したり滑走したりしてしまうと危ないことは、手慣れたドライバーなら誰でも知っていることで、空転しないギリギリのところで制御しながらクルマを走らせているのです。

このギリギリは車種やタイヤの性能によっても変わってきます。クルマのタイヤに摩擦がなければ路面とグリップできず、クルマは前に進めません。エンジンを高性能にしすぎると、タイヤと路面の抵抗力の限界を超えてしまって、タイヤが煙を吐き、最後には滑り出してしまいます。だから摩擦力をコントロールして、滑り出さない程度に出力を留める技術が求められます。

長年乗り慣れている愛車のギリギリがどれぐらいか身体でわかるようになってくると、逆にギリギリにまで追い込んで急カーブの峠道を攻める、というような遊びに熱中する人も出てきます。これはかなり危険な遊戯なのですが、ある種、麻薬的な快感があります。滑り出す直前にまでピンポイントでアクセルを止め、出力と摩擦の微妙なバランスを保ちながら、コーナーを抜けていく。この超絶なバランスに自分の身を置いていることが、クルマという鋼鉄の塊を介在させているのにもかかわらず、身体的な快感をもたらしてくれるのです。

私は二十代のころ、日本アルプスや谷川岳などでの岩壁登攀《ロッククライミング》に熱中していました。クライマーといえば聞こえはいいのですが、実のところはまったく実力が伴っておらず、三流どころか四流か五流のへっぽこクライマーでした。とはいえ、夏に岩壁を攀《よ》じるときのなんとも言えない気持ちよさは、今でも身体がきっちりと覚えています。

岩壁登攀は、基本は二人一組です。二人の間は四〇メートルのザイル（ロープ）で結ばれ、トップが登っている間は、セカンドが自分の身を岩壁に固定した上でザイルを少しずつ繰り出し、トップが落ちても止まるように確保する。トップはザイルいっぱいの高さまで登ったら自分を固定し、今度はセカンドを確保する。そのくり返しで、大岩壁を少しずつ登っていくのです。

眼下を見れば、地面はときに数百メートルも下にあるわけですが、これほどまでに高いと、遠くに見えるものはすべて景色になってしまっていて、もはや高度感はありません。私は学生時代、クライミングと並行して高所のアルバイトをしていたことがあります。ビルの屋上に広告看板を取り付ける仕事だったのですが、道路や地面がすぐそこにあって近くに見えるだけに、こちらのほうが怖く感じました。

クライミングには三点確保という基本動作があり、両手両足という全部で四つの接点のうち少なくとも三か所は岩から離さないようにする。怖くて岩に身体を張り付かせてしまうと逆に滑り落ちやすくなるので、身体は岩から離しバランスを保つ。これらの基本を保っていれば、難易度の低い岩壁ならそう危険はありません。

この基本を保ちながら、岩壁をぐいぐいと登っていく。このとき気持ちよさを感じるうえでの大事な要素として、履いている靴と岩の摩擦があります。これを日本のクライミングの世界ではフリクションとカタカナで呼び、「フリクションがいいね」「フリクションが効いてる」といった言い回しで使います。とくに気持ちよいのは、夏から秋にかけての乾いた花崗岩《かこうがん》の壁を、質のよいクライミングシューズで攀じっているとき。

花崗岩は、火山のマグマが地下でゆっくりと冷えて固まった深成岩《しんせいがん》の一つです。墓石にもよく使われている御影石《みかげいし》は花崗岩のことです。墓石は磨かれているのでつるりとしていますが、自然の中に露出している花崗岩はとてもザラザラしている。中に含まれている石英《せきえい》などの鉱物が大きな結晶になって固まっているため、粒子が粗くなってザラザラとした感触を生み出しているのです。

一方でクライミング専用のシューズは、普通の靴にあるようなデコボコのパターンがなく、フラットです。デコボコのパターンは細かい土砂や泥、水、雪のある場所では地面にソールを食い込ませるために必要なのですが、乾いた岩の上ではフラットなゴムのほうが摩擦力が高くなる。

そしてこのつるんとしたフラットなゴムのソールと、ザラザラと粗く乾いた花崗岩の組み合わせによる摩擦はまさに官能的で、摩擦感において「世界最強の気持ちよさ」と言ってもいいほどでしょう。

私が登山を始めた十九歳のころは、ちょうどフリークライミングの波が日本に入ってきた時期でした。とはいえ、山岳会には古いスタイルの先輩たちもまだたくさんいて、ビブラム製のデコボコパターンが刻まれたごつい登山靴で岩壁を登っている人が多かったのです。服装もチェック柄のネルシャツにニッカボッカ、それに工事現場風の形状のヘルメットという古色蒼然《こしょくそうぜん》としたものでした。

やがて、東京の登山用品店でもフラットなクライミングシューズが手に入るようになり、若手のクライマーを中心にフリークライミングに挑戦する人たちが増えていきます。新しいカッコいいスタイルに憧れて私もシューズを購入し、当時フリークライミングの聖地として有名になっていた奥秩父の小川山に向かいました。

この山は樹林に覆われていてハイキングの対象としてはあまり面白くないのですが、あちこちに岩峰や大岩が顔を出していて、これが短いクライミングの格好の素材になっています。しかもここの岩は素晴らしいことに、すべて花崗岩なのです。

クライミングシューズを履いて、初めて小川山の花崗岩にトライしたときの感動は今でも思い出します。

数ミリくらいの小さなスタンス（足場）があり、しかも外側に向いてきつく傾斜していて、それまでの登山靴ではとうてい足が乗りそうにないように思えたのに、おそるおそるクライミングシューズのつま先を引っかけてみると、きゅっとフリクションが効いてじわりと体重を乗せられました。そして、身体をすっと立ち上げることができたのです。

「おおっ。俺は、俺は、この岩壁に立ってる！」

と思わず心の中で叫んでいました。

一九八〇年代にフリークライミングが普及する以前は、日本では人工登攀《とうはん》と呼ばれていたエイドクライミングが中心でした。

これはどういうものかというと、アブミという短い縄ばしごを二つ使うのです。ごつい登山靴では手がかり足がかりが少なく、岩がひさしのように出っ張っているオーバーハングなど困難な壁は登れません。そこで岩の割れ目にハーケン（クサビ）を打ち込み、割れ目がないところには強引に穴を開けてボルトを埋め込み、これらにアブミを掛けて体重を乗せ、さらに先のハーケンにもう一つのアブミを掛けてそちらに乗り移り、体重を移行できたら下のアブミを回収してさらに上のハーケンに掛け……という方法で難所を乗り越えるのです。

これはこれでたいへんな登攀技術で、体重をどううまく移行し、三段あるアブミの最上段にどううまく乗り移るのかといった難しいテクニックが必要でした。

しかし人工登攀には、フリークライミングのような岩と一体化した気持ちよさはありません。どちらかといえば、道具を使って岩をねじ伏せているような、征服しているような強引な感覚です。

言い換えれば、アブミの人工登攀には、クライミングシューズで感じたような摩擦の気持ちよさが生まれにくいということです。身体と外界が、摩擦によって接しているから私たちは気持ちよさを感じるのですが、そこに扱いづらい道具＝機械がはさまってくると、摩擦の気持ちよさは薄れてしまう。

ここには身体と道具、外界という三つの関係についてのヒントが隠されているように思えます。

摩擦は、外界からの反発です。もし反発がなく、前章で書いたような「なめらかな没入」があるだけでは、私たちは身体感覚を得られません。花崗岩の岩壁にフリクションを感じるから、私たちは身体の気持ちよさを感じるのです。

逆に、まったく摩擦を感じないようななめらかな動きのエスカレータはどうでしょうか。

ほとんど無意識のうちに上階に上がることはできますが、そこに快感は生じにくい。なめらかに没入しているからです。

ちょうどよい摩擦は、世界と一体になっている感覚を得ることができます。新幹線や旅客機は余計な摩擦を感じさせない便利な乗り物で、私たちをくるんで空気も含めてまるごと運んでくれます。しかし、そこには身体感覚はなく、世界につなぎとめられている感覚はありません。だから乗っている間は苦痛でしかないのです。

世界につながる感覚は、世界と一体化することではないということです。つねにそこには摩擦という壁があり、その壁を障壁と感じずに、気持ちよいと感じるかどうかが大切なのです。

摩擦を意図的につくる

昔からSFやアニメの世界では、人間が世界と一体化していくような夢が描かれてきました。

一九九〇年代に大ブームとなったアニメ『新世紀エヴァンゲリオン』の「人類補完計画」では、人々は心の壁を取り払い、個体であることを捨てて一つになり、争いもいさかいもなくなり、すべての魂がやすらぎによって包まれるという壮大な物語が語られました。人類補完計画が実現すればやすらぎは得られるのかもしれません。しかし、その世界には摩擦は存在せず、身体の気持ちよさは得られず、生身の肉体の記憶をもっている私たち人間は、最終的には世界につなぎとめられる実感など得られないのではないかと思います。

この摩擦の感覚を、現在のテクノロジーはどの程度実現できているのでしょう。

摩擦を擬似的に表現するための技術として、フォースフィードバックがあります。デジタル空間では電子が流れるだけで、物理的な機械の駆動がほとんど存在しません。フォースフィードバックは、これを代替するための手段の一つです。

たとえばクルマは機械のかたまりのように見えますが、ブレーキペダルとブレーキパッドは機械的につながっていません。ペダルが踏み込まれるとセンサーでその動きを検知して、電気信号によってブレーキパッドに伝えられ、出力された信号でパッドを動かし駆動輪に圧力を加えて止めるのです。アクセルやハンドル、変速なども同じで、機械ではなく電気信号によって伝えられるドライブ・バイ・ワイヤーと呼ばれるしくみになっています。

自動運転は、ドライブ・バイ・ワイヤーなしには成り立ちません。コンピュータが判断してアクセルやブレーキ、ハンドルを動かすためには電気信号経由であることが必須だからです。

しかし物理的な接続がないと、人間は摩擦を感じとることができません。熟達した人間のドライバーは、タイヤがどのぐらい道路をグリップしているのか、エンジンがどのぐらい吹けているのか、ブレーキの踏み込みに車輪がどう抵抗しているのか、という皮膚感覚で運転しているからです。

この摩擦の感覚を取り戻すため、フォースフィードバックによってドライバーに擬似的な「アクセルを踏んでいる感覚」「ブレーキを踏み込んでいる感覚」「車輪が路面をグリップしている感覚」を伝えているのです。

ハンドルの場合だと、角度センサーでハンドルがどのぐらい回っているのかを認識し、事前の設定に基づいて反発を擬似的につくり出し、反発して戻ろうとする力をハンドルに加えています。またタイヤにもセンサーを設置して、悪路を走っているのか、滑りやすい雪面を走っているのかというデータを瞬時に取り出し、これをハンドルの感覚にフィードバックしているのです。

フォースフィードバックはパソコンのような情報機器にも応用されるようになっています。

たとえばアップルは二〇一五年から、マックブックシリーズのトラックパッドにこの技術を採用しています。トラックパッドを指でタップすると、物理的なクリック感があり、カチッと音もします。でもこれは実は錯覚で、実際にはトラックパッドは物理的にはまったく動いていません。

これを確かめるのには、マックOSのシステム環境設定でアクセシビリティのメニューから、「マウスまたはワイヤレストラックパッドがあるときは内蔵トラックパッドを無視」というオプションにチェックを入れてみればいいでしょう。そして外部マウスを接続し、内蔵トラックパッドを触ってみると、まったくクリックできないことに驚きます。

内蔵トラックパッドの裏側には、いくつかの振動モーターが装備されていて、ユーザーがトラックパッドの表面にタッチすると反応して振動し、これが「押した」感覚を仮想的に実現しているのです。

これはまだトラックパッドにしか使われていませんが、アップルはスマートフォンやタブレットのタッチスクリーンにも将来採用する方向だとされています。可能になれば、今はまったく押した感覚がなく頼りない液晶のソフトウェアキーボードに、物理的なキーボードと同じタッチ感覚を備えさせることも可能になるでしょう。

私は二〇一八年発売のタブレット、iPad Proを、アップルペンシルと組み合わせて使っています。アップルペンシルを液晶タッチスクリーン上で走らせると、文字がかすれたり途切れたりすることなく、ペンの動きに液晶はきちんと追随してくれて、きれいに文字や絵を描くことができます。非常になめらかで、まるで本物の万年筆やボールペンを使っているようです。

しかし一点だけ、どうしても物足りない部分がある。それは「ペン先に抵抗がない」ことです。液晶のタッチスクリーンはガラスでできていて、アップルペンシルのペン先はプラスチックです。このため引っかかりがなくとてもなめらかなのですが、それはなめらかすぎて、摩擦がないのです。

万年筆やボールペン、鉛筆などで紙に文字を書くとき、私たちは筆の小さな振動を通じて、ペン先が紙をひっかく摩擦を感じている。この摩擦が気持ちよいペンが好まれます。あまりにも引っかかると書きにくく、イライラします。でも逆に、引っかかりがなさすぎても物足りない。この絶妙な摩擦のバランス感覚の場所に、私たちの心地よいペンの感覚は成立しています。こういうアナログなペンの摩擦感覚がデジタルにも求められている。タッチスクリーン上のソフトウェアキーボードにも同じことが言えます。画面に表示されているキーボードをタップし、文字を入力するというUIがスマホやタブレットでは一般的ですが、摩擦がいっさいありません。パソコンなどに装備されている物理的なキーボードをカタカタとタイプするときの気持ちよさと、「たしかにタイプしている」という摩擦感覚がタッチスクリーンにも実現すれば、文字をタイプする気持ちよさは格段に高まるでしょう。

デジタル世界における摩擦の感覚というのは、人間と機械がどう付き合うのかという根源的なテーマでもあり、メディアアートなどの分野でもよく取り上げられています。よく知られているのは、米マサチューセッツ工科大学メディアラボ副所長である石井裕の一連のプロジェクトでしょう。

彼は、音楽や画像などにどう「触る」ことができるかということを、タンジブル・ビッツ（デジタルのビットに触る）と呼んでいます。たとえば「ミュージックボトル」という作品は、ボトルの蓋を開けると音が聞こえてくる。ボトルに接触スイッチを内蔵させるという単純なしくみですが、音を聴くという聴覚と、蓋を開けるという触覚を融合させていて、音に触る感覚を物理的に実現しているのです。

私は二〇一三年に東京都現代美術館で開かれた「うさぎスマッシュ展」で石井と対談しましたが、彼はこのタンジブル・ビッツについてこのように語っていました。

「ものを見るとき、皆さんが見ているのは、水面の上に浮上した部分だけにすぎないのです。水面下にある部分は見えない。だからマウスやキーボード、タッチスクリーンといったインタフェイスを使わなければならない。ダイレクトではありません。そこに存在しているものを、表面からタッチしているにすぎません」

ミュージックボトル

この水面下の存在、つまりデジタルの画像や音源という普通は触れられないものを、どうやって皮膚感覚に変えていくのかということです。
キャンバスに描かれた絵画やレコードに録音された音楽は固定されていますが、インターネットが普及した世界では、絵や音は固定とは限りません。前に紹介したケヴィン・ケリーが指摘したように、デジタル化されると

inFORM

すべては固定ではなくなり、つねに流れ、変化していくものへと移行します。水面下のデジタルは日々刻々と変化しているのに、水面上の物質は固く変化しないのであれば、それは摩擦を本当に実現しているとは言えないのではないか――石井はそのように考え、変化し流れるデジタルに触れる摩擦感覚というものを求めて、タンジブル・ビッツの次にラディカル・アトムズという概念を提唱しました。

たとえば「inFORM」という作品では、一千本の金属のピンを横に並べて地形図のようなものを表現し、それぞれのピンがモーターで上下するようになっています。遠隔から人間が手で触れることができて、人間の操作に合わせて山の形が変わる。つまり人間が直接介入できる物理世界と、遠くにあるデジタル世界が連動しているのです。

摩擦を擬似的に表現

ここでいったん、前章の議論に立ち返りましょう。

前章で私は、デジタル世界は私たちを取り巻く環境と一体になっていき、UIの存在さえ感じさせない「なめらかな没入」を実現しようとしていると書きました。しかしフォースフィードバックの技術やラディカル・アトムズのアートは、没入とは相反するような摩擦を意図的につくり上げようとしています。

これは、テクノロジーの進化に逆行した流れなのでしょうか?

いいえ、そうではありません。

ここで、テクノロジーと身体の感覚がどのように連携しているのかを考えてみます。

ナイキが販売している「フリー」というランニングシューズのシリーズがあります。私はフリーのラインアップの中でも、フライニットという編み込みになっているタイプを偏愛して、ランニングのときは欠かさず履いています。フリーはたいへん薄いソールをもち、さらにフライニットだと柔らかいニットで足を密封してくれる感覚があり、足との一体感が非常に高いのです。

ナイキの公式サイトには「地面と一体になり、その質感や温度を足裏で感じながら走る。この素晴らしい感覚」と書かれています。ソールが薄いので、未舗装道を走ると足裏にかなり刺激を感じます。舗装道であっても、アスファルトの小さな凹凸を感じることができる。でもこれは不快な摩擦ではありません。

この感覚を因数分解してみましょう。

ナイキフリーを履いているとき、私と靴は一体化しています。一方で靴と路面の間には、ざっくりした摩擦がある。靴を通して、私は路面との摩擦を感じているのです。

では、私と靴の間には摩擦はなくてもいいのでしょうか？

実はここに、摩擦が「なめらかな没入」と溶け合っていくカギが隠されています。

摩擦というのは、外界と私たち人間の接触する面に生じるザラザラとした感触です。なめらかな没入は、機器と私たちが一体化し、機器の存在を感じることさえなくなっていくということです。摩擦となめらかな没入は、一見すると矛盾しているように思えます。

前章のＵＩとＵＸの説明で、箸とナイフ、フォークについて説明しました。箸を使い慣れていない欧米の若者は、箸で料理をつまんでも、その食材に触れている摩擦を気持ちよく感じることはできません。使いづらい箸を操ることに意識がもっていかれてしまって、箸が自分の身体の延長になっていないからです。

でも箸を子どものころから使いこなしている東アジアの人は、つまみ上げた食材の柔らかさや硬さ、ぷるるんという摩擦を箸の先で感じとることができる。なぜなら東アジア人と箸は、なめらかに没入しているからです。

これを図解してみると、次のようになります。

箸を使い慣れていない人 ↓ 不快な摩擦 ↓ 箸 ↓ 摩擦が感じられない ↓ 料理

箸を使いこなしている人 ↓ 箸 ↓ 心地よい摩擦 ↓ 料理

前者では、人間と箸の間に距離があってなめらかに没入しておらず、だから料理という外界との間に気持ちよい摩擦を生み出すことができません。しかし後者だと、人間と箸がなめらかに没入しているので、箸は人間の身体の延長となり、料理との間に気持ちよい摩擦をつくることができます。つまり、箸という機器と私たちがなめらかに没入しているがゆえに、外界との摩擦が気持ちよくなるのです。

言い換えれば、私たちは機器と一体化することによって、外界に直接触れる気持ちよさを機器を経由していても得ることができる。

機器を経由せず、生身の身体が直接に外界に触れても、同じような気持ちよい摩擦を得ることもできるでしょう。インドなどでは食事は右手で直接食べますし、日本でも寿司を手で食べる文化が生き残っています。これらの食事の際の手の感覚はとても気持ちよく、箸やフォークで食べるときとはまた別の感動があります。

しかし料理の摩擦感覚は、手食のほうが箸よりもすぐれているわけではない。手食には手食のよさがあり、箸には箸のよさ、フォークにはフォークのよさがある。

私たち人間は長い年月をかけ、徹底的に道具を使いこなしてきました。使い慣れた道具であれば、手足の延長のようにして使うことができる。それは産業革命の後に機械が登場してきて、今またデジタルな機器が普及してからも変わりません。身体にぴたりと密着したナイキフリーやファイブフィンガーズのようなランニングシューズであれば、裸足で走るのと同じような感覚で走ることができる。

さらに道具のメリットとして、自分の身体が到達する距離を伸ばすことができるということがあります。熟練した剣士は、鋭い剣の切っ先にまで自分の身体を拡張させ、切っ先が届く範囲にまで自分の身体を大きくすることができます。

東京都内で路線バスに乗っていると、ベテランの運転手はあの長い車両をまるで自分の身体のようにするすると動かすことができる。世田谷あたりの「こんな細い道や小さな交差点を通れるんだろうか？」と思うようなところでも、きれいにハンドルを切ってバスをスムーズに操り、角のブロック塀にぶつからないようにぎりぎりに取り回してしまいます。運転手の身体は、バスの長さと高さにまで拡張されているのです。

残念ながら二〇一〇年代の今、情報通信テクノロジーは「なめらかな没入」には達していません。たとえばツイッターに投稿しようと思ったら、まずスマホを取り出し、画面ロックを解除し、ツイッターのアプリを起動し、タップして投稿画面を開き、ソフトウェアキーボードから書き込み、「ツイート」ボタンをタップする。これだけの作業が必要です。この面倒な手続きがあるために、ツイッターのアプリの向こう側に広がっているたくさんの人々の世界にじかに触れている摩擦感覚が得られません。

私たちはSNS上で、他者のアカウントをプラットフォームの中に存在する仮想のアバターのように捉えています。しかしこれでは、本当はそこに生身の人間がいるのだという実感が得られません。だから、現実の空間ではとうてい口にできないような、不快な言葉や罵倒を投げつける人が後を絶たないのかもしれません。

ＳＮＳのテクノロジーがこれから進化し、たとえばＶＲ（仮想現実）やＭＲ（混合現実）も駆使してアプリがなめらかな没入を実現できるようになり、その向こう側にいる生身の人間を直接感じることができるようになれば、他者とのコミュニケーションに身体感覚が戻り、摩擦をもっとリアルに感じるようになるでしょう。罵声を送ったら、相手がどう受け止め、どう感じているのかをまるでボディランゲージのように感じとることもできるようになるかもしれません。

ＳＮＳはそうなったときについに本領を発揮し、他者と私たちは直接皮膚感覚で向き合うようになるのです。

現状のＶＲやＭＲでも同じことが言えます。

今のヘッドマウントディスプレイは大きくて重く、うっとうしい。つねに機械の存在を意識せざるを得ない。しかしこうしたテクノロジーもいずれはゼロＵＩになっていって、なめらかな没入感を実現するようになるでしょう。

同時にＭＲを経由して触れる仮想空間や現実空間との間には、心地よい摩擦が実現されなければなりません。それは視覚だけでなく、触覚や嗅覚のようなものまで含まれるのかもしれませんが、いずれにせよ仮想現実がそこに実際に存在するのだと感じさせられるような摩擦を再現することが大切になるのです。それによって私たちは、その仮想世界と直接向き合っていて、仮想世界につなぎとめられているという実感を得られるようになる。世界につなぎとめられている、というのは究極の感覚です。すべての鎧《よろい》を脱いで、裸で世界と向き合っている感覚なのです。

しかし——ここで一つの疑問が湧いてきます。

もし、外界や他者と直接に皮膚感覚でつながるのであれば、それは現実空間で可能ではないか？　わざわざ情報通信テクノロジーを使う必要はどこにあるのだろうか？

現実の空間でつながることができるのであれば、それに越したことはありません。究極の皮膚感覚的ランニングは、ナイキの高性能な薄いランニングシューズを履くことではなく、鍛え上げた裸足で地面を蹴って走ることでしょう。

しかし情報通信テクノロジーは、現実空間にいる私たちには不可能な皮膚感覚を二つもっているのです。

一つは、自分のまわりの世界が三次元的に認識できるようになること。

もう一つは、眼の前の現実空間にいる外界だけでなく、時間も空間も超えて外界につながれる「遍在」を可能にするということ。

摩擦の感覚に加えて、三次元感覚と遍在感覚。この三つの感覚を実現していくのが情報通信テクノロジーの究極の目標といっても過言ではありません。

三次元感覚とは何か

三次元感覚と遍在感覚について、順に説明していきましょう。

まず三次元感覚について。

何年か前に、東京で「ダイアローグ・イン・ザ・ダーク」というエンタテインメントを体験したことがあります。これは一九八〇年代にドイツで始まったイベントで、視覚障害者がどのように世界を認識しているのかを体験できるのです。参加者は小さなグループにまとめられ、完全に光が遮断《しゃだん》された建物内で、視覚障害者のスタッフに先導されながら、暗闇のコースを歩いていきます。

私はその日、友人と待ち合わせをして東京・神宮前の会場に向かいました。普通のビルの中に会場は常設されていて、受付もごく平凡なたたずまいのオフィス。私たちを含めその日に集まった八人が簡単な説明を受け、やがて照明が落とされ、暗闇の中でスタッフが登場し、コースがある別の部屋へと進むように誘導されます。

踏み込んでいった先の暗闇には、草の匂いが濃厚に立ち込めている、森のような場所。川の瀬音や小鳥の鳴き声も聞こえます。本当に樹々の中にいるように感じました。単なるオフィスビルの一室のはずなのに、視覚を奪われ、聴覚と嗅覚に頼っただけでリアルにそんな風に感じたのです。樹木の幹や葉に手が触れるほかは何も手がかりがなく、どの方向に行けばいいのかまったくわかりません。そんな中を、先導するスタッフの声を聞きながら、互いに声をかけあったり、手さぐりで他のメンバーの位置を確認して、少しずつ進んでいきます。

私はこのイベントに参加するにあたって、自分に小さな障害があることをうっかり忘れていました。右耳の聴力がないのです。

まだ新聞記者だった一九九八年のある日、右耳が聞こえなくなり、病院で検査を受けてピンポン玉大の脳腫瘍《のうしゅよう》が発見されました。運よく良性だったのですが、八時間にもおよぶ開頭手術で聴神経に張り付いていた腫瘍を神経ごと切除。このため右耳の聴力が、ほぼゼロになってしまったのです。

日常生活で困ることはほとんどありませんが、雑踏やにぎやかな居酒屋では右側にいる人の会話はほとんど聞きとることができません。加えて片耳しか聞こえないので、音の方向がまったく認知できません。聞こえてくる音がどこからやってきたのかが、まったくわからないのです。

そのことを思い出したのは、暗闇の森の奥深くに入り込んでからでした。先導スタッフや他のメンバーの声の聞こえてくる方角がわからず、気がつけばただ一人になって樹々の中に取り残されていたのです。しばらくして私が消えたことに気づいたスタッフが大声で私の名を呼んでくれ、私は「ここにいます！」と叫び、やがてスタッフが救出に駆けつけてくれて事なきを得ました。

森を抜けると、小さな空き地があり、そこにはバス停が置かれ、そのそばに小さな家が建っています。もちろん自分の眼でそれを見たわけではなく、歩いて足で確認し、バス停や家を手で触れてその形を確認し、それでようやく認識できたのです。

そして導かれて家の中に入り、ほんのりと温かみのある室内でメンバー全員がテーブルを囲み、お茶をいただいてくつろぎます。このときの心地よさを、私は今でもまるで昨日のことのように思い出します。できればあの日、あの空間に戻ってみたいと願うほどです。それほどまでに懐かしい。暗闇の中でただ彷徨《さまよ》っただけだというのに。しかも、それは自然の中でも何でもなく、東京のど真ん中のオフィスビルの一室でしかなかったというのに。

触覚だけの認識は、とても不自由に思えます。しかし、ダイアローグ・イン・ザ・ダークの暗闇の中で手さぐりと音、においで認識した世界は、私にはとても豊穣《ほうじょう》に感じました。

それはとても不思議でした。なぜ何も見えない暗闇の世界が、あれほどまでに豊かなものだったのか。

視覚障害者は世界を立体で認知する

その謎を解きほぐしてくれたのは、東京工業大学リベラルアーツセンターの伊藤亜紗准教授の研究でした。

伊藤准教授は視覚障害者の人たちにインタビューし、彼らがどのように外界を認知しているのかということを克明に分析しています。彼女はダイアローグ・イン・ザ・ダークでも先導スタッフを務めている木下路徳《みちのり》という全盲の人と、東京工業大学のキャンパスを歩いたときの話を紹介しています。

東京工業大学は、東京の南西部に位置する大岡山という街にあります。私は近所に住んでいたことがあるのでよくわかるのですが、多摩川の近くで多摩丘陵の南端に位置していて、起伏の多い土地です。

大岡山駅の改札で待ち合わせた二人は、大学正門を抜けてキャンパスに入り、十五メートルほどの長さのゆるい坂道を下っていました。このとき、木下が言います。

「大岡山はやっぱり山で、今その斜面を下りているんですね」

この発言に、彼女はびっくりします。勤務先なので毎日のように行き来していましたが、そこはただの坂道であって、「山の斜面」と考えたことなど一度もなかったからです。坂道は、駅から大学の研究室へと至る道順のたんなる一部分でしかありませんでした。

しかし全盲の木下は、道順を風景として見ることはできません。なので大岡山の街を俯瞰的に立体として捉え、山が真ん中にあって駅のあたりが山頂にあたり、そこから下っていっているのだと認識していたのです。

このエピソードが鋭く突き刺さってくるのは、全盲の人のほうが「俯瞰的に街を見ている」ということがわかるからです。視覚のある健常者は、視覚をもっていないことを欠損と捉えがちで、全盲の人は外界の認識が健常者よりも足りていないと思い込んでしまう。しかし見方を変えれば、実は視覚のあるほうが外界の認識に不足している部分があるのです。

街を歩いているとき、視覚のある人は膨大な情報を眼を通して受けとります。乱立する広告看板、至るところに貼り出してあるポスター、たくさんの通行人、混雑するスーパーマーケットの入り口。これらの情報は有意義なこともあります。でも同時に、これらの情報はノイズでもあり、街がどのような地形であり、どのような構造になっているのかということは見過ごされやすくなります。

一方で視覚のない人は、雑多なイメージであふれる外界から地形だけを抜き出し、それによって世界をすっきりと俯瞰して、立体的に認識しているのです。

伊藤准教授は、富士山についての認知の違いも紹介しています。

健常者は富士山を「三角形」にイメージします。しかし視覚障害者は、富士山の上部を横に切り取った円錐《えんすい》のイメージで捉えるというのです。健常者は二次元的であり、視覚障害者は三次元的であるということ。どちらがより深い認識なのかわからなくなってきます。

私は長年登山を愛好しているので、このような俯瞰的で、立体の空間として地形を認識するという感覚はよくわかります。

山というのは基本的には、頂上と尾根と沢の三つの要素から成り立っています。これが峰々が連続する山脈になると、さらに主稜線《しゅりょうせん》という要素が加わって、四つの要素になる(図12)。山に登っているときは、手元の地図を見つつ、まわりの景色も確認しながら、つねに自分が四要素のどのあたりにいるかを立体的に認知するのです。

「登山道が沢沿いからジグザグに上がりはじめて、急登になった。頭上には斜面の先に青空が抜けて見えているから、もう少しで尾根に出そうだな。地図で見ると、登山道はそこから先は右に折れて、尾根に沿ってなだらかに登っている。今はきついが、もう少しで楽な斜面になりそうだ」

この三次元的な認識は、登山だけでなく、街なかを歩いているときにも役に立ちます。とある駅で電車を降りて、改札を出て歩きはじめる。そこからどの道を通り、どの交差点を抜けて、目的地に向かうかを考える。

立体的に土地を見る感覚に慣れている人だと、鳥の視点で空中から見下ろすようにして、

図12　山を構成する4つの要素

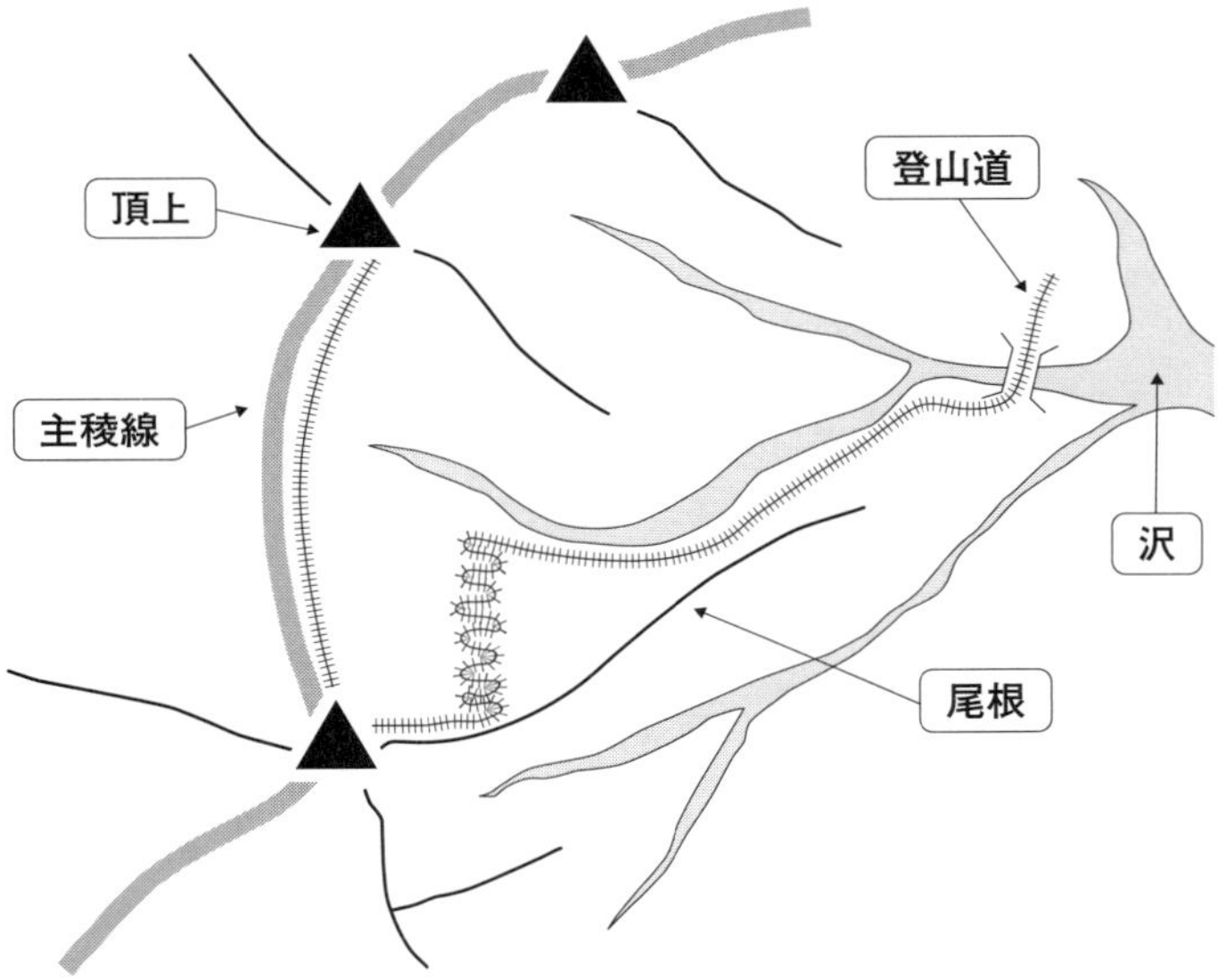

自分が今立っている場所と目的地、その間を結ぶ道順を俯瞰的に頭の中にイメージしていると思います。このイメージができていると、多少寄り道をしたとしても道には迷いません。

道に迷いやすい人というのは、このような三次元を俯瞰するイメージではなく、二次元の平面として風景を見ているケースが多いようです。改札を出ると、眼の前に駅前ロータリーがあり、正面にあるチェーン店のハンバーガーショップまで行って、右に曲がる。まっすぐ進むと左側にドラッグストアがあるので、そのドラッグストアの向こうの角を左に折れて、住宅街に入る。細い路地を進んで、しばらくすると青い壁の住宅があるので、その向かい側のオフィスビルが目的地。

もちろん、これで目的地にはたどり着けるのですが、しかしちょっとでも曲がる場所を間違えると、どうなるでしょう。ハンバーガーショップから右に曲がったその先のドラッグストアの向こう側の交差点ではなく、誤って手前の交差点を曲がってしまったら、青い壁の住宅はありません。どんどん先に進んでしまって、いつまで経っても青い家が現れず途方に暮れ、この段階に至ってようやく自分が道に迷ったことに気づくわけです。

なぜ道に迷ってしまったのか。それは、道に迷いやすい人が街の風景をつねに写真のように見て、平面の写真の連続として道順を認知しているからです。それはまるで、窓の向こう側にある景色を見ているような感覚です。歩くに従って景色は次々に変化するけれども、その景色はあくまで窓の向こう側にある平板な写真のようなもので、自分の手が及ぶところではない。

それに対して、三次元的に俯瞰して景色を見るという行為は、つねに自分が街の全体像を把握《はあく》しています。つまりは窓の外の景色を写真のように見ているのではなく、立体的なふくらみのある空間を、自分が手のひらの中に抱えているように認知しているのです。

三次元の「触感」をテクノロジーで実現する

これは重要な世界認識の方法だと、私は考えています。

慶應義塾大学の仲谷正史准教授は、触覚と区別して「触感」という用語を提示しています。

身体がモノに触って感じる触覚だけではなく、視覚や聴覚や記憶、言語などの脳に集まってきた信号によって、モノが一つの心的なイメージとして意識の中に浮上してくることを触感と呼んでいるのです。視覚だけで捉えたモノが平板な写真のように見えてしまうのに対し、触感ではより三次元的でなまなましく、触れる実体を伴ったイメージとして捉えられるということなのです。

先に紹介したカセットテープの話で、カセットでは純粋に音だけを聞くのではなく、その音を含んだ空気をまるごと再生している感覚があると書きました。このように、空気に実際に触れているという心地のよい摩擦感。それが触感として脳の中に再現されることによって、私たちは今、この世界につなぎとめられているのだという実感を得ることができるのでしょう。

このような三次元的な触感を、テクノロジーでどう実現していくのか。

自動車で考えてみましょう。

近年はカーナビが進化して、自動車の運転が非常に楽になりました。私はスマホに入れてあるグーグルマップのアプリをカーナビとして利用していますが、本当に賢く、渋滞があれば即座に察知してすばやく別の経路を案内してくれますし、どんなに道が混雑していてもほぼ正確な到着時間を算出してくれます。

そのように便利なのですが、グーグルマップの指示通りに運転していると、なんだか不思議な感覚が湧いてきます。それは口に出して言ってみれば、このような感じです。

「運転しているのは自分ではなく、本当はグーグルだ。グーグルの指示通りに、私というロボットがアクセルとブレーキ、ステアリング操作を行なっているだけだ。私には意思などは存在しないのだ」

実際に、グーグルがアクセルやステアリングを操作するようになるのが、まさに自動運転なわけですから、この私の奇妙な受け止め方は完全自動運転の前段階であると考えれば、そうおかしな話ではありません。いずれ人間の生身の身体など、運転技術には不要になるでしょう。

しかし見方を変えて、人間が外界をどう理解しているのかという視点で捉えると、この「カーナビ支配」は人間の外界の認知を阻害しているとも言えます。道に迷いやすい人が街を平面の写真のようにしか見ていないように、カーナビで運転する人は道路を画面や音声での指示でしか認知していないからです。カーナビの指示に従って走っているとき、私たちは自分のクルマが今どのような場所にいて、街のどのあたりに位置しているのかということを意識しなくなっています。だからカーナビに慣れきってしまうと、運転者はなめらかに没入できるけれども、見知らぬ土地を走っているという緊張感のある摩擦を失ってしまいかねません。

その意味で、カーナビというテクノロジーはまだとても未熟です。もし、今後も人間がクルマを運転していくのだとすれば、クルマは人間の身体の拡張になって、目的地に至る道筋のどこに自分がいて、どのような経路で向かいつつあるのかを、人間が立体的に認知できるようなUXに進化しなければなりません。

三次元認識はＳＮＳを変える

そしてこのような立体的な外界の認識は、カーナビだけでなく、たとえば人間関係を司《つかさど》るＳＮＳのようなものにも必要になってくるのではないか。私はそう考えています。たとえば「バカッター」とか「バカスタグラム」などという隠語で呼ばれている行為について考えてみましょう。

ファストフードチェーンでアルバイトしている若者が、お店の食材をわざと粗末に扱ったり、閉店後の店内で悪ふざけする様子を動画や写真に撮り、ＳＮＳに投稿して大騒ぎになるというケースはＳＮＳが普及してきてから多発しました。若い人のこういう行為そのものは昔からあり、二十一世紀になってとくだん増えてきているというわけではないでしょう。

では、なぜ騒ぎになるのかと言えば、ＳＮＳという不特定多数の人の目に触れる場所にこうした行為を公開してしまうからです。

この背景には、インターネットという新しいテクノロジーでの私（プライベート）と公

（パブリック）の境界線がわかりにくくなっている問題があるのではないかと私は認識しています。

SNSでフォロワーが数十人ぐらいしかいない人だと、日ごろ投稿していても、反応が返ってくるのは親しい友人くらいということがほとんどでしょう。その認識の中では、自分のSNSの空間はまるでサークル内かご近所さんの立ち話ぐらいにしか意識されていません。だから友人たちに「内輪受け」して笑いをとろうと、悪ふざけを見せびらかすように動画や写真を投稿してしまうのです。

ところがそうした投稿は「友人だけに見せる」と範囲設定されていることはほとんどないので、実は全世界から見えるようになっている。そしてひょんなことから大規模に拡散してしまい、本人はいたく驚愕《きょうがく》するのです。「えっ？　たくさんの人がなぜ、オレのツイッターなんかを見にきてるの？」と。

なぜ、このような不協和音が起きてしまうのでしょうか。

これはSNSのプライバシー設定画面が直感的ではないからです。たとえばフェイスブックのモバイルアプリで、投稿が誰にまで見えるようにするのかを設定してみます。

まずメニューから「設定とプライバシー」を選んでプルダウンを開き、さらに「プライバシーセンター」から「重要なプライバシー設定を確認」を選び、「プライバシー設定の確認を始めましょう」という画面にようやくたどり着きます。この画面で「次へ」をタップすると、「投稿」について「公開」か「友達」か「次を除く友達」を選んで、ようやく自分の投稿の範囲を設定することができるのです。

このUIはとても記述的で、直感的ではありません。コンピュータのUIというのは、歴史を振り返れば、キーボード入力と画面の文字表示のみで操作するCUI（キャラクター・ユーザー・インタフェイス）から、現在は一般的なマウスやタッチスクリーンで画面を指し示す操作のGUI（グラフィカル・ユーザー・インタフェイス）へと進化してきたのですが、フェイスブックのプライバシー設定画面はまるでCUIのような使い勝手です。一九八〇年代の懐かしいMS－DOS時代の画面のように、「COPY MYDOC.TXT A:」（MYDOCというテキストファイルをAドライブにコピーする）と逐次的に文字で打ち込んでいるのとあまり変わりがありません。

このようにSNSでの公私の境界線はまったく空間的でも直感的でもなく、だから私たちはこの感覚を自然に受け入れることができないでいます。

しかし、まだ実現していないこの感覚を、想像することはできます。

たとえば、世界中を覆う網の目が三次元の空間の中に存在する様子を頭に浮かべてみてください。

網はきれいな碁盤目《ごばんめ》に編まれているのではなく、何百本、何十本もの糸が交差している網の目もあれば、数本の糸しかつながっていない網の目もある。それら網の目一つひとつが、私たち個人です。

私という一つの網の目から投稿を配信すると、内容が面白ければ網の目を伝って、まるでインクの染みが広がっていくように世界にじわじわと浸透していきます。面白くない日常の投稿だったら、染みはほんのちょっと滲むだけで終わる。バズる超絶面白い投稿だと、音速の速さで染みは日本の隅々にまで広がるでしょう。言語を問わない動画だったら、あっという間に数億人にまで染みは広がっていきます。

人間関係についてのこのような空間的イメージが共有されるようになれば、公私の境目はもっと直感的に把握されやすくなるでしょう。悪ふざけ動画を投稿した若者も「気がついたら日本中で共有されて炎上してる！」と驚愕するのではなく、自分の投稿がじわじわと広がっていくことを三次元空間の中で確認して「これはまずい、やめよう」と直感的に判断し、投稿がそれ以上に広がらないようにその場でストップをかけることができるようになるのではないでしょうか。

VR／ARが生み出す新たな外界イメージ

コンピュータの技術はCUIからGUIへ、つまり文字の並びという直線的な一次元から画面全体で描き示すという二次元へと進化してきました。となると、この先に三次元へ進化するというのは約束された未来です。三次元の空間を扱う技術は空間コンピューティング（Spatial Computing）と呼ばれており、今存在するものだと仮想現実系の技術があります。

バーチャルリアリティ（VR、仮想現実）は以前から言葉としてはよく知られていますが、これは現実の物理空間にはまったく存在しない仮装の空間をコンピュータによって作成し、その中に没入できるようにする技術。

オーギュメンテッドリアリティ（AR、拡張現実）は仮想の空間と現実の空間も重ね合わせて表示。さらにこの発展型としてミクスドリアリティ（MR、混合現実）やサブスティチユーショナルリアリティ(SR、代替現実)などもあります。

MRは仮想と現実を単に重ね合わせて表示するだけでなく、仮想と現実の物体の間で何らかの相互作用が起きるようにしているもの。たとえば、現実のソファの上に仮想のロボットを違和感なく座らせるようなことができます。

またSRはこれに時間の概念を加え、今この瞬間の映像と過去に撮影された映像を重ねることで、過去に起きたできごとがまるで今起きているかのように見せる技術です。

ここで一つ留意しておきたいのは、そもそも「バーチャルリアリティ」を日本語で「仮想現実」と訳すのはあまり適正ではないということです。バーチャルという英単語は「事実上の」「実質的な」というような意味であり、バーチャルリアリティは決してニセの現実ではなく、現実世界の中から実質的で本質的な部分を抽出して、それを人間に提供するという意味なのです。日本語の「仮想」からは仮りそめのニセモノであるというニュアンスを感じますが、それは誤解です。

バーチャルリアリティであっても、現実のリアリティであっても、人間の神経細胞から見ればどちらも区別はつかなくなる。現実ではなくても、実質ではある。そういう「実質さ」の可能性がVRのような技術には求められているのです。そこで本書では以降、仮想現実というような言葉は使わず、ＶＲやＭＲなどを総称して「空間コンピューティング」という用語で呼ぶことにします。

さて、このうちＭＲでは、現実の空間に存在している家具や壁、窓などの正確な位置や大きさを空間コンピューティングの側が認識する必要があります。ＭＲの技術として二〇一九年現在ではマジックリープ社の「マジックリープ・ワン」、マイクロソフト社の「ホロレンズ」などがありますが、どちらも各種カメラや深度センサーなどを使って眼の前の光景を計測しています。このデータを解析し、周囲の空間をメッシュで仕切って三次元で捉え直している。つまり視界に入っている景色を平面として認識するのではなく、視界の景色をもとにコンピュータの中で三次元の空間を仮想的につくり上げ、その空間の中で自分（コンピュータ）がどこにいるのかというように認識しているわけです。

これはまさに、私が先に説明した「道に迷わない人」の風景の認識と同じです。道に迷いやすい人が眼の前の風景を二次元の平面としてしか認識していないのに対し、道に迷わない人は風景を上空から見下ろすように、自分が今立っている場所と目的地、その間を結ぶ道順を俯瞰的に頭の中にイメージしている。ＭＲはこれと同じように、俯瞰的な空間イメージをコンピュータの中に仮想的につくり上げているのです。

第四章で、コンピュータのＵＩとＵＸについて解説しました。空間コンピューティングではＵＩやＵＸはどう変化するのでしょうか。これまでのコンピュータは画面がＣＵＩからＧＵＩに進化したことで、ＵＩもキーボードからマウス、タッチスクリーンへと変化してきました。しかし空間コンピューティングで画面が三次元になった先に、どのようなＵＩが標準になるのかはまだわかりません。今のところＵＩの進化はここでストップしたままになっています。

試行錯誤はこれまでもさまざまにありました。

たとえば二〇一二年に発表されたリープモーションという機器は、パソコンにＵＳＢケーブルで接続し、その前で手を動かすとジェスチャーを認識できるしくみになっていました。発想は悪くなかったのですが、正直なところあまり使い勝手はよくなかった。

リープモーションには専用のアプリがいくつか用意されていて、その中にはウィンドウの操作をジェスチャーで行なうというものもありました。しかし実際にやってみると、ウィンドウの「ファイル」メニューをプルダウンしたり、そこから「開く」をマウスカーソルで選択するというような操作はジェスチャーではとてもやりにくい。メニューのプルダウンやカーソルを動かすというのは二次元に最適化された操作で、これを三次元でやるのは無理があるのです。

二〇一九年現在のVRでもUIの進化はまだ発展途上で、ヘッドマウントディスプレイの視界には仮想の物体やメニュー、コントロールパネルなどが表示されますが、これをどう選択するのか。現状では手元のリモコンでポインタを動かしてクリックするというマウス操作に似たUIです。

これを自然なUIに変える方法としてアイトラッキング（視線追跡）テクノロジーを使い、人間の視線に応じてポインタが移動してくれるものも登場してきています。しかし実際に使ってみるとわかりますが、人間の視線というのは実は一定しておらず、つねに不安定でちょろちょろと動き続けているのです。だから視線を固定してポインタを一点に定めるのは意外に難しい。ぐっと意識を集中してポインタを固定させなければならず、人間の自然な動作からはほど遠いといえます。だからこれは視線の移動ではなく、頭の位置や方角で固定させるほうがよいのかもしれません。

まだ見ぬ三次元に最適化された未来のUIですが、どこかに突破口はあるはずです。それを根底から発明し直さないと、気持ちよいUXにはならないでしょう。

空間テクノロジーの理想のUXとは

前述しましたが、グーグルは二〇一三年に、自動車のダッシュボード操作について興味深い特許申請をしています。自動車の社内天井にカメラとレーザースキャナを下向きに設置し、ドライバーの手の動きを認識するというものです。

車窓のあたりで手を上下に振ればウィンドウを開閉できたり、エアコンの送風口をタップすると風量をコントロールできたり、手で送風口を覆うと風量がオフになったりする。自分の耳のところで手を上に振る動作をすると、オーディオの音量を変えられる。

これらのジェスチャーが素晴らしいのは、人間の自然な動作に沿っていることです。「自分は今コンピュータを使っているのだ」という意識をしなくてもよくなり、機械と人間の間の摩擦が減って、より没入感が高くなるのです。パソコンにおいてもファイルの操作もプルダウンメニューやカーソルではなく、たとえばカットアンドペーストだったら手でつかんでちぎり、握ったものを放り投げるというような日常的な動作に近い身体感覚に沿うことが求められていくでしょう。

オキュラス クエスト

ＶＲの技術はまだ発展途上で、リアルに仮想空間を人間が感じられるようになるまでに乗り越えなければならないハードルは、たくさんあります。

初期の安価なＶＲ機器は「3dof」と呼ばれ、視界を左右と上下、それに頭を傾けるという三つの動きにしか対応できませんでした。dof（degree of freedom）はドフと発音し、「自由の度合い」というような意味です。

二〇一九年になってオキュラス クエストという比較的安価な6dof製品が登場し、頭部だけでなく人間の身体そのものの前後移動、左右移動、上下移動に対応できるようになり、仮想世界の中を歩き回ることが可能になりました。従来の6dofの多くは、室内にカメラやセンサーを設置して、これがヘッドマウントディスプレイのＬＥＤからの光を読みとって位置を測定していました。かなり大掛かりな仕掛けが必要だったのです。

しかしオキュラス クエストが驚くべきなのは、室内のセンサーなどはいっさい使わず、ヘッドマウントディスプレイの四方に内蔵されたカメラだけで人間の位置を測定している点で、これはまさに俯瞰的な空間イメージをつくり上げている空間コンピューティングそのものです。

前章で、フォグコンピューティングの話をしました。コンピュータが大きなデータセンターや手元のパソコン、スマホだけでなく、携帯電話の基地局などあらゆる場所に設置され、それらが縦横無尽にネットワークされることによって、膨大なコンピュータパワーが必要な高度な計算がどこでも行なえるようになる。これと、遅延がなく超高速な5G回線を活用すれば、空間コンピューティングに必要な複雑な計算も処理できるようになります。

たとえばグーグルは「スタディア」という新しいゲームのプラットフォームを発表し、スマートフォンやパソコンのウェブブラウザからでもフォグコンピューティングを使って美麗でなめらかな画面を動かせるようにしています。近い将来には、人間の眼の解像度とほぼ同じと言われる8Kの解像度のゲームまで、スタディア上で実現すると約束しているのです。

この技術を空間コンピューティングに使えば、よりなめらかでリアリティのある仮想空間を眼前に出現させることが可能になってくるでしょう。

コンピュータが見えなくなっていく未来

いずれにしても、この空間コンピューティングの技術が進んでいけば、今の巨大なVRヘッドマウントディスプレイは小型になり、遠未来にはコンタクトレンズや網膜への埋め込みへと進化し、装着していることを忘れるほどになるでしょう。

今はスマートスピーカーとの間でやりとりしている音声認識テクノロジーも住宅や自動車と一体化し、スピーカーやマイクの存在は見えなくなっていく。つまり私たちが操作する機器は眼の前から消滅し、つまりは「空間のあらゆる場所がコンピュータ化していく」ということでもあります。

MRのような技術は、俯瞰的な空間イメージをコンピュータの中に仮想的につくっていると説明しました。この方向に進んでいくと、機器は手元のスマホや机上のパソコンのように固定した場所に限定して捉える必要がなくなり、部屋のあらゆる場所がコンピューティングの舞台であるというようなイメージへと変化します。マウスやキーボード、液晶のタッチスクリーンなど眼に見える機器を操作するということからは解き放たれて、グーグルの特許申請のように空間のすべてをＵＩとして活用し、空間のあらゆる場所が「画面」になっていくのです。

そうなると、機器を中心にして考えるコンピュータという従来の概念は終わらざるを得なくなります。システムの設計と構築、運用を行なうエンジニアの仕事を別にすれば、ユーザーである一般人には機器は存在として見えなくなる。その代わりにコンピュータはあらゆる場所に遍在するという、まさに「どこにでもいて、どこにもいない」ことになるのです。

空間コンピューティングの世界では、人間とコンピュータの関係だけでなく、人間どうしの関わり合いも重要です。この方向のテクノロジーとして、現実の空間を三次元マッピングした情報を、人間のユーザーどうしで共有するというものがあります。

これがなぜ重要なのでしょうか。自分一人がこの空間の中の自分の位置を確認しているだけでは、第三者が同じ空間に入ってきたときに互いの位置関係を確認できないからです。これでは、空間コンピューティングの中でお互いに見つめ合うことができません。

すでに開発されている方法だと、マイクロソフトのホロレンズは、現実空間の中に目印になるアンカーという仮想の物体を配置し、実際に存在している机や椅子、ソファなどとアンカーの位置関係を紐づけます。そしてこのアンカーの位置情報をクラウドに送信しておき、他のホロレンズが同じ空間に入ってきたらアンカー情報を共有して、空間内の座標も同期します。つまりアンカーを中心にして、相対的な位置関係をつねに共有するというしくみになっているのです。

これによって、ある人のホロレンズで見ているモノが他のホロレンズでも同じ位置に見えるようになり、仮想のモノをともに認識できるようになる。さらには、互いの居場所も仮想空間の中で認識できるようになります。

空間認識能力という最後の潜在パワー

空間コンピューティングは、人間が外界を認識する能力を拡張してくれるかもしれません。

SMPY（Study of Mathematically Precocious Youth、数学的に早熟な子どもたちの研究）という米国の有名な研究成果があります。ジョンズ・ホプキンズ大学のジュリアン・スタンレー教授が一九七〇年代に始めたもので、SAT（アメリカの標準的な学力テスト）で優秀な成績を収め、大学入学レベルにも達しているような十二歳から十四歳の子どもを抽出し、彼らがその後どのような人生を送ったのかを長期的に追跡した研究です。

優秀な子どもは大人になっても優秀なのか？というのは、古くから人々が興味をそそられてきたテーマです。神童と言われた子どもが平凡な大人で終わる、というのはよく見かけるエピソードですが、それは本当なのか。もし神童が社会人としても成功できるとしたら、その成功率はどのぐらいなのか。

古くは一九二〇年代に心理学者のルイス・マディソン・ターマンが、IQ（知能指数）の高い子どもたちの成長過程を追うという研究を行ないました。しかし研究対象の子どもたちからは卓越した科学者は数人しか出ず、一方でIQが水準に達せず調査対象から外された中に、後にノーベル物理学賞を受賞するウィリアム・ショックレーやルイス・ウォルター・アルヴァレズが含まれるという失敗もありました。いずれにしてもIQと社会人としての成功の間には、相関関係は証明されなかったのです。

ターマンの研究はIQを材料にしたことに問題があったのではないかとスタンレーは考え、推論などの能力をより正確に測れるテストはないだろうかと検討し、一般的に高校生が受験するSATを採用しました。

当初は五百人を対象に研究をスタートし、現在では五千人を超える規模にまで拡大しています。SATの点数が上位〇・〇一パーセント、〇・五パーセント、一パーセントの三つのグループに加え、学年別習熟度テストで上位三パーセントの子どもと、一流大学の大学院生たちのグループも対象になっています。

そして長年の研究の結果、SATで上位一パーセントに入るような子どもは、大人になると全米上位五百社に入る企業の経営者や学者、裁判官、政治家などで大成している傾向がたしかにあるということが相関関係として確認されました。この結果に限らず、SMPYからは四百本以上の論文が生まれ、重要な考察を今も社会に提供し続けています。

SMPYが明らかにしようとしたのは、STEMと呼ばれる教育分野の能力をどう見つけ出し、その才能をどうすれば開花させられるのかということでした。STEMは科学(Science)、技術(Technology)、工学(Engineering)、数学(Mathematics)の頭文字をとった用語です。そしてこのSTEMの能力の一環として、一九七六年から「空間認識能力」も計測されるようになったのです。

空間認識能力(spatial ability)というのは、モノがある位置や方向、大きさ、形状など、三次元空間の中でのありようをすばやく正確に把握できる能力です。野球をしていて、打者が打ったフライが外野に飛んでくる。球がどこに向かってどのぐらいの速度で進んでいるのかを優秀な野手はすばやく認識し、その球が着地するであろうところへ走り、見事にキャッチすることができる。これが典型的な空間認識能力です。

先に説明したような地図の読解力、つまり平面の地図から目的地に向かう経路をイメージできることも空間認識能力の一つです。人間の多くが野外で過ごしていたころは、この能力は野原や山との付き合いで育成されていたのですが、都市生活をするようになると身体性が駆使される場面が少なくなり、空間認識能力はどうしても落ちていってしまうという問題は以前から指摘されています。

ＳＭＰＹでは空間認識能力を測るため、同じ物体を異なる角度から見た絵と対応させたり、物体を特定の切り取り方をしてその断面図を選ばせたり、さまざまな形の傾いた容器に水を入れたときの水面の図を選ばせたり、といったテストを行ないました。

スタンレーは将来の職業的な適性を見るためには、言葉や数を使った推論能力よりも空間認識能力のほうが適しているのではないかと考えたのです。そこでこのテストをＳＡＴ上位〇・五パーセントの子どもたち約五百六十人を対象に実施し、彼らが十八歳、二十三歳、三十三歳、四十八歳に達したときにそれぞれ追跡調査を行ない、取得した特許の数や査読付き論文の数との相関関係を分析しました。

この結果、このような才能を発揮した人たちは子どものころから数学や言語のテストの点数が高かっただけでなく、空間認識能力のテストも高得点で、たしかに相関していることが確かめられました。

スタンレーの後継者のベンボウ・ルビンスキーは、ネイチャー誌でこんなふうにコメントしています。

「空間認識能力は、未開発である人間の潜在的な能力の中でも、最大のものではないか」

「それにもかかわらず、私の知っている範囲では大学入試の担当者はこの能力を誰も見ていない。学校での評価でも見過ごされている」

空間認識能力は世界観を支える

なぜ空間認識能力が重要なのか。それは決して、立体を扱う建築家やモノづくりの技術者、あるいはスポーツ選手にだけ求められている能力ではありません。

空間を認識することによって、「私が今この世界の中にいる」という感覚に基づいた自分の位置をより明瞭に確認していくことができるのです。

私たちは自分が今どの場所にいるのかということを、制限された空間の中では認識できます。「自宅の仕事部屋にいて、仕事部屋の窓際に据えた机の前でパソコンに向かって企画書を書いている」というぐらいはわかる。

しかし、自分が広いこの世界のどの位置にいるのかということは、ぼんやりとしか認知していません。地理的には「日本の東京都にいる」という説明はできますが、じゃあ自分のいる場所がどのぐらいの標高で、海からどのぐらい離れていて、どんな地形の場所にいるのか。山なのか谷なのか。そういうことははっきりとは理解していないのです。

地理だけではありません。私たちは社会の中に暮らしていて、ピラミッド型の階層になっている会社組織に属していたり、自由で不安定なフリーランスの仕事をしていたり、あるいは友人が多かったり少なかったり、家族と同居していたり単身生活だったり……とさまざまな関係をもっています。

これらの多様な関係性の中で、自分がどのような場所に立っているのかということを、口では説明できるでしょう。「私は会社員で、妻と子ども二人がいて、フェイスブックには三百人ぐらいの友人がいます」と。でも、それを空間的なイメージで捉えることはしていません。

時系列で自分をイメージすることはできます。

私の場合だと、兵庫県で生まれ、両親の仕事で神戸、さらに大阪へと移り、そのうち父母が離婚して私は母に連れられて大阪市内を転々とし、小学二年生のときに母が再婚して愛知県に引っ越し、そこで高校生活までを終えて大学入学とともに上京し、そして新聞社に入社し、しかし三十八歳のころに脳腫瘍が見つかって手術を受け、それをきっかけにして新聞記者を辞め……と自分の人生を曲がりくねった一本の道を歩んできたようにしてイメージできます。誰もがそうでしょう。

一日の終わりに今日を振り返ってみてください。時系列で自分の一日をイメージするのも容易です。朝起きて、歯を磨いてシャワーを浴びて朝食をとり、着替えて電車に乗って会社に行き、あの業務とこの業務をこなし、ランチは同僚と社員食堂で軽くすませ、午後はミーティングをして、夕方無事に定時で退社し……。簡単にイメージできます。

私たちは時系列で自分の物語をイメージするように、脳に刷り込まれているのでしょう。

それは第二章で描いたような、物語としての神話の時代からそうなのかもしれません。私たちの生は、ただ時間の経過とともに過ぎ去っていきます。「光陰矢の如し」と言われるように、その速度はすばやく、しかも年齢を重ねるごとに速度は増していく。

しかし――私たちは、時間軸の中だけで生きているのではありません。時間軸の中だけでなく、今この瞬間というわずかな一瞬であっても、この世界の中にいて、何らかのかたちで世界にぶらさがって生きている。

仮に私たちの生を立体のグラフで描くとしたら、x（縦）y（横）z（高さ）の空間に、t（時間）軸を加えた四次元の時空間になるでしょう。でもなぜか私たちはt軸ばかりを気にして来し方行く末を振り返り、過去をいたずらに悔いたり懐かしんだりし、未来にあらぬ期待をいだき、t軸に囚われて生きている。つまり「因果の物語」の囚人なのです。

でもこの世界にはxyz軸もあるのです。この三次元の空間に視線を向ければ、世界のありようはまた別の姿を伴って現れてくるのではないでしょうか。

空間認識能力というのは、極論すればこのような感覚なのです。時間軸で世界を見るのではなく、今この瞬間の世界と自分の関わり合いに目を向けること。それは言ってみれば、三次元空間の中に立体的に広がる建築物をつぶさに確認するような営みなのかもしれません。

二〇一八年に、戦後を代表する脚本家として知られた橋本忍が亡くなりました。百歳の大往生でした。

橋本は戦後まもないころ、サラリーマンをしながら書いた脚本が黒澤明に取り上げられ、これが後にヴェネツィア映画祭グランプリを受賞する傑作『羅生門』(一九五〇年)につながります。その後は『七人の侍』『生きる』などの黒澤作品を共同執筆し、映画史に名を残しました。黒澤組から離れた後も『日本のいちばん長い日』『切腹』『白い巨塔』『日本沈没』『八甲田山』など傑作の数々を手がけています。

橋本の脚本論はとても鋭く、脚本は小説のような読み物ではなく、映画の設計書なのだと説いています。彼はそれを師匠だった映画監督伊丹万作から学んだといいます。伊丹は橋本にさまざまな厳しい言葉を投げかけたそうです。

「視点はどこだ、どこにある!」「視点が迷っている!」「作者の眼は何を見ている!」

「人物像が歪んでいる!」

橋本はこれら「やや感情的とも思える怒りや叱責に似た」発言が最初は不愉快だったと記していますが、自分が脚本家として自立するようになり、その意味を理解するようになるのです。脚本は「さまざまな設計のライン（線）が交錯し、形作る、造形物」であり、そのためには設計書をつくり上げるための定規とコンパスの能力が不可欠なのだということに気づかされたのだと。

脚本家と小説家は違う。橋本は小説家に少し辛辣ですが、脚本家出身で小説家になることに対しては「読み物の面白さに惹かれ設計書の意識が皆無だったからだ」と批判しています。

「設計書のラインを引く根気や忍耐よりも、多少の出来不出来を許容してくれる読み物の包容力、そして手の定まり……。一瞬のリズムの狂いや弛みも許さないシナリオに比べ、ある程度はそれをそれほど気にしない、読み物の鷹揚さと気安さに安住の地を見出したともいえる」

橋本の論に沿って言えば、脚本と小説の違いは先ほどのｘｙｚｔ軸のグラフでも説明できるかもしれません。小説はｔ（時間）上を進行していくお話です。しかし脚本は設計書であり、まずこの世界がどう成り立っているのかをきめ細かに構築しなければならない。つまりｔ（時間）に沿ってストーリーが進む以前に、まずｘ（縦）ｙ（横）ｚ（高さ）をしっかりと固めなければならないということなのです。時間に沿って進むお話ではなく、今この瞬間の世界をきちんと構築し、すみずみまで全容を描くということが求められているということなのでしょう。

テクノロジーは「遍在」に到達する

このような設計図的な認識の世界では、仮想と現実の区別はあまり意味をなさなくなります。今この三次元の空間の中に存在するあらゆる事象が、私たちにとって「関係する相手」として扱えるようになるからです。仮想だろうが現実だろうが、私たちと互いに関わり合って、会話できる存在なら、それはたしかに「そこにある」と私たちは感じることができるはずです。

十八世紀に生きたアイルランドの哲学者ジョージ・バークリーの有名な言葉があります。「もし森の中で木が倒れたとして、それを聞いている人が誰もいないとしたら、その木は音を立てたと言えるだろうか？」

もちろん音はあったでしょう。でも音というものを聴覚で感じる私たち人間という立ち位置から考えれば、誰も聞いていない音は存在しないのに等しい。逆に言うと、存在していないはずの音であっても、人々がその音を聞いたのであれば、それは実在するのと何ら変わりはないということも言えます。バークリーは「存在することは知覚されることである」という言葉も残しています。

そもそも人間の視覚や聴覚は万能ではありません。私たちの眼は赤外線や紫外線を見ることができませんし、高周波の音も聞けません。一方でそういう光や音を知覚できる生物もいますし、昆虫が複眼で見ている光景や、コウモリが超音波を飛ばしながらその反響で感じている外界は、人間の知覚とはまったく違うものでしょう。人間が五感で感じているよりも、ずっと世界は広いのです。

そう考えれば、私たちが現実の目で見えたモノだけがそこに本当に存在し、現実の目で見えないモノは「存在しない」と決めつけてしまうのは、あまりに感覚的に過ぎるといえます。私たちが空間テクノロジーによって立体的な触感を獲得し、ＶＲやＭＲによってこれまで見えなかったモノが見えるようになったのであれば、それも新たな世界の実体として捉えてもよいのではないかと私は考えています。

先に書いたように、空間コンピューティングの未来にはコンピュータは「どこにでもいて、どこにもいない」を実現します。この空間の中では「なめらかな没入感」が提供され、人々が求める事象やモノはつねに眼の前に用意される。二〇一九年現在のテクノロジーでは、私たちはスマホなどの手元の機器を操作し、質問や命令を与え、それに対する回答や反応が返ってくるまでに少しの時間、待たされます。しかし5Gやフォグコンピューティングによってタイムラグがほとんどなくなり、UIがゼロになっていけば、この「少しの時間」という感覚さえも消滅していきそうです。実際にはもちろんタイムラグはわずかに存在しているのだけれど、それはもはや人間の神経細胞では認知できない微小な時間幅でしかない。

さらに言えば、時間の幅が極小になるだけではなく、時間の「前後」の感覚も消滅していく可能性があります。

インターネットの世界では昔から、同期か非同期かという議論があります。同期というのは、同じ時間を共有していること。対面で実際に会ったり音声電話で話したり、またインターネットであってもスカイプなどのテレビ電話サービスは、どれも交信者が互いに同じ時間を共有している「同期」です。

一方で、メールやメッセンジャーなどはその場ですぐに返信する必要はなく、互いに時間を共有しなくても大丈夫な「非同期」です。コメント字幕が画面を流れる動画共有サービスの「ニコニコ動画」は、実際にはいろいろな時間帯に人々がコメントしているのにもかかわらず、画面上ではすべてリアルタイムに流れているように見える仕掛けが巧妙で、非同期と同期をうまく組み合わせています。

同期のサービスは相手と時間を合わせなければならず、その設定が面倒です。非同期であれば時間を合わせる必要がなく、自分の都合のよいときに返信することができる。メッセンジャーでのやりとりが普及し、音声電話を避ける人が増えてきたのは、そういう面倒を忌避する感覚が高まってきたからでしょう。インターネットが普及するのに従って、人々のコミュニケーションは同期から非同期へと移り変わってきたのです。

ところが二〇一〇年代に入ってくると、逆の動きも出てきました。即時的な返答が求められ、返事が少しでもずれると「遅い」「無視している」という反応も出るようになりました。この結果、フェイスブックのメッセンジャーには同期のやりとりが行なえるチャットモードが加えられ、LINEではメッセージをわざと読まず「既読」にならないように放置する「未読スルー」と呼ばれるような使い方が登場してきました。

推測の域を出ませんが、こうした風潮が出てきた背景には、非同期ならではの不安感があるのではないかと私は捉えています。つまり「今そこに相手がいる」という実体感の希薄さや、同期ならではのつながり感が乏しいということではないでしょうか。

しかし現在の非同期サービスのＵＩなどの技術はまだ未成熟で、ニコニコ動画に見られるような「非同期ではあるけれども皮膚感覚的には同期に感じられる」というＵＩが成熟してくれれば、いずれは同期であろうが非同期であろうが隔てなく、他者の存在や関係を実感できる方向へと進んでいくと期待しています。

空間テクノロジーに加え、同期と非同期。これらが同じレベルの認知になっていけば、空間や時間の距離を私たちは考える必要がだんだんとなくなっていきます。物理的にはＶＲと現実は別のもので、時間を共有している同期と別の時間に生きている非同期は異なります。しかし「私」という当事者の目線から見れば、間違いなく等価になるのです。

今この瞬間に、すべての事象が眼の前に用意される世界。

これはまさに、インターネットのテクノロジーが始まったころから私たちが夢見ていた「遍在」への到達です。

遍在とは、すみずみにまで行きわたり、どこにでも存在するということ。英語ではユビキタスと呼び、前にも書いたように二〇〇〇年ごろの初期のインターネットでは「これからはユビキタスの時代がやってくる」と喧伝《けんでん》されていました。ユビキタスという用語自体は廃れましたが、この言葉が意味するものが少しずつ、本当に実現しつつあるということなのです。

この遍在感覚は、あらゆる場面に広がっていくことになるでしょう。

すでに、その萌芽《ほうが》はあちこちに現れてきています。たとえば「遍在する国民」という考え方。インドや中国には、華僑や印僑と呼ばれる海外進出組が多くいます。彼らは母国ではエリート層であることが多いため、海外に住んでいても国内の政治や経済、社会に対する影響力を一定程度は発揮しています。このような状況の中で、たとえば「中国民族の領域」と「中国が持つ領土」という二つのレイヤーは、重ならない部分が多くなっています。言い方を変えれば、中国民族の領域は世界中に遍在し、中国領土の国境を大きく逸脱してしまっているのです。

このように領土と民族のずれが生じ、民族の領域が世界中に遍在していることは「ディアスポラ公共圏」と呼ばれます。ディアスポラは「離散民」という意味で、自分がもと所属していた国家や民族の居住地を離れて暮らす人々のコミュニティを指しています。

公共圏というのはその国の人たちの公共的な領域のことで、政治や政策が決まっていく新聞やテレビなどのマスコミや議会が代表的な存在ですが、最近ではＳＮＳも政治的な議論を戦わせる場所として公共圏の役割を担うようになっています。

しかしディアスポラが増えていけば、公共圏も合わせて地球規模に広がる人々の間に、仮想的に構築されるようになっていくでしょう。電話や郵便しかなかった時代にはグローバルに分散した人々の公共圏というのは空想論でしかなかったのが、テクノロジーによって地球上のあらゆるところに「遍在する公共圏」ということが現実に可能になってきたのです。

さらには、遍在する家族という概念も出てきています。

日本では人口減と高齢化で、山村のみならず地方の中核都市や、さらには首都圏郊外までもが急速に過疎化していっています。このような中で、都市では逆に地方を目指す若者が増え、三大都市圏に住む二十代の四人に一人が地方移住に関心をもつという国土交通省の調査結果まで出てきています。

価値の高い都心を除けば土地神話は終わり、地方では住宅や土地にもはや値段さえつかない状況が二〇一〇年代後半になって現れてきました。この流れに合わせるようにして中古住宅をリノベーションするビジネスや、それらのリノベ住宅をゲストハウスに有効活用する動きも出てきました。月額定額課金で全国のさまざまな家に住み、渡り歩けるという「住まいのクラウド化」とでも言えるようなサービスも登場しています。

この方向に進んでいけば、いずれは国内外を移動しながら生活するというスタイルが一般的になっていくでしょう。格安航空会社や安価な高速バスの普及も、そうした流れを後押ししています。

そうなっていけば、たとえば夫と妻、子どもが一人という核家族がいるとして、つねに三人が同居しともに行動しているわけではないというあり方も出てくるでしょう。ある時期には夫と妻が北海道にいて、子どもは離島に留学しており、またあるときは夫と子どもが四国の山村で暮らし、妻は仕事のために東京に、というような暮らし方です。

これを支えるのが、情報通信のテクノロジーであることは言うまでもありません。現在のメッセンジャーやスカイプだけでなく、ＶＲやＭＲなどの空間テクノロジーを使ったコミュニケーションが可能になってくれば、家族が遠く離れた場所にいて、同じ時間に目覚めていなくても、「つねに家族がそこにいる」という感覚を実現できるようになります。もちろん、ときにはリアルに会い、ハグして相手の身体の実感をかみしめることは大事ですが、そうした皮膚感覚が空間コンピューティングによって拡張され、遍在していくのです。

テクノロジー時代のマインドフルネス

このような感覚は、テクノロジー時代の新しい「マインドフルネス」ではないでしょうか。

マインドフルネスという概念はもともとは仏教用語で、「気づき」を意味するパーリ語の「サティ」を英語に移し替えたものです。明確な日本語訳の定義はないのですが、「今この瞬間に全意識を傾けること」というような意味合いです。

今自分がここにいて、周囲には青空が広がり、鳥が鳴き、緑の風が渡っている。この気持ちよい瞬間を認識し、その世界全体を意識として受けとめているような状態です。

禅の大家と武道家のこんな対話があります。

自らの武術の凄さについて語った武道家は、こう問いかけます。

「あなたは禅の大家として有名だけど、何ができるのか？」

禅の大家はこう短く答えます。

「拙僧にできることは一つだけです。歩くときに、歩く。食べるときに、食べる。話すときに、話す」

これこそがマインドフルネスの極致です。

しかしこのような感覚は、情報通信テクノロジーとは相性が悪いようにも見えます。フェイスブックやツイッター、ユーチューブ、キンドルなどさまざまなアプリが普及して、私たちはいつでもどこでも友人たちと交信し、映像や文章を楽しむことができるようになりました。

ところが、それらのアプリは私たちの行動をつねに散漫に分断していて、それによって根気が続かなくなったとも指摘されています。パソコンに向かって企画書を書いていたはずなのに、ついついツイッターを覗いてしまったり、ユーチューブで動画を再生したり、ふと思い出してメールの返信をしたりと、まるでコンピュータ内部でＣＰＵが並列計算を行なっているかのようなありさまです。マルチタスクといえば聞こえはいいですが、実際のところは集中力がなくなり、思考が転々とめまぐるしく移り変わっている状況は、マインドフルネスとはとうてい言えません。

しかし、このインターネットの並列的な行為が散漫に分断しているように見えるのは、私たちがこれらの行為を時系列で捉えているからです。ＳＮＳや映像や文章といった事象に対する並列的な行為を空間的に捉え直してみると、そこには散漫な分断はありません。そうではなく、世界に無数に存在する事象や関係のどのあたりの位置に自分がつなぎ留められ、自分自身から見える世界はどのような空間になっているのかを三次元的に感じるようなテクノロジーが出てきたらどうなるか。そのあかつきには、今この瞬間の感覚は、これらの事象や他者との関係の総体であるということを直感として認識できるようになるでしょう。

そして、空間テクノロジーが実現するのは、世界を立体的に認識するだけではありません。

スタンフォード大学教授でＶＲ研究の第一人者として知られるジェレミー・ベイレンソンは、映画芸術では視点が固定され、観客はカメラによって切り取られた窓を通してしか映画の世界の中を見ることができないのに対し、ＶＲでは「ユーザーの五感は完全な無政府状態に置かれる」と指摘しています。こう書いています。

「ＶＲはいわば民主主義だ。ユーザーはいつでも見たいときに、どこでも見たい場所を見られる。映画では監督が独裁者となって観客の五感を支配する。監督の望むときに、監督の見せたい場所を見るように観客に強いる。監督たちが極めてそれを上手に行なったからこそ映画はメディアとして成功したのだ」

ベイレンソンによれば、たとえば脱獄映画の傑作『ショーシャンクの空に』では、独房を映したシーンに女優リタ・ヘイワースのポスターと小さなツルハシが「偶然にも」映っているように見えます。スクリーンの隅にわずかに映り込んでいるだけなのですが、これは大きな伏線となっています。主人公はツルハシで独房の壁にトンネルを掘り、その穴をポスターで隠しているのです。

これは視点が固定されている映画だからこそ成り立つ伏線で、ＶＲでは成立しません。なぜならＶＲの観客に、独房の片隅にあるポスターとツルハシに強制的に目を留めてもらうことはできないからです。つまりＶＲでは、時間に沿った直線の物語を観客に強いることは難しく、観客をコントロールできないということなのです。

その代わりに、無政府状態であるＶＲには別の感覚があります。私はさまざまなＶＲの作品を試してみましたが、作品の中で観客である自分の存在を思わず感じてしまうときがある。それは何かと言うと、ＶＲの中に存在する人物や動物などが、私を凝視してくるときなのです。

登場人物がカメラを向いてしゃべるシーンというのは、映画でもとくだん珍しくはありません。日本映画の巨匠小津安二郎作品では、ほとんどの登場人物がカメラを向いて演技をしていることで有名です。

しかし小津作品でカメラを向く俳優たちと向かうのと、没入感の強いVRで登場人物がこちらを見ているのとでは、受け止める感覚は明らかに異なります。端的に言えば、それは「登場人物たちによって私が私として認識されている」というような感覚であり、第三者として登場人物を見ているのではなく、同じVRの世界の中の存在として互いに見つめ合っているような関係性です。

つまり、VRの世界で「私」は第三者として客観的な単体として存在しているのではなく、あくまでもVRの中の一員として迎え入れられているという感覚であり、それはある種の共同体的な実感と言い換えることもできるでしょう。「自分が誰かから認められている」「社会の一員として見られている」という感覚に近いのです。

他者からのまなざしがあることが、社会的動物である人間には一つの自己承認となります。

社会学者の見田宗介は、一九六〇年代末に起きた連続射殺事件を分析し、そこに「まなざし」の問題があったことを指摘しています。射殺犯だった永山則夫は逮捕後に『無知の涙』（合同出版）という書籍を刊行してベストセラーになり、その後も小説を発表し続けて新日本文学賞などを受賞しています。一九九七年に死刑執行されています。

永山は北海道網走市で生まれ、母親に連れられて青森県に転居し、そこで子ども時代を送った後に集団就職で東京に出てきました。東京に憧れ、東京タワーに上って東京の街を見下ろし、自分がついに都に到達したことを喜ぶのですが、それは幻想に過ぎませんでした。都会の人からは「集団就職で出てきた貧しい田舎者」としか見られず、そのまなざしに永山は苦しみ、絶望し、最後には米軍基地から拳銃を盗んで四人を射殺するのです。見田は彼を「まなざしの囚人《とらわれびと》」と呼びました。

この事件から三十年近くが経った一九九〇年代には、やはり世間を震撼させた神戸児童連続殺傷事件が起きました。「酒鬼薔薇」と名乗った十四歳の少年は、有名な犯行声明文を書いています。

「ボクがわざわざ世間の注目を集めたのは、いままでも、そしてこれからも透明な存在であり続けるボクを、せめてあなた達の空想の中だけでも実在の人間として頂きたいのである」

他者から見られることのない「透明な存在」から少年は脱したいと望み、「見られること」が可能になるのであれば犯罪者として指弾されることもいとわない。そういう無残な決意が垣間見える文章です。

近代という時代の中で、私たちはつねに他者からのまなざしに一喜一憂し、承認を求め、そこに自分の存在理由を確認し続けてきました。VRの世界でも、私たちは他者からのまなざしを感じることによって、自分が良くも悪くも承認されていることを実感し、それが世界につなぎとめられているという感覚を補強するのです。

社会的動物である人間は、他者との関わり合いによって自分自身が存在することを実感することができる。それが牢獄であれ、絆であれ、いずれにしても生きていくためには、まなざしが必要なのです。

まなざしがあってこそ、私たちはこの生を自分ごとにできる。それは映画のような時間に沿った「因果の物語」ではなく、この瞬間にこの世界を実感するための装置なのです。

このような空間的な、関係的な、マインドフルネス。従来の時間のマインドフルネスから脱し、二十一世紀のテクノロジーに適合した新たなマインドフルネスの可能性がここには浮上してきています。

摩擦・空間・遍在

この章では、摩擦と空間、遍在という三つの感覚をテクノロジーがどうアップデートするのかについて解き明かしてきました。

「摩擦感覚」
「空間感覚」
「遍在感覚」

この三つの感覚が重なった先に、今私たちがネットに抱いている散漫で分裂した感覚は、「世界にしっかりとつなぎ留められている」という感覚に変わるのではないかと思います。

そしてこの感覚は、本書でこれまで長々とたどってきたように、時系列に沿った時間の感覚ではなく、今この瞬間の世界の設計図に向き合うというかたちで立ち現れてくる。

この新しい感覚は、すでに世界のあちこちでほとばしり出てきているのではないでしょうか。

アメリカのジャーナリスト、ダグラス・ラシュコフは、起承転結や成長、最終的な勝利に向かうような物語が衰退し、今この瞬間の永続性だけを求めるコンテンツが台頭してきていることを指摘しています。

彼はこう書いています。

「スケートボードやスノーボード、ロッククライミング、マウンテンバイクなどのフリースタイルスポーツの流行は、チームの忠誠心と軍隊的な勝利が、自己表現と瞬間のスリルに座を明け渡そうとしていることを象徴している」

野球やサッカーなどはつねに「ライバルとの戦い」であり、勝ち抜いて優勝を目指していくチームスポーツです。それは典型的な「因果の物語」であり、同時に戦いにおける勝利や戦場における友情など、軍隊的なイメージも投影されています。

それに対して日本でも人気の高いランニングや自転車、水泳などの孤独なフリースタイルスポーツは、ランナーズハイのような走っている瞬間の高揚にも象徴されるように「今この瞬間が持続してほしい」という気分に満ちていると言えるでしょう。登山やハイキングの分野でも、有名な頂上を目指すのではなく、山野をただ歩き続けるロングトレイルの

ような スタイルを好む人が増えてきています。

ラシュコフはドラマや映画、文学などにも言及しており、たとえば二〇〇四年から米国で放送された『LOST(ロスト)』。七年にわたってシーズン6まで長々と制作されたこのドラマは、飛行機事故で南の島に不時着した乗客たちの不思議な体験を描いており、日本でも熱狂的な人気を呼びました。

救助隊はいつまでもやってこず、怪奇現象が次々と起こるばかりで、謎はいっこうに解明されません。時間と空間も一つではなく、いくつもの時系列が並行して進んでいく。いったい何が起きているのかはっきりはしないのですが、しかし何らかの原理が島の中を支配していることはわかってきます。

『LOST』には「あれが起きたから、この結果になった」というような時系列に沿った因果の物語は存在しませんが、別の原理に沿った物語がたしかにあるのです。これをラシュコフは「世界につじつまがある、道理にかなっているという『瞬間』によってその答えはもたらされている」と説明しています。

「誰かが何かについてどう感じたのかというようなことを伝えるのは、もはや書き手の仕事ではなくなった。今の書き手の仕事は、世界がどう動いているのかを伝えることだ」

ラシュコフは、小説『ホワイト・ティース』を書いた一九七五年生まれの女性作家、ゼイディー・スミスのこんな言葉を紹介し、この傾向はドン・デリーロやジョナサン・レセム、デヴィッド・フォスター・ウォレスといったポストモダン文学の作家たちに共通していると指摘しています。登場人物の物語ではなく、世界の意味の解明と提示が主題となっているのです。

これは日本の村上春樹の文学や庵野秀明監督の一九九〇年代のアニメ『新世紀エヴァンゲリオン』にも共通しているのではないかと私は捉えていますが、言い換えてみれば、これらの作品の主題はコンピュータのOS（オペレーティングシステム）のようなものかもしれません。伝統的な因果の物語が、OS上でアプリがつくる起承転結のコンテンツを描くのだとすれば、ポストモダンの作家たちはOSそのものを描いている。OSの成り立ちと構造を描いている。OSはただそこに存在しているだけで、始まりも終わりもありません。だからOS上に生きる私たちが「そこにある意味とは何か」「これからどうなるのか」「どこから現れてきたのか」を問うても答えは求められないでしょう。

ただOSがどのように管理され、どのようなルールで運用され、どのようなロジックをもっているのかを知ることはできるかもしれない。だから彼ら作家たちは世界の奥底へと降りていき、その奥底で駆動しているOSをつぶさに観察して世界の原理を探求しているのではないでしょうか。

群像劇という映画のスタイル

二十世紀の終わりごろから流行した「群像劇」という映画の手法があります。この群像劇も、ラシュコフが言う「世界につじつまがある、道理にかなっているという『瞬間』によってその答えはもたらされている」という感覚を体現した文化だと私は捉えています。

群像劇にはさまざまな人物が登場し、一見するとなんの関係もないそれぞれの物語が展開し、しかし最終的にはそれが一つの物語に収束していきます。一つの世界や一つの事実、一つの物語を複数の視点によって見せることで、描いている世界がより立体的に見えてくるのです。本書の論に沿って言えば、まさに「空間感覚」をもったスタイルなのです。

群像劇の発祥は、一九三二年のアメリカ映画『グランド・ホテル』だと言われています。ベルリンの高級ホテルを舞台にして、会社が傾いている社長さんや、その会社をクビになって退職の記念に泊まりにきた元経理係、こそ泥、落ち目のバレリーナなど、クセのある登場人物たちがさまざまな物語をつづりだす名作です。

その後もたくさんの群像劇がつくられてきました。

一九五〇年代なら、黒澤明監督の傑作『七人の侍』。これをハリウッドでリメイクした一九六〇年の『荒野の七人』。ドイツ軍の捕虜収容所から連合軍兵士たちが大量脱走する『大脱走』。

一九七〇年代に入るとパニック映画の群像劇という新しいジャンルもできて、転覆した豪華客船から脱出する『ポセイドン・アドベンチャー』や猛烈な火災の中を超高層ビルから脱出する『タワーリング・インフェルノ』などがつくられました。

これらの群像劇では、野武士に狙われた村や捕虜収容所、ホテル、超高層ビル、転覆した豪華客船などつねに一つの舞台が用意され、その舞台の上で登場人物たちがさまざまな人生を歩み、互いにからみあっていきます。最終的には全員の人生が重なり合っていって、大団円を迎えるのです。

ところが二十世紀の終わりごろから、このような旧来の枠には当てはまらない新しいタイプの群像劇が登場してきました。映画の用語ではアンサンブルプレイや多重プロットと呼ばれている手法で、作品のプロットが一本の物語に刈り込まれるのではなく、複数のエピソードが並行して語られるというものです。この手法のさきがけは、一九八〇年代にアメリカで放送されたテレビドラマ『ヒルストリート・ブルース』でしょう。

ヒルストリート分署の警察官たちを描いたこのドラマでは、同時にいくつもの事件や捜査、人間関係のエピソードなどが並行して進みます。そして、それらが分署のオフィスの事務室や署長室、取調室などで重なったり、つながったり、交錯したりしていく。ミステリー風の謎解きもあるのですが、それよりも登場人物たちのそれぞれの人間ドラマに重点が置かれているのです。

殺人事件が起きて最後に謎が解かれるというミステリーだと一話で完結してしまいますが、ヒルストリート・ブルースのような多重プロットの手法だと、次々に主人公を交替させていくことができ、物語もいくつでも増やせるので、作品を長続きさせやすいというメリットがあります。これがシーズンを年ごとに重ねていくテレビドラマには最適だったようで、八〇年代から九〇年代にかけて『新スタートレック』『ER緊急救命室』など多重プロットの作品がたくさん誕生してきました。

二〇〇〇年代を代表する人気テレビドラマとなった『24-TWENTY FOUR』も類型の

一つです。キーファー・サザーランド演じる捜査官ジャック・バウアーがテロリストと戦うドラマは多彩な人物が登場し、それぞれの物語が並行して描かれました。

注目すべきはドラマ内の時間の管理です。『24』は八つのシーズンが制作され、それぞれのシーズンには二十四のエピソードがあったのですが、一つのエピソード（約四十五分）がちょうどまる一日（二十四時間）をカバーしているという設定でした。画面の片隅には時計が表示されてリアルタイム感が演出され、ときには画面が二分割されて、登場人物のそれぞれのエピソードが並列に進行していることがわかりやすく説明されたのです。

多重プロットと、現実の時間感覚に近い短いタイムスパン。この二つがうまく組み合わせられたことで、『24』は二十一世紀的なリアリティを獲得したのではないかと私は考えています。

私はメディアやテクノロジーの変化を題材に原稿を書いたりお話をすることが多いので、仕事がら昔の映画を観る機会がよくあります。そんなときによく感じるのは、「時間軸が長いし、物語が冗長だなあ」ということ。多重プロットが普及する以前の作品では、一つの場面で展開される単一のプロットを長いタイムスパンで描くものが多かったのです。

たとえば一つの例を挙げてみると、一九八二年の大作映画『ガンジー』。インドの英雄マハトマ・ガンジーの青春から没するまでの長い人生を、たった一つの時系列に沿ってただひたすら描き、上映時間は三時間以上もあります。長大な時間軸に沿って私たちはガンジーの人生に寄り添い、彼の人生を理解するのです。

このころの映画を二十一世紀の私たちが今観ると、かなり冗長に感じます。逆に当時の観客が、今の『24』のようなドラマを観ると登場人物の多さとめまぐるしい展開に圧倒されて、まともに楽しめないかもしれません。

先ほども書いたように多重プロットは長いシリーズものへと展開しやすく、これが映画・ドラマ業界の要請にうまく適合したことが普及の原因になりました。しかしこれはあくまでも制作側の都合であって、視聴者や観客にはあまり関係がありません。そもそも『ガンジー』のような単一のプロットのほうがシンプルでわかりやすいはずなのに、なぜ登場人物が多くストーリーも複雑な多重プロットが多くの人々を熱狂させるようになったのでしょうか。

私はここに、人々が物語を受け入れる感覚が変わってきたことがあると考えています。『ER』や『24』の多重プロットでは、メインの物語が一本通っており、これをたくさんの登場人物がぐるりと囲み、それぞれの物語を描くのと同時に、彼らの視点からメインの物語がどう見えているのかについても描いていきます。つまり一つの物語に対するたくさんの視点があり、それにによって多様な考え方や視座のようなものがあるということを、観客は理解できる。深く重層的な物語になるのです。

多重プロットはテレビドラマだけでなく、映画の世界にも導入されるようになっていきます。映画では長いシーズンという構成は普通はありませんから、そういう要請によって多重プロットが広まったわけではない。どちらかというと、このような視座の重層化という描き方に新鮮さが求められたのではないかと思います。

多重プロットが導入された最も初期の作品は、一九九三年のアメリカ映画『ショート・カッツ』でしょう。ロバート・アルトマン監督が撮ったこの作品では、ロサンゼルスに住む二十二人の人物が登場します。日本でも村上春樹が訳して人気になったレイモンド・カーヴァーの小説がベースになっていて、『ささやかだけれど、役にたつこと』『頼むから静かにしてくれ』など九つの短編の物語が盛り込まれています。

この映画でたいへん興味深いのは、中心の軸となる物語が存在しないということ。それぞれの物語は同時並行に描かれて、しかし登場人物の多くは重なることも向き合うこともなく、幾何学で習う「ねじれの位置」のようにして無関係に進んでいくのです。

このアルトマンの斬新な演出を引き継いだのが、ポール・トーマス・アンダーソン監督。彼は一九九九年に『マグノリア』という傑作を物します。アンダーソン監督は『ショート・カッツ』から影響を受けたことを認めていて、「姉妹映画という感じで考えております。ただ、彼(アルトマン)と僕の映画の違う点といえば、僕のほうが、いくらかでも彼よりは希望的な映画をつくっているかもしれません」と語っています。

『マグノリア』の登場人物は九人。自己啓発セミナーのカリスマや、ガンで余命いくばくもないテレビのクイズ番組司会者、その番組に出演している天才少年、そして元クイズ王だけど今はしがない電気店の営業マンなど、なんとも言えず魅力的な人たちばかりです。そして『ショート・カッツ』と同様に、この映画では全員が関係する物語も場所もなく、物語は「ねじれの位置」で並行して進むだけです。

しかし最後にただ一つだけ、全員に共通する「できごと」が起きます。この奇跡のようなできごとは、びっくりするぐらい唐突で、物語との脈絡もありません。だから登場人物たちはみな一様に驚き、呆然となり、それまで積み重ねられてきた物語が寸断されてしまうのです。この唐突なエンディングも、実は『ショート・カッツ』を引き継いでいます。『ショート・カッツ』にしろ『マグノリア』にしろ、エンディングの唐突なできごとの意味は説明されません。因果の物語ではなく、必然性もなく、物語とは無縁に起きる奇跡なのです。それをどう理解するのかは、観客に任されています。

私はこの二作を見て、こういうメッセージだと受け止めました。

「人生には何が起きるか、誰にもわからない。悩んでも喜んでも、起きるときには突如として起きる」

私たち人間は、つねに「こうすれば人は不幸になる」「これをすれば幸せになれる」と因果の物語で考えたがります。しかし第三章でも説明したように、ほとんどのできごとは因果の物語ではなく、確率だったりべき乗則だったりで、理解不能なのです。そういう世界の本当のありように対する世界観として、「突如起きる奇跡のようなできごと」が両作品では提示されているのではないかと私は感じました。

『マグノリア』の登場人物は、みな過去を悔いています。「あのとき、あんなことをしなければよかった」「嘘をつかなきゃよかった」「もっと別のよい人生があったはずなのに」

過去に振り回され、人生を追い込まれているのです。そうして悔悟が臨界に達したときに、奇跡が起きる。その途方もなさに人々は呆気《あっけ》にとられ、気がつけばさっきまでの胸の苦しみはどこかに吹き飛んでしまっている。だからこの作品には、因果の物語からの脱出への希望のようなものが感じられるのです。

他の作品ももう少し見てみましょう。

二〇〇四年に米アカデミー賞作品賞を受賞した『クラッシュ』。タイトルは交通事故のことで、クリスマス直前のロサンゼルスで起きた自動車の衝突事故から物語は始まります。そこからいったん三十六時間前に戻り、もう一度時系列を追い直すという複雑な時間構成になっています。

この映画の主題は、民族と人種の断絶と融和です。差別的な白人警官、差別される黒人のテレビディレクター、ヒスパニックの錠前屋、イラン人の金物店主。彼らがあちこちで出会い、ぶつかり、憎しみ合い、殺し合い、そして融和し、理解し合うという物語が描かれます。しかし、やはり一つのメインの物語には集約されないのです。

二〇〇六年の映画『バベル』。ブラッド・ピットとケイト・ブランシェットというハリウッド大物俳優に加え、役所広司、菊地凛子という日本人俳優も出演したこの作品は、モロッコ・メキシコ・東京という三つの土地で展開する四つの物語が描かれています。

ここでもやはり、物語どうしに強い関係はありません。モロッコの遊牧民の兄弟が遊びで銃を撃ったら、その弾が遠くを走っていた観光バスを撃ち抜いてしまい、ケイト・ブランシェットが重傷を負います。しかし兄弟とケイト・ブランシェットが出会うのはそれで終わりで、以降はまったく別にそれぞれの物語が進むのです。東京のシーンにいたっては、他の物語とはまったく関係がなく進みます。ただ遊牧民兄弟の撃った銃が、実は役所広司が昔狩猟でモロッコに行ったときに、ガイドに贈ったものだったという淡すぎる関わり合いが短く紹介されるだけです。

この映画が主題としているのは、題名にもなっているバベルの塔です。旧約聖書に出てくるこの塔は人間の傲慢の象徴で、怒れる神に叩き壊され、人間の言語も分断されてしまいます。つまりコミュニケーションの断絶の象徴で、『バベル』は人々の意思疎通がうまくいかない現代社会の状況を描いているのです。

これらの作品に共通しているのは、明確な一つの世界観という主題はあるけれども、描かれているたくさんの物語、たくさんの登場人物は「ねじれの位置」にあるだけで、一つの物語には決して集約されないということ。こうした描き方はほかにも『トラフィック』(二〇〇〇年)や『ラブ・アクチュアリー』(二〇〇三年)などいくつも見られます。

これらの作品は九〇年代から二〇〇〇年代に集中しており、一つの流行だったと切って捨てることもできるでしょう。ただ私はここには単なる流行ではない、映画芸術の新たな価値観、新たなスタイルのようなものが垣間見えていると考えています。

強力な物語を中心軸に持ってきて、ジェットコースターに乗っているように観客を一本の軌道でするすると運んでいくのが普通の映画だとすれば、このような多重プロットの映画はまったく異なる世界を描いています。主要な登場人物だけでもやたらと多く、しかしタイムスパンは短い。先ほど紹介した映画の時間軸を調べてみましょう。『ショート・カッツ』は四日間。『マグノリア』はまる一日。『クラッシュ』は三十六時間。『バベル』は二日間ほど。

どの映画も二時間を超える大作なのに、タイムスパンはとても短いことがわかります。この短い時間に、十人から二十人ぐらいの登場人物がわらわらと登場し、さまざまな物語を演じ、交錯したり向き合ったり、ただすれ違ったりしていく。観ている側もついていくのに忙しく、決してわかりやすくはないのです。

映画監督・脚本家の大岡俊彦は自身のブログで「群像劇の問題は、整理されていないこと、そのものである」と指摘し、『クラッシュ』についてアメリカの銃をめぐる入り組んで混沌とした状況をテーマにしているけれども、「混沌の俯瞰」はモチーフの素描でしかなく、秩序だって観られるようにはなっていないと批判しています。

そしてこう書くのです。

「混沌を混沌として表現するのは、写真家の仕事に過ぎない」

映画というものを時系列に沿った因果の物語として捉えるのであれば、この指摘は的確です。

しかし本書でこれまで説明してきたように、私たちの世界は因果の物語でできているのではない。二十一世紀に生きる私たちはそれを皮膚感覚として理解するようになり、今この瞬間の世界を立体的に捉えるようになってきている。xyztという時空間のグラフで言えば、tという時間軸ではなく、xyzという今この瞬間のグラフによって世界を認識するようになってきている。その文脈に推せば、「混沌の俯瞰」のような立体的な映画は、まさに二十一世紀のわれわれにとっての同時代的な文化だと言えるのではないでしょうか。

そしてこの「混沌の俯瞰」には明確な一本の物語はないけれども、「因果関係からの脱却」「民族の衝突と融和」「コミュニケーションの断絶」というテーマが頑として存在しています。これは考えてみれば、私たちが生きているこの世界を私たちがどう認識するのかという、私たちの世界認識そのままの姿ではないでしょうか。私たちの生きているこの世界を、なんらかの世界観や哲学とともにできるだけ生々しく描こうとすれば、必然的に多重プロットの群像劇に帰結していくのではないかと思うのです。

ここまで、テレビドラマや映画、文学などを題材にして「世界の描き方」がどう変わってきているのかを垣間見てきました。

本章で説明してきたように、私たちの世界認識は「摩擦感覚」「空間感覚」「遍在感覚」という三つの感覚の変容を伴い、それをテクノロジーがアップデートしようとしています。そしてこの変化のありようは社会のさまざまに及んでいて、映画や文学でさえも影響を受けている。

多重プロットの群像劇は「混沌の俯瞰」という世界との「摩擦」を描き、たくさんの登場人物が重層的に登場する「遍在」の感覚を持ち、そして短いタイムスパンによってその瞬間の世界のありようを「空間」的に描いている。

まさに、この三つの感覚が浮き彫りになっていると言えるのです。

第六章

新しい人間哲学の時代に

「自分ごと」の障壁

私たちは、今新たな世界観を求めているのです。

近代というこぞって誰もが成長できる時代が終わりつつあり、情報通信テクノロジーによって時間の感覚さえもが揺らいできている。明らかに世界認識の枠組みは変わらざるを得ないところにきていて、しかしまだ明確な枠組みははっきりとは見えてきていない。ここで私たちは世界に再びつながり、この世界の設計図を見直したいと思っている。

本書で書いてきたように、因果の物語はもはや有効な世界認識ではないということは、とっくの昔にわかってしまっています。

では、私たちが確率の物語やべきの物語を自らの世界認識として獲得できるのか。あるいは機械の物語はどうなのか。これらはあまりにも私たちの直感とかけ離れていて、とても理解しがたい。

「機械の物語」である深層学習が急速に広まってきたのは、二〇一〇年代になってからとごく最近ですが、残りの二つの歴史は案外と長い。

「確率の物語」で数学的な確率論をフェルマーとパスカルが考えたのは十七世紀。これをもとに確率論を社会一般に当てはめられるようにしたのがベルヌーイの大数の法則で、十八世紀。

「べきの物語」である「べき乗則」の原型が考えられたのは十九世紀。第二次世界大戦の終わりごろには、地震の大きさと発生する頻度が「べき乗則」に従うことが発見され、一九八〇年代には自己組織化臨界の考えが生まれました。

十七世紀ぐらいから二〇一〇年代に至るまで、さまざまな発見が連綿と続き、「確率の物語」「べきの物語」「機械の物語」は進化してきました。この間にたくさんの啓蒙書も書かれ、普及に努められてきたのです。しかし研究分野の人たちを除けば、普通の社会ではこれら新しい物語はあまり根付いていないのが現実です。

なぜでしょうか。

私はこれを、「自分ごと」の障壁ではないかと捉えています。

第二章で、エピソード記憶について説明したのを覚えていますか。

長期記憶には二種類あり、一つは「織田信長は一五八二年に本能寺の変で亡くなった」という事実のみを記憶する意味記憶。

そしてもう一つは「小学校六年生のとき、大好きだった先生から貸してもらった本に本能寺の変のイラストがあって、織田信長が壮絶な最期をとげる様子が描かれていたなあ」というような、自分がどこで何をしていたのかという経験も含めているエピソード記憶。

受験勉強の日本史で苦労したように、意味記憶はなかなか覚えにくいのですが、エピソード記憶は覚えやすい。

エピソード記憶は、流れていく時間軸の中で自分が経験したことだと自己意識で理解して覚えているものです。自己意識をもっていない犬やネコは日々の暮らしで、ただ無意識に経験を積み重ねていくのに対して、自己意識をもつ人間は「昨日はこんなことがあった、明日はこういう予定がある」と時間の中で自分の存在をつねに確認しているのです。つまり「自分ごと」になった記憶だから、忘れにくいのです。

「隣の村に住んでいる男がこの前、森の端に生えているキノコを食べて死んだのを見た。だから、あのキノコを食べてはいけない」

自分の中にくっきりとした「因果の物語」を自分ごとのエピソードとして焼き付けることで、私たちは世界を認識しやすくしているということです。

残念ながら「確率の物語」「べきの物語」「機械の物語」には、エピソード記憶にあるような「自分ごと」に引きつけて世界を理解しやすくするという能力が欠けています。だから私たちはいつまで経っても、「因果の物語」の呪縛から逃れられない。

とはいえ第四章で書いたように、私たちの前には素晴らしい選択の自由が開けているという感覚も、もはや有効ではなくなってきています。未来に過大な期待を抱けない時代に、「因果の物語」はもはや明るい未来のシンデレラ・ストーリーではなく、つらい呪縛に変わりつつある。

その呪縛から逃れる一つの突破口として、第五章では摩擦・空間・遍在という三つの新しい感覚がテクノロジーによって支援されようとしているということを書きました。この三つの感覚は、「因果の物語」に代表される時系列の t 軸世界ではなく、今この瞬間の世界という x y z 軸世界につなぎとめられる直感をもたらしてくれる。

この方向は、因果の呪縛から逃れるための大きな一助となるでしょう。

でもまだ、私たちはそれでも解き放たれない。精神をもう一歩、前に進めなければならない。だからここで、もう一つの補助線を追加しましょう。それはオートポイエーシス理論です。

オートポイエーシスとは何か

先に宣言しておきましょう。これから説明するオートポイエーシスには、本書の流れに沿って二つの大きな意味があります。

一つは、機械と人間や仮想と現実といった区別はもはや意味をもたないのではないか、という直感を得られること。

二つめとして、「生」に目的は必要ないということ。私たちは生きているからこそ生きているのであって、そこには過去も未来も現在もありません。「生きよう」と思った瞬間に、「生」はただ立ち上がるということ。

オートポイエーシス理論は一九七三年、チリの生物学者ウンベルト・マトゥラーナとフランシスコ・ヴァレラが書いた論文から始まっています。生命がどのようにして生きているのかということを説明する、まったく新しい理論として注目を集めました。

オートポイエーシス理論は、生命には四つの特徴があるとしています。

第一に、自律的であること。外界が変化しても、昆虫の変態のように見た目が変わっても、自律的に自分を保っているということ。

第二に、一つの個体であること。

第三に、外の世界との境界を、自分自身で決めていること。

第四に、外の世界からの入力も、外の世界への出力もないということ。


第一から第三までは、「生物って、そういうものだよね」とすんなり理解できるでしょう。厄介なのは、第四です。

「入力もなければ、出力もない」とは、どのような意味なのか。私たち動物は、呼吸や食事などで外の世界からエネルギーを取り入れ、二酸化炭素を吐き、排便して外の世界に出力しています。それがごく普通の認識だと思うのですが、オートポイエーシス理論はこれを否定しているように見えます。

一つの細胞の動きを例にして、この意味を考えてみましょう。

細胞は、自分の外側にある組織液から酸素や養分を取り込んで、化学変化させ、そこからエネルギーを得て、活動しています。このとき細胞は、「酸素をこれだけもらったから、これだけのエネルギーを出そう」などと外部との関係を調整しているわけではありません。そう見えるのは、私たちが俯瞰して、つまり「上から目線」で細胞を観察しているからです。人間の観察者から見れば、細胞は外から酸素や養分を入力し、エネルギーをつくって活動を出力しているように見えるということです。

でも、視点を細胞本人に合わせてみたらどうでしょうか。

細胞には自己意識なんて存在しないので、自分を俯瞰的に見るようなことはしません。ただ活動し、ひたすら酸素や養分を取り込んでいるだけです。入ってくる酸素量がどのぐらいの量なのか、などはいっさい考えていません。結果としては酸素量が多ければ活発になり、少なければ静かになりと影響は受けますが、それを細胞が意識しているわけではありません。

つまり細胞が一人の個人だと仮定すれば、彼（彼女）にとっては人生はただ無我夢中で生き延びるだけのものであって、外界からの入力とか出力とか、そういう発想がはなから存在していないといえるでしょう。

オートポイエーシスは、まさにこの細胞という当事者の「視点」を重視する考え方なのです。

観察者の俯瞰的な視点ではなく、駆動する生命そのものの視点で見ると、生命のシステムはどう見えるのか。そう考えると、「入力も出力もない」ということになるのです。よりわかりやすく言い換えれば、「入力も出力も気にしていない」ということです。今そこにある養分や酸素や食料や情報があれば、ただそれを使うだけなのです。

親友がボットだった……

あなたは今、リゾートホテルに宿泊し、窓の外の景色を見ているとします。海辺にあるオーシャンビューの部屋だったら、窓外には真っ青な海と水平線が広がっているでしょう。美しい風景を前にして、私たちは感動します。そのとき起きているのは、視神経を通じて入ってきた外界の像が、脳の情感的な神経細胞の経路を刺激しているということです。

では、まぶたを閉じて、先ほどまで見ていた窓の外のきれいな景色を思い出したらどうなるでしょうか。記憶はまだ鮮明ですから、ほぼ同じ風景が頭の中で再現されるはずです。

ここで、脳は外界の像を再現している。そしてこの再現された風景も、本当に外部から入力された風景と同じように、感情を刺激していると言えます。

ということは、脳にとっては実際に外部から入力された風景であっても、脳の海馬によって再現された風景であっても、同じように扱われていて、そこに区別はないということになります。神経細胞の情感の経路からすれば、視神経を通じて入ってきたものであろうが、脳の海馬に保存された記憶であろうが、記憶が劣化さえしていなければ扱いは同じということになる。

つまりここでは、外の世界の風景か、内部の記憶なのかということに区別はない。どちらであろうとも、感動的に美しい風景であれば、情感のシステムは動きはじめるのです。これは近年、自己意識発生のメカニズムを解明する考え方として注目されている「統合情報理論」でも指摘されていることです。外界からの入力が意識を生むのではなく、神経細胞どうしの膨大な相互作用が意識を作り出しているのではないかとされている。

これは、情報通信テクノロジーの未来とも重なってきます。

VRやAR、MRなどの空間テクノロジーがさらに進化し、人間の眼の解像度を超えるレベルの仮想のモノが表示できるようになれば、そこではもはや仮想と現実の区別はつかなくなるでしょう。私たちは眼の前に存在しているように見えるモノや情報を、必要があれば使うし、必要がなければ放っておく。

空間テクノロジーの世界で他の人々や機械とSNSでつながり、情報がそこから流れてきたり、誰かとの共感や共鳴を感じるようになっていく先では、その情報提供元や共感する相手が機械か人間かはさほど重要ではなくなってきます。私たちにとっては、そこに存在するかのように見えて、実際に私たちと相互作用をして善きことをしてくれる他者が存在するのであれば、それでじゅうぶんということになるのです。

「ツイッターでずっと仲良くしていた人がボットだった」というブログの記事がありました。ボットというのは自動的にSNSに文章を配信してくれるプログラムで、ツイッターなどではよく使われています。よくできたボットはまるで思考する人間のように返信してくれたりするので、一見するとプログラムだとは気づかないこともあります。

この記事を書いたブロガーも、相手がボットだとはまったく気づかないまま二つのアカウントとツイッター上で知り合い、「家に帰ってきたよ」というツイートに「お帰り」と返信してくれ、目ざめれば「おはよう」と挨拶してくれるものだから、「いい人たちだなあ」とささやかなやりとりに癒やしを感じていたのです。

ところがある日、このうちの一人がまったく同内容の発言を、脈絡なくくり返していることに気づきます。そして二人ともがボットだったことを知り、驚愕するのです。親友が実は人間ではなく、感情も意識ももたないボットだったというのはなんという切ない話でしょう。

テキストのメッセージでやりとりしているだけでは、相手が人間かどうかはわかりません。ＡＩのテキストの分析と応答は日進月歩で高性能になっていっているので、もはやテキストだけでは人間かボットかはまったく区別できないという状況になりつつあります。

先駆的なコンピュータ科学者だったイギリスのアラン・チューリングは一九五〇年、チューリングテストというものを考えました。ある機械が「知性をもっている」かどうかを判定するためのテストで、人間の試験者がキーボードとディスプレイと向き合ってテキストで機械や他の人間と会話し、試験者には自分がやりとりしている相手が誰かを伏せておきます。もし試験者が相手を機械か人間かを区別できなかった場合には、この機械はテスト合格で「知性がある」と認められる。

このチューリングテストの概念は大きな注目を集めたのですが、異論もたくさん出ました。知性というレベルではまったくない簡単なプログラムでも、人間をすっかり騙《だま》せるプログラムもつくられました。

最も有名なのはマサチューセッツ工科大学のジョセフ・ワイゼンバウムが開発した「イライザ」でしょう。これは人間のカウンセラーのように振る舞うプログラムです。

こんなふうに会話できます。

イライザ「何かつらいことがあるのなら、ここでお話ししてみてはいかが？」
人間「今とても眠いのです」
イライザ「そうなんですね。続けて」
人間「だけど、夜になると眠れなくて……」
イライザ「試してみたの？」
人間「はい。何度も試しました」
イライザ「感じてることを話して。続けてみて」

定形の返答を返したり、相手の言っていることをオウム返ししたりしているだけなのですが、まるで優しいカウンセラーに寄り添ってもらっているように感じます。

「機械か人間か、仮想か現実か」はもはや意味がない

哲学者のジョン・サールは一九八〇年、「中国語の部屋」という思考実験を考えました。密室になっている部屋の中に、閉じ込められているアメリカ人がいます。壁についている小窓から、定期的に中国語の手紙が投げ込まれてきます。それを拾ったアメリカ人は中国語をまったく知らないので、手紙に何が書いてあるのかわかりません。でも部屋の中には分厚いマニュアルがあって、そこに「こういう文字が書かれていたら、この中国語の文字を書いて窓から放れ」と懇切丁寧に説明されている。彼はこの作業をひたすらくり返しています。

この部屋の外に中国人がいて、彼は部屋の中に誰がいるのかは知らない。でも中国語の手紙を投げ込むと、それに対してちゃんと中国語で書かれた返信が戻ってくる。中国人はすっかり「部屋の中には中国人がいるんだな」と信じてしまいます。

サールがこの思考実験で言いたかったのは、自己意識や知性がない存在であっても、適切なマニュアルがあれば、知性があるように装ってしまえるということ。つまりチューリ

ングテストだけでは、機械に知性があるかを判別することはできないという指摘なのです。「中国語の部屋」は、二十一世紀のＡＩ機械学習が行なっていることとほとんど同じです。機械学習は、眼の前の現実を分析し、人間とは異なる方法で新たな発見を手に入れます。機械は決して人間のように思考しているわけではありません。でも人間の側から見れば、まるで天才が頭をひねって新たな発見をしてくれたように感じ、ＡＩに知性を感じてしまうのです。

機械には感情や自己意識はありません。だから私たちが機械に知性を感じたり、友情をもったり、カウンセリングを受けているように感じるのは、どれも装っているだけのフェイクです。

でもフェイクで何が問題なのでしょうか。生身の人間だって、相手が何を考えているのかは本当にはわからない。恋愛のはじまりのときに、「この人も自分のことを好いていてくれるんだろうか？」ともやもやと悩んだ経験は誰にでもあるでしょう。

私たちが他の人間の考えていることはわからないけれど、でもそこに素晴らしい人間関係を成り立たせているのと同じように、機械が装った知性や友情に感じ入って、それで共感し癒やされるのであれば、それは一つの救いになりうるのではないでしょうか。

これは過去と現在、未来についても言えることでしょう。本書で書いてきたように、時系列が意味をなくしていく二十一世紀には、時間からも空間からも解き放たれたすべての他者が眼の前に存在しています。それは新しい音楽であり、古い音楽であり、新しい書物であり、古い書物であり、今生きている人であり、いずれ生まれてくる人であり、すでに亡くなっている人たちでもある。それらすべての他者が、同時に眼の前にあり、私たちに用意されているのです。

前章で登場していただいたマサチューセッツ工科大学メディアラボの石井裕は、逝去《せいきょ》されたお母さんが生前にたくさんの短歌を詠《よ》んでいたことから、それらの短歌をツイッターのボットに収納しました。そのボットは定期的に短歌を配信し、まるでお母さんが生きていて日々短歌を詠んでいるように感じさせてくれる。このボットを「雲海墓標」と名づけた石井は、こう話していました。

「絶えず、僕の母のボットは母の存在をいろいろなときに思い出させてくれるのではないか。だから僕も自分の墓のボットのアカウントをつくりました。みんな死ぬのが怖い。忘れられるのが怖い。だからピラミッドをつくったり、金の銅像をつくったりするのです。でも僕たちのメッセージが僕たちのライフスパンを超えて意味をもつのだとすれば、それを雲海にあげて、それをことあるごとにさえずってくれるエンジンがあったらどうか。それが僕らの新しい墓標です。あと五十年経ったら僕はいません。でもボットはサーバーが死ななければ、ずっとさえずり続けるでしょう」

死を経験したことのある生者はいません。私たち生きている人間にとっては、死はつねに他者の死でしかない。もし私たちが、フェイクでもいいから死者を生きているのだと思い込むことができれば、それはすなわち「生きている」と言えるのかもしれません。

生きている友人や家族であろうがボットであろうが、あるいは死者であろうが、それらは私たちが最終的には理解できない他者であるという意味では同じものです。でも私個人という立ち位置から見て、そこに情報や共感などが生まれるのなら、私たちは人生を豊かにすることができる。

それはまさに、そこにある情報やモノがどこからやってきたものであるのかを問わずに活用し、それによって生命が駆動するというオートポイエーシスのメカニズムと同じなのだと思います。

とです。

「生」を自律的に動かすシステム

オートポイエーシスに話を戻しましょう。

この理論のさらに重要な点は、「生」に目的は必要ないということを指し示しているこ

オートポイエーシスの理論は、「生命がどう自分を生み出し続けるのか」という生命の当事者の視点からシステムを見ています。当事者から見れば、外部か内部かはたいした問題ではない。ただ自分自身が生き延び続け、生み出し続けるために、あらゆる場所からさまざまなエネルギーや情報を取り込み続けるということしか考えていないのです。

オートポイエーシスは当事者の世界観であり、私たちが生きているこの環境、この世界がすべて私たちの生存と再生産のために存在していると捉えるのです。

この世界観を、人間の社会に当てはめたのが社会学者のニクラス・ルーマンでした。

ルーマンは、人々の間に言葉などによるコミュニケーションが生まれることによって、「コミュニケーションしている人たち」という領域が生まれ、これが社会をつくり出すと

考えました。つまり最初から社会があって、そこにコミュニケーションがやってくるのではなく、先にコミュニケーションがあって、コミュニケーションが生まれた瞬間に、社会というものが突如として動き出すようになったという社会論を打ち出したのです。

コミュニケーションが存在しない世界を想像してみましょう。

森のあちこちにある小さな小屋に一人暮らしの人たちが点在し、お互いにまったく交流がなければ、社会ではありません。森の小屋の人たちが互いを見出し、会話するようになってはじめて、社会が生まれる。最初は二人の会話でも、三人になり四人になり、そして数十人が交流し、湖のほとりの広場で集まり、みんなで酒を酌《く》み交《か》わすようになれば、それは立派な社会です。つまり人間社会には目的などはなから存在せず、コミュニケーションがあったからこそ社会が成り立ったということなのです。

さて、ここでもう一つの疑問が出てきます。

外部との入力も出力も気にしていない生命はただ「生きている」わけですが、じゃあこの「生きている」という決定はいったい誰がしているのでしょうか？

社会がコミュニケーションによってはじめて成り立ったのなら、誰が「コミュニケーションしよう」と考えたのでしょうか？

俯瞰的に見るのなら、細胞には入力と出力があって養分を取り込んで活動しているという説明はわかりやすいのですが、自己意識も何もないような一つの細胞の視点から見るのであれば、それは「自分ごと」化なのだから、そこに何らかの当事者が存在しなければならない。

では、細胞の当事者っていったい何でしょう?

ここで、もう一つの理論を加えます。

ノーベル化学賞を受賞したドイツの生物学者、マンフレート・アイゲンが一九七〇年代に提唱した「ハイパーサイクル」という理論です。日本におけるオートポイエーシス研究の第一人者である河本英夫は、ハイパーサイクルによってオートポイエーシスが実現するのだと指摘しています。この理論は、原始の地球では単なる化学物質だった生命の源が、どのようにして自ら活動する生命になったのかを説明するものです。

われわれの身体の大部分はタンパク質でできています。さまざまなアミノ酸がいくつも結合してタンパク質をつくり、それが組織や臓器を形成する部品や酵素になります。アミノ酸をどう結合させてどのタンパク質をつくるのかという設計図は、核酸であるＤＮＡの中に記されています。ＤＮＡの設計図はＲＮＡにコピーされ、ＲＮＡは設計図に基づいて必要なアミノ酸を集めてきてつなぎ合わせ、タンパク質をつくります。

生命が地球上で生まれたのは、核酸がアミノ酸からタンパク質を合成するようになったからです。

でも、そういう化学的な合成だけで、なぜそれは単なる物質ではなく、躍動的な生命になったのでしょうか？

いったい誰が、核酸に対して「タンパク質を合成せよ」と命じたのでしょうか？

生命の起源を考えると、この「主体は誰なの？」という疑問が湧いてきます。

ハイパーサイクルは、その一つの回答として考えられました。

こういう説明です。

誰かが核酸に命じたのではなく、単に核酸とタンパク質の間で相互作用が起きた。その相互作用自体は化学的なものでしかありません。でも相互作用が起きると、それによってシステムが動きはじめる。アミノ酸と核酸が存在するだけでは、それは生命ではありません。単なる有機物の集まりです。でもそれが連続し、核酸がＲＮＡタンパク質を合成しはじめ、そのタンパク質によってさまざまな部品が形成され、さらにそこから新たなタンパク質が求めてつくられ……というサイクルが始まると、その瞬間に、それは生命に変化し

図13　ハイパーサイクル

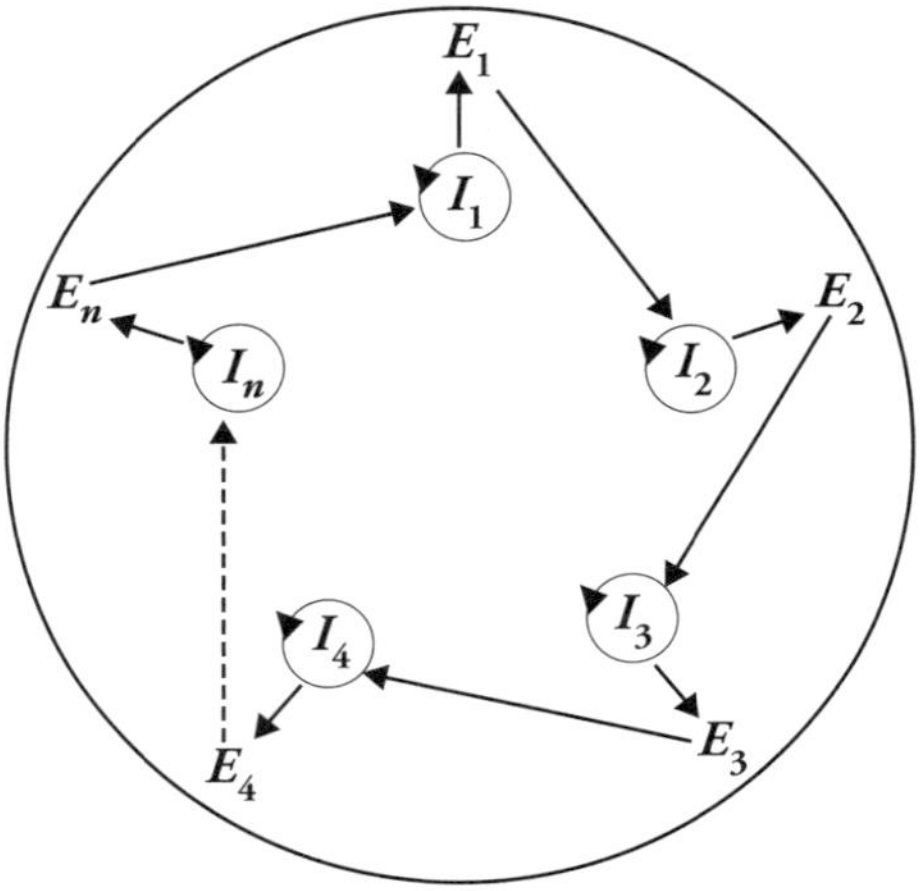

ていると考えるのです。

ハイパーサイクルは、それをビジュアルで表現したものです。図13のように描かれます。

図に「I」と「E」とあるのは、どちらも生命をつくる物質です。第一の物質I（I1）が現れると自動的に第一の物質E（E1）が生成され、第一の物質Eが今度は第二の物質I（I2）をつくり、この第二のIが第二のE（E2）をつくり、とドミノ倒しのように続いていく。それぞれは自動的に行なわれる単なる反応なのですが、反応が連鎖することで、全体がぐるぐると回り始めるのです。つまり、ハイパーサイクルは自律的に勝手に動くシステムなのです。

止まっているときは単なる物質の集まりだったのが、回りだした瞬間に生命という自律的なシステムに変わるのです。

やがて運動が終わると、外からの入力を受け付けなくなり、そうすると相互作用もなくなって、停止します。停止すると、もはや自律的なシステムではなくなって、つまり生命ではなくなり、単なる物質の集合に戻ります。

こうなった状態では、もはやハイパーサイクルには外部も内部もありません。単に物質がそこにあるだけです。つまりハイパーサイクルは動きだすことによってはじめて外と内の境界をつくりはじめるということなのです。そして、運動が停止するとシステムじゃなくなって、外と内の境界も消滅する。生命もこのように始まったのではないか、とアイゲンは考えたのでした。

単なる化学的な相互作用だけれど、それによって動きはじめてシステムができたから、自律的な生命になった。

つまり、生命の主体である「誰か」が核酸にタンパク質を合成せよ、と命じたのではない。核酸とタンパク質が相互作用したときに、その相互作用が自律的な動きとしてシステムになり、それが動き続けることで生命の主体になったということなのです。

ここでは外部も内部もありません。システムが動きはじめることによって外部は内部になり、システムが終わると内部は外部になる。そのくり返しなのです。

第三章で、ＡＩの機械学習のもとになった神経細胞のしくみについて解説しました。一千億もある神経細胞は、シナプスで互いにからみあっていて、そこで流れるシナプス電位と活動電位という電気信号が、私たちの豊かな情感や論理的な思考を生み出しています。

記憶があるのは海馬という部位ですが、それ以外の思考や感情は大脳の中の特定の場所にあるわけではありません。一千億の神経細胞がからみあって、そこに電気が流れ、それらの電気が流れた「経路」によって思考や感情が生まれる。何度も同じ経路を電気が流れると、そこには電気が流れやすくなり、同じような脳の働きをしやすくなる。私たちが「訓練」と呼んでいるものは、電気を同じ場所に何度も流して流れやすくしているということなのです。

さまざまな経路を電気が流れると思考が生まれ、電気が止まるとその瞬間にその思考は終わる。しかも、それはあくまで単なる経路の集まりであって、どこかに部位があったり中心があるわけでもない。しかし、それらの膨大な集合が自己意識さえも生み出している。

これはまさに、外からの入力もなく外への出力もなく、ハイパーサイクルのように動き出した瞬間に生命の動きが立ち上がり、自ら思考するというのと同じことなのです。

このハイパーサイクルを理解すると、オートポイエーシスの「入力も出力もない」世界で、生命の主体がどう始まるのかが理解できます。

「生」に目的は必要ない

ハイパーサイクルとオートポイエーシスの論理からわかってくるのは、そこには「目的など存在しない」ということです。目的があって生命が生まれるのではなく、相互作用によって活動が始まったから、ただその瞬間に生は立ち上がるのだということ。「今この瞬間」の相互作用によってのみ、私たちの生も立ち上がるのです。

長い時間の先にある目標と、そのための道筋ではない。目標など気にせず、自ら動きはじめ、動き続けることによってのみ、私たちは自らを決定づけることができると言えるのではないでしょうか。

オートポイエーシスを提唱したマトゥラーナとヴァレラは、この「目的などない」といということを、非常にわかりやすいたとえ話で説明しています。

「まず私たちが二つの家をつくりたいと思っているとしよう。この目的のためにそれぞれ十三人の職人から成る二つのグループを雇い入れる。一方のグループでは、一人の職人をリーダーに指名し、彼に、壁、水道、電線配置、窓のレイアウトを示した設計図と、完成時から見て必要な注意が記された資料を手渡しておく。職人たちは設計図を頭に入れ、リーダーの指導に従って家をつくり、設計図と資料という第二次記述によって記された最終状態にしだいに近づいていく」

「もう一方のグループではリーダーを指名せず、出発点に職人を配置し、それぞれの職人にごく身近な指令だけをふくんだ本を手渡す。この指令には、家、管、窓のような単語は含まれておらず、つくられる予定の家の見取り図や設計図もふくまれてはいない。そこにふくまれるのは、職人がさまざまな位置や関係が変化する中で、なにをなすべきかについての指示だけである。これらの本がすべてまったく同じであっても、職人はさまざまな指示を読みとり応用する。というのも彼らは異なる位置から出発し、異なった変化の道筋を取るからである」

どちらの場合も、最後は同じようにちゃんと家ができ上がります。しかし前者のグループは職人は最終結果を知っているのに、後者は自分が何をつくっているのかさえ自覚しておらず、目的もわかっていません。家をつくろうという意志さえないのです。でも観察者からすれば、どちらも家をつくっているように見えるのです。

アリは複雑で高度なアリの巣をつくりますが、アリの巣全体の設計図が存在するわけではありません。後者のグループのように、眼の前の仕事をやっていたら、気がついたらアリの巣ができていただけです。自己意識など存在しない動物や植物は、そもそも目的など意識していません。目的などまったくもたずに生きている。

このような「目的など要らない。ただ駆動したから生はあるのだ」という考え方。これを人間の生にまで当てはめることに抵抗のある人も多いでしょう。アリはともかくも、人間には意識と知性があり、「ただ生きているから生きているのだ」という野獣のような無目的な生などあり得ない！と怒る人がいるかもしれません。

「フェルマーの原理」に反発した人たち

第三章に登場してもらった数学者フェルマーは、確率というものについてパスカルと手紙をやりとりする少し前の一六六一年、後に「フェルマーの原理」として知られるようになる物理法則を発見しました。

「二点間を結ぶ光の経路は、その所要時間を最小にするものである」

水槽に水が入っていて、そこに光を当てます。光は直進しますが、水面に到達すると、そこでいったん折れ曲がります。水槽の底に到達した光を横から眺めると、光は直線ではなく、水面で折れ曲がって「くの字」のようにして水底に達しているように見えます。

なぜ光が屈折するのかといえば、水中では光の速度が落ちるからです。水中を光が通過するとき、真空中の七五パーセントほどの速度しか出ません。光は水中で遅く、空気中で速いので、水中を進む距離はできるだけ短いほうがいいのですが、かといってあまり短くすると空気中の距離が長くなりすぎて、逆に時間がかかります。この二つのバランスをちょうどよくとって、最小の時間で水底に到達するコースになるのが実際の経路です。その

図14　フェルマーの定理

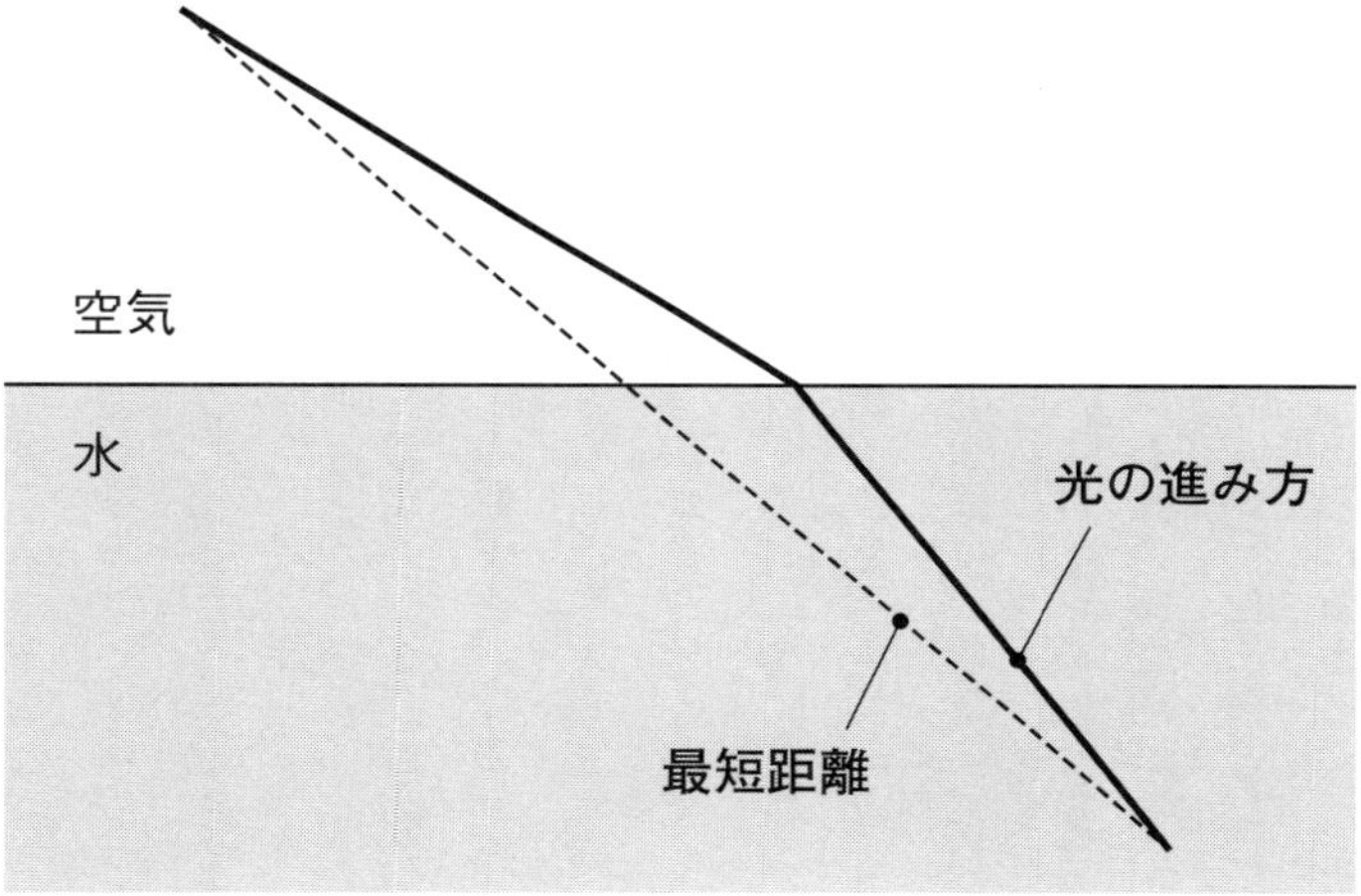

ために屈折するのです。

このように説明すると、物理学になじんでいない人は不思議に感じるのではないでしょうか。

「光は自分で到達時間を計算しているの？」

「光は自分で最小時間となる経路を探し当てたのですか？」と。

光にはもちろん意識も知性もありませんから、そんなことを考えているはずがありません。

でも、知性がないのだったらわざわざ屈折などせずに、ただ無我夢中で直進するはずなのでは？

それなのに、なぜ先回りして到達時間を

計算し、わざわざ屈折するようなことができてしまうのでしょう?

これに不思議さを感じるのは、フェルマーの原理の文章が、光の目線に立っているように思えるからでしょう。光が自らの意思で目的をもって進み、最も短い時間で進む経路を探していく、というイメージで語られているからです。

これは、光の目線ではなく普通の俯瞰的な目線で見れば、そんなに不思議なことではありません。フェルマーの原理を、光の経路に限らず一般的な物理法則に当てはめたものを「最小作用の原理」、さらにそれを数学に当てはめたものは「変分法《へんぶんほう》」と言います。最小作用の原理は、思い切りわかりやすくしてしまうと、こういうことです。

「モノが進むときは、いちばん労力の少ない方法で進む」

たとえばキャッチボールを考えてみましょう。投げたボールはゆるい放物線を描いて、相手のグローブに収まります。地球上には重力があり、空気の抵抗があるから、放物線を描いて飛んでいくのがいちばん労力が少ない。この最小作用の原理が存在しないとすると、ボールはどんなラインを描いても構わないことになってしまいます。グルグルとらせんを描いて飛んでいったり、いったん後ろに飛んでいって途中からUターンしてきて相手のグローブに向かったり、あらゆる方法で飛んでもいいことになってしまう。昔の野球漫画に出てくる現実離れした「魔球」でもない限り、地球上ではそんなことは起きません。

光も同様で、最も労力の少ない方法で進んで、水面で屈折して水底へと向かうのです。俯瞰的に見れば当たり前なのだけれど、それが光の目線になると、なんだか光が目的をもっているように感じて、不思議に思えてしまう。

フェルマーがこの原理を発表したとき、当時の人たちも不思議に思いました。実際、哲学者のクレルスリエはこんな反論の手紙をフェルマーに送っています。

「貴殿が証明の根拠としておられる原理、すなわち自然はつねに最も短く最も単純な仕方でふるまうという原理は、道徳的な原理にすぎず、物理の原理ではありません」

まるで光が意思をもってゴールを設定しているような言い方で、これは物理法則ではなく、どちらかといえば「道徳的」で、強烈な違和感があったというのですね。こういう反発の裏側には、強い意志があり、人生に目標をもっていることこそが人間の表れであるという意識があるのだと思います。

私たちはどうしても、自覚や意志に基づいて行動する主体であり、ゴールに向かって邁《まい》進《しん》していることを、人間ならではの素晴らしい特徴であると考えてしまいがちです。自然界の動物や植物などの生命には、主体性も目的もない。しかし人間だけは違う、と。

従来の人間観は変わらざるを得ない

しかしながら、そもそも人間性というものの意味を問い直すときが来ていると私は考えています。

本書でこれまで考えてきたように、二十一世紀の世界ではもはや輝かしい目的やゴールは存在しなくなる。工業化や人口爆発は今はまだ世界のあちこちで続いていますが、遅れて到着してきたアフリカや中東などの工業化が完了してしまえば、世界の人口もそれ以上は増えなくなります。国連は二十一世紀の終わりごろに、世界人口が約百十億人でピークアウトすると予測しています。そうすれば世界は、近代以前のような定常型社会へと少しずつ戻っていくでしょう。

ただしその先の世界は、かつての中世とは異なり、高度なテクノロジーが裏側で駆動している未来です。そのような新たな定常型社会でどのような世界観が広まり、私たちは過去や現在、未来をどのように捉えるようになるのか。本書で書いてきたことが未来を言い当てているのかどうかはわかりませんが、少なくともその先の世界観が近代のそれとまったく同じままということはあり得ないでしょう。

だからこそ、私たちはこれからの新しい世界観と時間感覚をイメージしていかなければならないのです。

オートポイエーシス的な世界観は、生命のシステムというものを、当事者的な視点から問い直すことによって、近代の時代に構築された見方をひっくり返してくれています。生命システムは自己意識ももたないし、生のゴールを知っているわけではないけれども、とても主体的である。生命システムはゴールを設定し、原因と結果の関係に基づいて自らを維持するのではなく、自ら動き続けることによってのみ、自らを決定づけている。

これはタンパク質の合成でも、コミュニケーションによって成り立っている人間社会でも、同じことです。オートポイエーシスの世界観には、原因と結果や、目的とゴールというような因果関係はないのです。因果関係ではなく、システムが作動するスイッチさえあれば、どんな内容であろうがシステムは際限なく動き続ける。その作動に「根拠」も「原因」も要らない。システムが作動するための要素だけがたまたま存在すればそれでよく、あとは勝手にシステムが動いていく。

そういう意味でオートポイエーシスはとてもおおらかです。一本道を強制しません。因果の物語から解き放たれているから、生命が成り立つのにタンパク質と核酸がなくてもよく、イオン交換や結晶化でシステムが同じように動きはじめるのであれば、そういう生命のシステムもあっていいよね、と鷹揚《おうよう》に捉えるのです。

私たちの心を、オートポイエーシスの世界観から捉え直すとどうなるでしょうか。

私たちは自分の自己意識をとても大切なものと考えていて、自己意識こそが自分をコントロールし、身体の行動や脳の思考に命令を下しているのだと考えています。しかしオートポイエーシス的な視座で人間の心を捉えると、心のシステムは作動することによってはじめて自己意識が生み出されているのです。つまり主体は自己意識ではなく、意識や思考、行動などを生み出している脳の神経細胞のシステムそのものであるということ。

つまり、私たちの自己意識が主体なのではありません。思考が思考を、思考が行動を、行動が思考を、あるいは思考が自己意識を、行動が自己意識を、とさまざまな要素を生み出し続けるその「過程」のシステムこそが、私たちの主体であり、人間の本質だと言い換えることができるでしょう。

社会も同じようにオートポイエーシスとして見ることができます。ルーマンが言うように、社会は人々の間のコミュニケーションを生み出し、生み出されたコミュニケーションによって社会の枠組みはつくられ、そのくり返しによって社会は続いていくのです。

私たちは目的をもって生まれてきたのではない。心が作動したから「私」は生まれ、そこから自己意識は自動的に生まれてきました。そして社会も最初から存在したわけではありません。「私」と「私」と「私」が会話し、コミュニケーションしたから、社会は自動的に生まれてきたのです。「私」にも社会にも目標やゴールなんてなく、ただ作動し、持続するためだけに動き続けている。

そのように世界を捉えるオートポイエーシスの世界観は、私たちを「因果の物語」から解き放つ可能性を秘めています。

私たちは、時間に沿った因果関係に囚われています。人間は他の生命にはない自己意識を持ち、「因果の物語」によって世界を認識することで、素晴らしい文明を発達させてきました。しかし自己意識は同時に、「因果の物語」に沿って人生の目標やゴールを決めなければならないということを強制してきます。暮らしがいずれ豊かになっていくことを期待できた時代には、それに納得できる部分もあったでしょう。でも二十一世紀の私たちは、そういう自由な選択による目標の設定を、抑圧として感じるようになってきている。

その時代には、時系列に沿った人生の目的を考えるのではなく、新しい哲学が必要になる。それはすなわち、私たちは生きているからこそ生きているのであって、そこには過去も未来も現在もなく、「生きよう」と思った瞬間に「生」はただ立ち上がるのだという認識なのではないかと思います。

これは、「今だけ楽しければいい」というような刹那的《せつなてき》なものではありません。生命が立ち上がってくるのは、一瞬の間だけ生命を燃やすためではないのです。それは「自分を維持していくのだ」という強い意志でもあるのです。生命は時間軸に沿った長期的な目的を検討しているのでなければ、刹那的に一瞬でも生命が燃焼すればよいと考えているのでもない。ただこの生が続いていき、この生を維持し続けていくということを求めているのです。

「因果の物語」から解き放たれる

オートポイエーシスの世界は、時系列の世界である「因果の物語」とは無縁です。しかし同時に、オートポイエーシスは当事者の目線をもっています。この二つが両立しているというのは、とても重要なことです。

本章の冒頭で、こう説明しました。「因果の物語」はすでに有効ではなくなっているけれども、私たちは「確率の物語」や「べきの物語」、「機械の物語」で生きていくことはできない。なぜなら「因果の物語」には当事者性があるが、それら三つの物語には当事者性が欠如しているからだと。そうであれば、当事者の目線をもち、しかし時系列とは無縁なオートポイエーシスの世界は、因果の呪縛から解き放たれる突破口になりうるのではないでしょうか。

ここまで説明してきたように、私たちの眼の前には過去から現在、未来までが同時にあり、そして機械も人間の他者も、仮想も現実も、すべてが用意されています。この遍在する時空間の中で、私たちは世界を立体的に認識し、この世界との摩擦を実感できるようになる。摩擦・空間・遍在という三つの感覚をオートポイエーシス的な概念で貫いていくことによって、私たちはこの瞬間の世界につなぎとめられ、この世界と自分が持続的につながっていくことを期待できるのです。

その先にやってくる世界観は、どのようなものになるのでしょうか。

あらゆる他者が遍在する未来では、私たちがどのようにあらゆる他者との善き相互作用をつくっていくのかということがカギになっていくのではないか。私はそう考えています。長期的な目的をもつことではなく、善き相互作用がその瞬間その瞬間に続けられていくことによって、私たちの人生は善く持続していくのです。

そこで語られる物語は、もはや「因果の物語」ではなく、「確率の物語」「べきの物語」「機械の物語」と融合していくことによって、新たな物語へと昇華していくのだと思います。

「ストーリー」と「ナラティブ」という言葉があります。どちらも「物語」を意味する英単語ですが、ストーリーはエピソードの単なる積み重ねという一般的な「物語」として捉えられているのに対し、ナラティブには別の意味が付与されていることが多い。

たとえばマーケティングの分野では、ナラティブは終わりのない開かれた物語であるというニュアンスで使われています。ジョン・ヘーゲルは二〇一三年にネットの記事でこう書いています。

「ナラティブはストーリーに関連しているが、同じものではない。ストーリーは自己充足的で、始まりと終わりがある。一方でナラティブには終わりはなく、開かれている。結末にいたっても物事は解決されない。ストーリーは私というストーリーテラーについての物語で、あなたの物語ではない。それに対してナラティブは、あなたがとった選択や行動によって結末は変わる。あなたが結末を決定するがゆえに、あなたはナラティブの重要な要素の一つなのだ」

ストーリーはハリウッド映画や刊行された小説のように、すでに完成されたものです。始まりがあって終わりがあり、観たり読んだりして皆が物語をなぞっても、必ず同じ経路をたどるようにできています。テレビゲームのように途中に分岐が用意されていたり、マルチエンディングになっている場合もありますが、それらもあらかじめ用意されたものであることに変わりはありません。よく練られたストーリーは魅力的で、惹きつけられます。しかしストーリーはしょせんは他人のもので、自分のものではありません。

でも人が積極的に動こうとするときには、物語が自分ごとにならなければならない。素晴らしいストーリーを堪能すると私たちは感動し、勇気づけられ、やる気も起きてくる感じがしますが、それは長くは続かない。持続させるためには、自分ごと化が必要なのです。

そこにナラティブの意味があるのです。先ほどのジョン・ヘーゲルは、マーケティング分野でのナラティブの好例として、アップル社の「Think Different」を挙げています。一九九七年の有名な広告キャンペーンで、この印象的な「考えを変えよう」というキャッチコピーとともに、アインシュタインやジョン・レノン、エジソン、モハメド・アリ、ボブ・ディランなどの象徴的な人たちが取り上げられました。テレビで放送されたCM映像では、スティーブ・ジョブズ本人がこうナレーションしています。

「クレージーな人たちがいる。反逆者、厄介者と呼ばれる人たち。四角い穴に丸い杭を打ち込むように、物事をまるで違う目で見る人たち。彼らは規則を嫌う。彼らは現状を肯定しない。彼らの言葉に心を打たれる人がいる。反対する人も、称賛する人もけなす人もいる。しかし、彼らを無視することは誰にもできない。なぜなら、彼らは物事を変えたからだ。彼らは人間を前進させた。彼らはクレージーと言われるが、私たちは天才だと思う。自分が世界を変えられると本気で信じる人たちこそが、本当に世界を変えているのだから」

映像に登場するのは二十世紀の偉人たちですが、同時にジョブズのナレーションは強い呼びかけにもなっている。テクノロジーは私たちの可能性を伸ばしていくだろうけれども、それは誰かに与えられるものではなく、私たちが「Think Different」することによってこそ実現するのだというメッセージです。私たちがその世界に参加し、自分ごと化していかなければ世界は変わらないのだよ、と。同時にジョブズというアップルの創業者その人がまさに「Think Different」を体現し、苦労しながら社会にテクノロジーを広めてきたという当事者性をもっているからこそ、このナラティブは強烈な説得力をもったと言えるのです。

ナラティブは、書き手だけでなく受けとった側も自分自身の物語として引き受けることができ、そこに自分自身の経験や感情なども重ね合わされることによって、自分の心の中に刻み込まれていくものです。だからナラティブはそれぞれの人の生い立ちや、その人が所属する文化や民族によっても左右されます。だから百人がいれば、百のナラティブがあるということになります。

同時にナラティブは、今この瞬間という感覚を内包しています。なぜならそれはパッケージとして完成された過去の物語ではなく、自分自身がつくっている現在進行形の物語だからです。

「共時の物語」が始まる

第二章で紹介したアマゾンの少数民族ピダハンのことを思い出してください。

彼らは神話やキリスト教の聖書のような過去の物語を信じません。宣教師としてやってきたダニエル・エヴェレットがイエスについて語ろうとすると、「イエスはどんな容貌だ？　おれたちのように肌が黒いのか。おまえたちのように白いのか」と聞く。昔の人なので実際に見たことはない、とエヴェレットが答えると、「その男を見たことも聞いたこともないのなら、どうしてそいつの言葉をもっているんだ？」と不思議がる。つまり彼らにとっては完成された過去のストーリーは意味をもたないのです。だから神話を信じない一方で、森の精霊については語ります。なぜなら精霊は森の中のそこにいて、自分たちの人生と直接関わってくるリアルな存在と彼らが信じているからです。つまり精霊は、ピダハンにとってはナラティブそのものなのです。

過去はすでに終わってしまった時間で、それはどこまでいっても「自分ごと」にはなれません。「今この瞬間」にそこにある現在進行形の物語だからこそ、自分と関わることができる。だからナラティブであるということは、つねに同じ時間を共有しているということなのです。

第二章ではピダハンとともに世界の古い神話の流れを紹介しました。語り継がれ、文字に残されているさまざまな民族の神話を、現代の私たちは「過去のもの」と捉えています。しかし古代から中世に至るまで、人々は神話を過去に過ぎ去った歴史的事実だとは考えていませんでした。そうではなく「今この瞬間」とリアルタイムにつながっている道しるべとして考えていたとされています。

たとえば中世ヨーロッパの宗教画を見ると、古代のイエスと使徒たちが古代のユダヤの衣装ではなく、中世のヨーロッパの衣装を身に着けています。中世欧州人たちにとっては、イエスは過去の偉人ではなく、今ここにいて自分たちを救ってくれる、生きている預言者だったということなのです。ピダハンが、森の中の精霊を本当に今そこに存在していると考えているように、中世の人たちもイエスはそこにいて奇跡を起こしてくれるのだと信じていたのです。

つまり聖書はストーリーではなく、ナラティブだった。神話をナラティブとして生きた世界では、過去と現在は一体となって、一つのゆったりとした時空間をつくっていたのでしょう。人々は「自分は昔の英雄や神さまやイエスさまとつねに一緒にいるのだ」と安心し、過去から未来へと連綿と続く共同体に包まれているように感じられる。そういう感覚で、中世までの人々は生きていたのです。

だからナラティブは自分ごとの物語であるのと同時に、今この瞬間に遍在している精霊や神や、さらには機械や他者や仮想や現実と、ともに紡《つむ》がれていく物語でもある。「今この瞬間」を共有する「共時の物語」であると言えるでしょう。

中世まではごく普通だった「共時の物語」は、過去から未来へと続く歴史というものを人々が認識するとともに弱まり、近代には消滅しました。過去は過去、現在は現在、未来は未来とくっきり分けて考えるのが当たり前になったからです。

ユングとシンクロニシティ

二十世紀の偉大な心理学者カール・グスタフ・ユングは、「偶然にも同じできごとが起きる」という意味の概念「シンクロニシティ」を考えました。共時性や同時性と訳されています。シンクロニシティについて三つの事例を挙げています。

一つめは、エジプトで太陽神の象徴として崇《あが》められたスカラベ（フンコロガシ）の話。ユングが診察していた若い女性が、誰かから黄金のスカラベを贈られる夢を見たと話します。まさにそのとき、ユングの診察室の窓ガラスをコツコツと叩く音がする。ユングが窓を開けて入ってきた虫を捕まえてみたところ、それはスカラベに似た黄金虫でした。

二つめは、十八世紀にあったスウェーデンボルグの千里眼事件。超能力者だと言われていたスウェーデン人スウェーデンボルグはある日、滞在先の街で興奮しながら「ストックホルムが今、猛火に包まれている」と話します。ストックホルムはその街から何百キロも離れており、当時はテレビもラジオもネットもないから、わかるはずもないのに。しかし、これは本当だったことが、数日後にストックホルムから到着した使者によって明らかになったとされています。

三つめは、ユングの友人が大学時代に見た夢。卒業試験に合格したらスペイン旅行に行かせてやると父親に言われ、友人はスペインの夢を見ました。その夢での風景は、実際に後日スペインを旅したときとまったくそっくりだったといいます。

この三つの話には、どれも「因果の物語」がありません。因果がないのだけれども、精神的なできごとと物理的なできごとがほぼ同時に起きています。一般的な常識では、それらは単なる偶然か、それともオカルトじみた奇妙な話にしか思えません。ユングはそれを承知したうえで、でもそこには別の原理があるのではないかと仮定したのです。

その原理は人間には理解できないものなので、昔から人々はそれを魔術や呪術、迷信だと捉えてきました。ユングはそうした「魔術の物語」は人々が世界を認識するために必要なことだったと認めたうえで、「因果の物語」ではない物語を「魔術の物語」から脱却させて、新しい原理として立ち上げられないかと考えたのです。そしてその原理をシンクロニシティと命名したのです。

シンクロニシティには、原因も結果もありません。かといって「確率の物語」や「べきの物語」でもない。ではなぜ、シンクロニシティは起きるのでしょうか。因果でも確率でもべき乗則でもない何らかの秩序があるとユングは考えて、それを「因果のない秩序」と呼びました。

ユングのシンクロニシティは、相対性理論の世界観にどこか共通するものがあります。本書でもｘｙｚという物理空間に、ｔという時間軸を加えて考えるという話をしてきましたが、これを精緻《せいち》に数値化したのがアインシュタインの相対性理論です。私たちは三次元の生物なので、xyztという四次元の時空間をダイレクトに皮膚感覚で認識することはできません。でも、次元を一つ減らしてイメージしてみるとわかりやすい。私たちは三次元の動物ではなく、二次元の動物だと考えてみるのです。

たとえば宇宙の大きさは無限ではないのに、「宇宙に果てがない」のはなぜか。ふくらませた風船の表面に住んでいる二次元の動物をイメージしてみてください。風船の表面の面積は有限ですが、二次元の私たちが風船の表面をどこまでも歩いていくと、いつか元の場所に戻っています。「あれ？ この世界の果てはどこにあるんだろう？」と二次元の私たちは不思議に思いますが、それを三次元の世界から俯瞰的に見ている生き物から見れば、なんの不思議もありません。

二次元の紙の上をひたすらアリのように歩いている、二次元の私たちがいます。歩いている途上には、その先に甘い砂糖が待ち受けていたり、あるいは凶暴なアリジゴクが待ち受けていたりします。二次元の私たちは前方は見通せないので、そういう先のことは予測できません。

でも、三次元の生き物が上から私たちを見下ろしたらどうでしょうか。「あ、その先には砂糖があったのに、どうしてそっちに行っちゃうの！」「そこをまっすぐ行くと危険だよ！」と教えてくれるでしょう。そして私たちにはそのアドバイスは、超能力的な予知にしか見えないのではないでしょうか。

これと同じように四次元の世界に生きる者から見れば、三次元の世界の過去も未来も現在も、同じ時空間の中ですべて可視化されているはずなのです。クリストファー・ノーラン監督の二〇一四年の映画『インターステラー』では、四次元の時空間を映像にするという試みが行なわれています。異常気象で絶滅に瀕した人類が生き残りをかけて地球を離れ、新たな星を探すという物語なのですが、理論物理学者キップ・ソーンによってかなり厳密な科学考証が行なわれました。

主人公の宇宙飛行士クーパーが、ブラックホールの中へと落下していくシーンがあります。そこはテサラクトと名づけられた四次元の空間で、すべての過去と現在、未来が同じ空間の中に存在している。テサラクトからは、クーパーの娘マーフの幼いころ、成長して物理学者になったころまでがすべて同時に存在しているように見えます。そこでクーパーは、ブラックホールに落ちていく途中で得た貴重な重力波のデータを、テサラクト経由でマーフに伝え、マーフはそれによって重力の謎を解き明かし、人類を救うことに成功するのです。

テサラクトの世界では、因果の物語は意味をもちません。原因があってから結果が起きるのではなく、原因も結果も同じ時空間の中に同時に存在しているからです。マーフが未来の父親から重力波のデータを得るということには何の因果もなく、まるでユングの語ったスカラベやスウェーデンボルグのような話です。でもテサラクトという四次元の時空間であれば、それはごく当たり前のできごとでしかない。

ユングとアインシュタインは同世代で交友があり、ユングは物理学者ヴォルフガング・パウリとの対話からシンクロニシティの着想を得たと言われています。しかし、その四次元的な物語につながるシンクロニシティを、私たちの人間社会はどう引き受ければいいのでしょうか。

ユングは人間の心を自我（エゴ）のある意識と無意識が合わさったものであるとし、その全体を統合する中心が無意識の領域にある自己（セルフ）だと考えました。たとえば結婚しているある中年女性が、夫の不倫を知る。彼女は「男も中年になればそのぐらいはあるだろう」と考え、怒りも悲しみも感じなかったのですが、しかしその直後に耳が突然聞こえなくなります。彼女は意識では夫の不倫をあきらめているのだけれど、精神の奥底では猛反発していた。その反発を和《やわ》らげ、心の傷ついた全体性を回復しようとして、無意識にある自己（セルフ）が耳を聞こえなくするという判断をしたのだとユングは説明しています。

そして無意識には二つあるとユングは考えました。個人的な領域と、人類全体だったり特定の民族や文化などで共有されているような普遍的な領域です。後者の集合的な無意識はふだん姿を見せないけれども、夢を見ているときや、絶体絶命のときなどに突然浮上してきます。この集合的無意識が、因果などないはずのできごとの連続を引き起こし、それがシンクロニシティを起こすのだとユングは説明しています。

ユングのこの説明が妥当なのかどうかはわかりません。しかしそれが集合的無意識のためなのか、それともテサラクトが実在するからなのか、あるいは神の御業《みわざ》なのか、単なる偶然でしかないのか、いかなる理由にしても、この世界には因果でなければ確率でもなくべき乗則でもなく、そして機械学習によっても見つけられないような、不思議なシンクロニシティはたしかにある。それを「共時の物語」として引き受けることには大きな意味があります。

なぜなら、これは悩める私たちを「因果の物語」から解き放つ可能性を秘めた哲学だからです。

ユング心理学の専門家として知られた河合隼雄は、こう書いています。

「因果的思考にのみ頼っているとまったく解決不能と思えるようなことでも、共時的事象の存在を前提とすることによって、そこに何らかの希望を見出せるということはすばらしいことである。私は心理療法家としてこのような考えに支えられて、誰もが見放すような人たちにお会いしてきたと思っている」

因果がないからこそ、希望がある。

哲学者ハンナ・アーレントは一九五〇年代に、こう書きました。

「新しいということは、つねに奇蹟の様相を帯びる。そこで、人間が活動する能力をもつという事実は、本来は予想できないことも、人間には期待できるということ、つまり、人間は、ほとんど不可能な事柄をなしうるということを意味する。それができるのは、やはり、人間は一人一人が唯一の存在であり、従って、人間が一人一人誕生するごとに、何か新しいユニークなものが世界にもちこまれるためである」

因果の呪縛から離れたところに、予想もつかない素晴らしいできごとが起きる。因果のない世界は一見すると刹那的で無秩序に見えますが、そうではない。私たちは過去、因果に囚われてきました。因果のない「今この瞬間」の世界にこそ、新たな可能性が待ち受けているのです。

時系列の感覚は薄れ、テクノロジーによって摩擦・空間・遍在の感覚がさらに深化する。古い神話やユングのシンクロニシティの先に再び「共時の物語」が復活し、私たちの前に現れてくるでしょう。

本書の結論はそこに至ります。

摩擦・空間・遍在という感覚を大切にしながら、私たちはこの生を懸命に生き、そしてこの瞬間を共有しているさまざまな人々や、さらには機械や仮想の世界とも相互に作用させていく。その行動によってのみ、私たちの人生は持続し、駆動し続けるのです。その新たな物語が、「共時の物語」なのです。

過去も現在も未来もそこにあり、すべての物語を私たちは生きて、感じるのです。選択の余地があることが自由なのではなく、過去も現在も未来も、他者も機械も外界もすべてを全身で感じ味わい、生きられるということに自由というものの意味は変わります。

すべては眼の前にある。それらと善き関係をつくり、ともに「共時の物語」を紡げるかどうかは、あなた次第なのです。

エピローグ

ひっそりと、ともに歩く

過去の甘い思い出に頼れなくなったとき、人は何に頼って自分が自分であることを確認し、生きていけるのでしょうか。

第一章で紹介したアニメ『GHOST IN THE SHELL／攻殻機動隊』の続編『イノセンス』。この映画の終わり近くで、主人公草薙素子はブッダの言葉を口にします。

「孤独に歩め。悪をなさず、求めるところは少なく、林の中の象のように」

もし良い同伴者をつくることができなかったら、一人で歩いたほうがいい。愚かな人を道連れにするぐらいなら、森林に歩みを進めているゾウのように孤独に歩くほうがいい。しかし彼女はそうやって孤独への決意を口にしながらも、懐しい同僚バトーにこう伝えるのです。

「バトー、忘れないで。あなたがネットにアクセスするとき、私は必ずあなたのそばにいる」

森林の中を孤独に歩くゾウであっても、そのゾウは一人ではない。そこには孤独な道を歩く者たちの親密さがあり、ひっそりとともに歩いていこうという共感があるのです。

参考文献・資料

プロローグ　未来は希望か　絶望か

論文『Aymara, where the future is behind you: Convergent evidence from language and gesture in the crosslinguistic comparison of spatial construals of time』(Rafael E. Núñez/Eve Sweetser, Cognitive Science)二〇〇五年

書籍『未来からの挨拶』(堀田善衛、筑摩書房)一九九五年

書籍『アフリカの宗教と哲学』(ジョン・ムビティ／大森元吉訳、法政大学出版局)一九七〇年

書籍『時間の比較社会学』(真木悠介、岩波書店)一九八一年

書籍『日本文化における時間と空間』(加藤周一、岩波書店)二〇〇七年

書籍『中世社会の基層をさぐる』(勝俣鎮夫、山川出版社)二〇一一年

書籍『京都の都市共同体と権力』(仁木宏、思文閣史学叢書)二〇一〇年

第一章　鮮明な過去はつねに改変され、郷愁は消える

書籍『クラウド化する世界』(ニコラス・G・カー／村上彩訳、翔泳社)二〇〇八年

記事『インタビュー：ブライアン・イーノ』(TimeOutTokyo, https://www.timeout.jp/tokyo/ja/music/interview-brianeno)二〇〇九年

音楽CD『伝説の歌姫 李香蘭の世界』（日本コロムビア）二〇一五年

書籍『李香蘭 私の半生』（山口淑子／藤原作弥、新潮社）一九八七年

書籍『〈インターネット〉の次に来るもの 未来を決める12の法則』（ケヴィン・ケリー／服部桂訳、NHK出版）二〇一六年

映画『ブレードランナー』（リドリー・スコット監督、ワーナー・ブラザース）一九八二年

映画『GHOST IN THE SHELL／攻殻機動隊』（押井守監督、松竹）一九九五年

記事『City Pop, the optimistic disco of 1980s Japan, finds a new young crowd in the West』（Chicago Reader, https://www.chicagoreader.com/Bleader/archives/2019/01/11/city-pop-the-optimistic-disco-of-1980s-japan-finds-a-new-young-crowd-in-the-west）二〇一九年

音楽CD『PACIFIC BREEZE JAPANESE CITY POP, AOR AND BOOGIE 1976–1986』（Light in the Attic）二〇一九年

記事『日本のシティ・ポップは、なぜ世界中のリスナーを虜にしているのか？』（ローリングストーン、https://rollingstonejapan.com/articles/detail/31716/1/1/1）二〇一九年

記事『How Vaporwave Was Created Then Destroyed by the Internet』（https://www.esquire.com/entertainment/music/a47793/what-happened-to-vaporwave/）二〇一六年

書籍『Delete: The Virtue of Forgetting in the Digital Age』（Viktor Mayer-Schonberger, Princeton Univ Pr）二〇〇九年

書籍『忘れられない脳 記憶の檻に閉じ込められた私』（ジル・プライス／バート・デービス／橋本碩也訳、

武田ランダムハウスジャパン）二〇〇九年

第二章　過去は「物語」をつくってきた

書籍『記憶力を強くする　最新脳科学が語る記憶のしくみと鍛え方』（池谷裕二、講談社ブルーバックス）二〇〇一年

書籍『記憶の人、フネス』（ホルヘ・ルイス・ボルヘス／鼓直訳、岩波書店）一九九三年

書籍『The Oxford Handbook of Memory』（Endel Tulving ／ Fergus I. M. Craik, Oxford University Press）二〇〇五年

書籍『ピダハン　「言語本能」を超える文化と世界観』（ダニエル・L・エヴェレット／屋代通子訳、みすず書房）二〇一二年

記事『Amondawa tribe lacks abstract idea of time, study says』（BBC, https://www.bbc.com/news/science-environment-13452711）二〇一一年

書籍『The Origins of the World's Mythologies』（E.J. Michael Witzel, Oxford University Press）二〇一三年

書籍『千の顔をもつ英雄　新訳版』（ジョーゼフ・キャンベル／倉田真木・斎藤静代・関根光宏訳、早川書房）二〇一五年

書籍『神々の沈黙　意識の誕生と文明の興亡』（ジュリアン・ジェインズ、柴田裕之訳、紀伊國屋書店）二〇〇五年

書籍『イリアス』（ホメロス／松平千秋訳、岩波書店）一九九二年

第三章　「因果の物語」から「機械の物語」へ

書籍『世界を変えた手紙　パスカル、フェルマーと〈確率〉の誕生』（キース・デブリン／原啓介訳、岩波書店）二〇一〇年
書籍『因果性』（マリオ・ブンゲ／黒崎宏訳、岩波書店）一九七二年
書籍『偶然とは何か　北欧神話で読む現代数学理論全6章』（イーヴァル・エクランド／南條郁子訳、創元社）二〇〇六年
書籍『ローレンツ　カオスのエッセンス』（E・N・ローレンツ／杉山勝・杉山智子訳、共立出版）一九九七年
書籍『予測不可能性、あるいは計算の魔　あるいは、時の形象をめぐる瞑想』（イーヴァル・エクランド／南條郁子訳、みすず書房）二〇一八年
書籍『ブラック・スワン　不確実性とリスクの本質』（ナシーム・ニコラス・タレブ／望月衛訳、ダイヤモンド社）二〇〇九年
書籍『歴史は「べき乗則」で動く　種の絶滅から戦争までを読み解く複雑系科学』（マーク・ブキャナン／水谷淳訳、早川書房）二〇〇九年
書籍『Bak's Sand Pile: Strategies for a Catastrophic World』（Ted G. Lewis, Agile Research and Technology, Inc）二〇一一年

書籍『第一次世界大戦』（木村靖二、筑摩書房）二〇一四年
書籍『深層学習』（岡谷貴之、講談社）二〇一五年
書籍『データの見えざる手　ウエアラブルセンサが明かす人間・組織・社会の法則』（矢野和男、草思社）二〇一四年
書籍『心・脳・科学』（ジョン・サール／土屋俊訳、岩波書店）二〇一五年
記事『田坂塾　第4講　知性を磨く』（田坂広志、http://hiroshitasaka.jp/kouwa/5144/）二〇一四年
書籍『ポスト・ヒューマン誕生　コンピュータが人類の知性を超えるとき』（レイ・カーツワイル／井上健監訳／小野木明恵・野中香方子・福田実共訳、ＮＨＫ出版）二〇〇七年
書籍『人工知能はどのようにして「名人」を超えたのか？』（山本一成、ダイヤモンド社）二〇一七年
書籍『ホモ・デウス　テクノロジーとサピエンスの未来』（ユヴァル・ノア・ハラリ／柴田裕之訳、河出書房新社）二〇一八年
書籍『１４０字の戦争　ＳＮＳが戦場を変えた』（デイヴィッド・パトリカラコス／江口泰子訳、早川書房）二〇一九年
書籍『反共感論　社会はいかに判断を誤るか』（ポール・ブルーム／高橋洋訳、白揚社）二〇一八年

第四章　「自由」という未来の終焉

記事『Zero UI and our screen-less future』(Danielle Lundquist, https://www.fjordnet.com/conversations/zero-ui-and-our-screen-less-future/)二〇一五年

記事『The Next Big Thing In Design? Less Choice』(Aaron Shapiro、https://www.fastcompany.com/3045039/the-next-big-thing-in-design-fewer-choices)二〇一五年
書籍『CODE インターネットの合法・違法・プライバシー』(ローレンス・レッシグ/山形浩生・柏木亮二訳、翔泳社)二〇〇一年
書籍『実践 行動経済学 健康、富、幸福への聡明な選択』(リチャード・セイラー/キャス・サンスティーン/遠藤真美訳、日経BP社)二〇〇九年
記事『Why Nudging Your Customers Can Backfire』(Utpal M.Dholakia, https://hbr.org/2016/04/why-nudging-your-customers-can-backfire)二〇一六年
書籍『選択の科学 コロンビア大学ビジネススクール特別講義』(シーナ・アイエンガー/櫻井祐子訳、文藝春秋)二〇一〇年
書籍『青い山脈』(石坂洋次郎、新潮社)一九五二年
書籍『超ソロ社会 「独身大国・日本」の衝撃』(荒川和久、PHP研究所)二〇一七年
書籍『不平等国家 中国 自己否定した社会主義のゆくえ』(園田茂人、中央公論新社)二〇〇八年
書籍『中国の中間層と民主主義 経済成長と民主化の行方』(ジー・チェン/野田牧人訳、NTT出版)二〇一五年
記事『欧米経済の衰退と民主的世紀の終わり 拡大する「権威主義的民主主義」の富とパワー』(ヤシャ・モンク/ロベルト・ステファン・フォア、フォーリン・アフェアーズ・リポート https://www.foreignaffairsj.co.jp/articles/201806_mounk/)二〇一八年

映画『マトリックス』（ラリー・ウォシャウスキー／アンディ・ウォシャウスキー監督、ワーナー・ブラザース）一九九九年

第五章　摩擦・空間・遍在のテクノロジー

書籍『キュレーションの時代「つながり」の情報革命が始まる』（佐々木俊尚、筑摩書房）二〇一一年
書籍『〈インターネット〉の次に来るもの　未来を決める12の法則』（ケヴィン・ケリー／服部桂訳、NHK出版）二〇一六年
書籍『アナログの逆襲「ポストデジタル経済」へ、ビジネスや発想はこう変わる』（デイビッド・サックス／加藤万里子訳、インターシフト）二〇一八年
記事『峯田和伸が語るカセットテープ愛とは？』（DONUT VOL.9所収、スタジオ・エム・オー・ジー）二〇一六年
書籍『摩擦の話』（曾田範宗、岩波書店）一九七一年
テレビアニメ『新世紀エヴァンゲリオン』（庵野秀明監督、ガイナックス）一九九五〜一九九六年
記事『musicBottles』（MIT Media Lab, https://tangible.media.mit.edu/project/musicbottles/）一九九九年
記事『inFORM』（MIT Media Lab, https://tangible.media.mit.edu/project/inform/）二〇一三年
書籍『目の見えない人は世界をどう見ているのか』（伊藤亜紗、光文社）二〇一五年
書籍『触楽入門　はじめて世界に触れるときのように』（仲谷正史・筧康明・三原聡一郎・南澤孝太、朝日

出版社）二〇一六年
記事『How to raise a genius: lessons from a 45-year study of super-smart children』（Tom Clynes, https://go.nature.com/2HCjgRG）二〇一六年
書籍『複眼の映像　私と黒澤明』（橋本忍、文藝春秋）二〇〇五年
資料『国土交通白書　平成29年度版』（国土交通省）二〇一八年
書籍『シンプル・ライフ　世界のエグゼクティブに学ぶストレスフリーな働き方』（ソレン・ゴードハマー／黒輪篤嗣訳／佐々木俊尚監修、翔泳社）二〇一四年
書籍『ＶＲは脳をどう変えるか？　仮想現実の心理学』（ジェレミー・ベイレンソン／倉田幸信訳、文藝春秋）二〇一八年
映画『ショーシャンクの空に』（フランク・ダラボン監督、ワーナー・ブラザース）一九九四年
書籍『まなざしの地獄　尽きなく生きることの社会学』（見田宗介、河出書房新社）二〇〇八年
書籍『無知の涙』（永山則夫、合同出版）一九七一年
書籍『Present Shock : When Everyshing Happens』（Douglas Rushkoff, Current）二〇一四年
テレビドラマ『LOST』（J・J・エイブラムス監督、ABC）二〇〇四〜二〇一〇年
映画『グランド・ホテル』（エドマンド・グールディング監督、MGM）一九三二年
テレビドラマ『ヒルストリート・ブルース』（スティーブン・ボチコ／マイケル・コゾル製作、NBC）一九八一〜一九八七年
テレビドラマ『24 －TWENTY FOUR－』（イマジン・エンターテインメント、FOX）二〇〇一〜二〇一〇

年
映画『ガンジー』(リチャード・アッテンボロー監督、コロムビア)一九八二年
映画『ショート・カッツ』(ロバート・アルトマン監督、ファインライン)一九九三年
映画『マグノリア』(ポール・トーマス・アンダーソン監督、ニュー・ライン・シネマ)一九九九年
記事『ポール・トーマス・アンダーソン監督「マグノリア」来日記者会見』(http://www.werde.com/movie/interview/magnolia.html)二〇〇〇年
映画『クラッシュ』(ポール・ハギス監督、ライオンズゲート)二〇〇四年
映画『バベル』(アレハンドロ・ゴンサレス・イニャリトゥ監督、パラマウント・ヴァンテージ)二〇〇六年
記事『構造はストーリーラインである 5：群像劇』(大岡俊彦の作品置き場、http://oookaworks.seesaa.net/article/443541505.html)二〇一六年

第六章　新しい人間哲学の時代に

書籍『オートポイエーシス』(H・R・マトゥラーナ、F・J・ヴァレラ／河本英夫訳、国文社)一九九一年
書籍『オートポイエーシス　第三世代システム』(河本英夫、青土社)一九九五年
記事『twitterでずっと仲良くしていた人がbotだった』(coconutsfine's blog, http://coconutsfine.hatenablog.com/entry/20090309/1236611519)二〇〇九年
書籍『心・脳・科学』(ジョン・サール／土屋俊訳、岩波書店)二〇一五年
書籍『数学は最善世界の夢を見るか？　最小作用の原理から最適化理論へ』(イーヴァル・エクラン

ド／南條郁子訳、みすず書房）二〇〇九年
書籍『意識はいつ生まれるのか　脳の謎に挑む統合情報理論』（ジュリオ・トノーニ、マルチェッロ・マッスィミーニ／花本知子訳、亜紀書房）二〇一五年
資料『World Population Prospects 2019』（United Nations DESA Population Division,https://population.un.org/wpp/）二〇一九年
記事『The Untapped Potential of Corporate Narratives』（John Hagel III, https://edgeperspectives.typepad.com/edge_perspectives/2013/10/the-untapped-potential-of-corporate-narratives.html）二〇一三年
映画『インターステラー』（クリストファー・ノーラン監督、ワーナー・ブラザーズ）二〇一四年
書籍『ユングと共時性　ユング心理学選書⑫』（イラ・プロゴフ／河合隼雄・河合幹雄訳、創元社）一九八七年
書籍『人間の条件』（ハンナ・アレント／志水速雄訳、中央公論社）一九七三年

エピローグ　ひっそりと、ともに歩く

映画『イノセンス』（押井守監督、東宝）二〇〇四年

写真クレジット

p33　李香蘭　© 文藝春秋 /amanaimages
p54　台湾の電動バイク「ゴゴロ（GOGORO）」　© ZUMAPRESS / amanaimages
p54　ゴゴロの充電ステーション　photo by Getty Images
p82　ジル・プライス　photo by Getty Images
p105　アモンダワの子ども　© Photoshot./amanaimages
p128　ヤコブ・ベルヌーイ　public domain
p129　ブレーズ・パスカル　public domain
p129　ピエール・ド・フェルマー　public domain
p145　LGP-30　© Bob Fleischer（Licensed under CC BY 2.0）https://commons.wikimedia.org/wiki/File:LGP-30_Manhattan_College.rjf.jpg
p160　AppleII　All About Apple Museum
p171　フランツ・フェルディナント　public domain
p224　テスラ「モデル3」の内部　© Steve Jurvetson（Licensed under CC BY 2.0）https://commons.wikimedia.org/wiki/File:The_Model_3_Interior.jpg
p239　スキポール空港の小便器に描かれたハエ　© Menhir Jp
p283　めがね橋（碓氷第3橋梁）　© 馬場俊典（Licensed under CC BY 4.0）https://commons.wikimedia.org/wiki/File:Usui_no.3_bridge.JPG
p283　碓氷峠で使用されたラックレール　photolibrary
p299　ミュージックボトル　Tangible Media Group | MIT Media Lab
p300　inFORM　Tangible Media Group | MIT Media Lab Daniel Leithinger, Sean Follmer, Hiroshi Ishii
p330　オキュラス クエスト　kei Akatsu

JASRAC　出　1913069-901

佐々木 俊尚（ささき としなお）
1961年生まれ。早稲田大学政治経済学部中退。作家・ジャーナリスト。毎日新聞社などを経て2003年に独立し、テクノロジーから政治、経済、社会、ライフスタイルにいたるまで幅広く取材・執筆している。『仕事するのにオフィスはいらない』『「当事者」の時代』（以上、光文社新書）、『広く弱くつながって生きる』（幻冬舎新書）など著書多数。総務省情報通信白書編集委員。共創コミュニティSUSONO運営。

時間《じかん》とテクノロジー
「因果《いんが》の物語《ものがたり》」から「共時《きょうじ》の物語《ものがたり》」へ

2019年12月30日　初版1刷発行

著　者　佐々木俊尚
発行者　田邉浩司
発行所　株式会社 光文社
〒112-8011　東京都文京区音羽1-16-6
電話　編集部 03-5395-8172　書籍販売部 03-5395-8116　業務部 03-5395-8125
メール　non@kobunsha.com
落丁本・乱丁本は業務部へご連絡くだされば、お取り替えいたします。
組　版　萩原印刷
印刷所　萩原印刷
製本所　ナショナル製本

ISBN978-4-334-95129-0